21世纪经济管理新形态教材·公共基础课系列

大学生职业发展与就业指导

（第3版）

范晓莹　刘九龙 ◎ 主　编

冯春苗　张凤霞 ◎ 副主编

清华大学出版社

北京

内 容 简 介

本书是为配合国家正在实施的大学生就业工程,帮助高校学生提高就业能力、职业发展能力和创业能力而编写的。本书内容包括职业意识、职业定位、职业规划、就业心理、就业信息运用、简历写作技巧、求职材料准备、面试技巧、就业政策法规、就业权益保障、自主创业等大学生就业必备知识,并通过借鉴成功经验和自我训练提高学生的实战技能。

本书知识系统、案例丰富、贴近实际,具有就业创业操作指导性,因而既可作为高校学生进行毕业教育的教材,也可为广大社会待业者提供求职参考和指导。

图书在版编目(CIP)数据

大学生职业发展与就业指导 / 范晓莹,刘九龙主编. —3 版. —北京:清华大学出版社,2022.10
(2024.3重印)
21 世纪经济管理新形态教材. 公共基础课系列
ISBN 978-7-302-61863-8

Ⅰ. ①大… Ⅱ. ①范… ②刘… Ⅲ. ①大学生－职业选择－高等学校－教材 Ⅳ. ①G647.38

中国版本图书馆 CIP 数据核字(2022)第 173426 号

责任编辑:贺　岩
封面设计:汉风唐韵
责任校对:宋玉莲
责任印制:丛怀宇

出版发行:清华大学出版社
　　　　　网　　　址:https://www.tup.com.cn, https://www.wqxuetang.com
　　　　　地　　　址:北京清华大学学研大厦 A 座　　　　邮　　　编:100084
　　　　　社　总　机:010-83470000　　　　　　　　　　邮　　　购:010-62786544
　　　　　投稿与读者服务:010-62776969, c-service@tup.tsinghua.edu.cn
　　　　　质量反馈:010-62772015, zhiliang@tup.tsinghua.edu.cn

印　装　者:北京同文印刷有限责任公司
经　　　销:全国新华书店
开　　　本:185mm×260mm　　　印　　　张:12.25　　　字　　　数:279 千字
版　　　次:2012 年 9 月第 1 版　2022 年 10 月第 3 版　　印　　　次:2024 年 3 月第 2 次印刷
定　　　价:38.00 元

产品编号:095210-01

编审委员会

前言 （第3版）

当前，高校毕业生就业难已经成为学生困惑、家长着急、学校重视、全社会广泛关注的焦点问题。解决大学生就业问题，在促进就业、拉动内需、发展经济、关注民生、稳定社会、构建和谐社会等方面具有重大的作用，因而成为高校工作的重中之重。

随着高等教育的发展，在今后相当长的一个时期内，大学毕业生数量将继续增加。根据教育部发布的统计数据，2020年高校毕业生达到874万人，2021年高校毕业生总规模高达909万人，同比增加35万人，创下历史新高。另外，随着我国城镇化的快速发展，每年将有300万名农民工进城工作；随着我国改革开放政策落地，每年还将有来自世界各国的众多外国人到我国工作、就业，因而使得就业形势非常严峻。面对我国大学生"最难就业季"的到来，大学生就业压力将持续加大。

新时代背景下，随着我国经济社会的不断发展，迫切需要大批专业型创新人才，党和政府历来高度重视大学生就业创业工作。2017年3月，第十二届全国人大会议政府工作报告提出：要坚持就业优先战略，实施更加积极的就业政策。要完善就业政策，加大就业培训力度，加强对灵活就业、新就业形态的支持。党的十九大报告明确指出：就业是最大的民生，要提高就业质量和人民收入水平。面对我国大学生就业的紧迫形势，各高校都在认真落实党的十九大报告要求，加强大学生就业创业教育与培训。

本书自第2版出版以来，因写作质量高、突出实用性而深受全国各高等院校广大师生的欢迎，目前已多次重印。此第3次再版，结合党的十九大报告为大学生就业创业指明的方向，作者审慎地对原教材进行了反复论证、精心设计，包括结构调整、更新案例、补充知识、增加技能训练等相应修改，以使其更好地为大学生就业教育服务。

本书作为大学生就业教育的特色教材，坚持科学发展观，严格按照国家教育部关于"加强国民素质教育"的要求，以教育部《大学生职业发展与就业指导课程教学要求》为指导，在国家大力推进"大众创业、万众创新"的时代背景下，本着对大学毕业生和社会高度的责任感与使命感，结合大学生实际特点，加强大学生就业教育，强化大学生创新创业素质培养，提高大学生就业与履职竞争力，以使其尽快顺利走上社会就业岗位，更好地为我国经济建设服务，这既是应届大学生就业创业、立足人生发展的战略选择，也是本书出版的真正目的和意义。

全书共十章，以学习者就业能力培养为主线，为配合国家实施的大学生就业工程，为帮助大学生提高就业创业和职业发展能力，根据就业与从业的基本过程和规律，系统介绍职业意识、职业定位、职业选择、职业规划、职业道德、就业创业教育、就业心理、就业信息运用、简历写作技巧、求职材料准备、面试技巧、就业政策法规、就业权益保障、自主创业等大学生就业必备知识,并通过借鉴成功经验和自我训练提高学生的实战技能。

本书融入了大学生职业发展与就业指导最新的实践教学理念,具有知识系统、内容丰富、案例经典、贴近实际的特点,突出了就业创业操作指导性,体现了实用性特色,因此既可作为高校本科及高职院校学生进行毕业教育、提高就业创业能力的教材,也可为广大社会待业者提供求职参考和指导。

本书由李大军筹划并具体组织,由范晓莹和刘九龙担任主编,范晓莹统改稿,冯春苗、张凤霞担任副主编,由陈捷教授主审。编写分工:范晓莹(第一章、第五章、第九章),刘九龙(第二章、第七章),张凤霞(第三章、第六章),冯春苗(第四章、第八章、第十章);李晓新(文字和版式修改、制作教学课件)。

在本书再版过程中,我们参阅了大量有关大学生职业发展与就业指导的最新书刊、网站资料,以及国家教育部、人力资源和社会保障部等历年颁布实施的大学生就业相关法规、管理规定,并得到有关专家教授的具体指导,在此一并致谢。为配合教学,本书配有电子课件,读者可以扫描书后二维码免费下载使用。因作者水平有限,书中难免存在疏漏和不足,恳请专家、同行和读者批评指正。

编　者
2022 年 4 月

目 录

第 一 章

职业与职业选择

【学习目标】

1. 职业的特点、功能；
2. 职业资格证书对高校学生求职就业的作用；
3. 高校学生应该考取哪些职业资格证书；
4. 应该如何了解和选择职业。

引导案例

教育部 24365 为大学生引领理想职业之路

2021 年 9 月 12 日，教育部 24365 系列"互联网＋"就业指导新学期第二期全国公益直播课程"大学生理想职业之路"，为全国高校师生讲解了大学生职业发展最优精细规划。主讲老师为教育部创新创业教育委员会委员、万学教育张锐老师。他深度分析了社会组织选拔大学生的核心指标、高阶能力的先进训练方案、关键资历的高效获取方案、就业重要人脉系统的快速构建、职业发展目标的最优选择、连通社会的深度实践模式和高质量求职核心实施步骤等与大学生职业发展密切相关的专题。

张锐认为，大学在教育价值链的最高端，连通了职业与学业两个重要人生阶段，同学们在大学时光中不仅要寻找心灵深处的梦想，还要探索通达梦想的航向，更要锤炼乘风远航的力量，为人生发展赋予新的高度与速度。

当天，学习强国等平台同步直播，总观看量超过 1 100 万人次。直播课程结束后，活动在广大师生中引发了持续和热烈的讨论。本次课程在高校学生中反响热烈。兰州大学学生蔡得昱表示："这次直播内容完全超出正常学业认知，张锐老师传授的三大高端能力受益匪浅。期待自己认真完成各项高价值活动，实现自己的人生价值。"天津大学学生田雨说："没听张锐老师讲座前，我对职业发展只有一个概念，这次讲座打破了求职的局限性，对于未来就业发展也有了系统化的思路，希望能沿着张锐老师传授的这条理想职业之路走到自身期待的新高度。"

课程也在高校就业指导老师之间引发讨论。中国人民大学招生就业处副处长陈姚认为："大学生理想职业之路讲座不仅阐明了大学生涯与职业发展的最优路径及核心原理，还提供了科学可行的执行方案，对大一新生和应届毕业生都很有价值。"中央民族大学教务处副处长，教师教学发展中心主任马映君说："这次讲座为大学生提供了从职业规划到毕业工作的专业建议。这是目前为止，为大学生提供的从职业规划到毕业工作最全面、最专业、最系统的指导。"

据悉，"24365 校园招聘服务"活动是教育部应对新冠肺炎疫情影响推出的创新举措，活动平台 24 小时不打烊，全年 365 天随时"云"就业。9 月还将推出多堂课程，给大学生提供不出家门的就业指导服务，提升大学生求职能力，助力高校大学生走上理想职业之路。

资料来源：http://news.cctv.com/2021/09/15/ARTIBGJl7wELd6uoaqa4XqgD210915.shtml.

第一节　职　业　概　述

根据教育部在全国普通高校毕业生就业工作视频会议公布的信息，我国 2021 届高校毕业生总规模高达 909 万人，同比增加 35 万人，创下历史新高，而且，就目前的趋势来看，每年的毕业生应该会屡创新高。2021 年教育部推出的"24365 智慧就业平台"已累计向 2021 届高校毕业生提供岗位信息 1 451 万条，投递简历 3 763 万人次。组织专场招聘会 40 场，累计提供岗位信息 342 万条。2020 年秋季学期以来，教育部推出的"24365 就业公益直播课"已累计举办 35 场，观看人次超过 1.08 亿。

未来，就业人数增多，就业压力持续增大。又因受新型冠状病毒疫情的影响，毕业生求职面临不少困难和不便，一些尚未落实工作的毕业生更是焦虑重重。为此，熟悉就业技巧，掌握相关就业信息就显得尤为重要。

一、职业的含义

俗话说："三百六十行，行行出状元。"这里所说的"行"，一是指行业，二是指职业，行业产生出职业、职业存在于行业。那么，什么是职业？从理论上说，职业是人们从事的相对稳定的、有经济收入的、专门类别的社会劳动，是人们所承担的社会责任与义务，所拥有的社会权利的重要体现。

职业和我们每个人都有密切的联系，每个具有劳动能力的人都会在他的一生中从事一种或几种职业，都会经历自己的职业生涯，并通过职业生涯实现自己在社会中的发展，实现自己的理想和价值，为家庭、组织和社会做出贡献。了解职业、认识职业，对我们选择职业、寻求职业发展是很重要的。

怎样理解职业的定义？我们可以从以下几个方面进行分析。

（一）职业的经济性

职业的经济性也可以称为职业的目的性，是指人们从事职业活动的主观动机，即可以从中取得一定的经济收入，这既是人们从事职业活动的基本动机，也是人们从事职业活动的结果。职业与人的生存直接相关。直到现阶段，劳动还是人谋生的需要，人们必须通过从事一定的职业活动来获取自己生存的必要条件。

对于学生来说，学校毕业就意味着具备了独立生存的基本能力，而选择职业，从事职业活动会为我们新的生活奠定必需的基础,这个基础就是经济收入。

职业的经济性使得职业活动和个人出于爱好兴趣或出于某种责任感而从事活动,比如收集活动(集邮等)、社会公益活动(经常参加义务劳动等),区分开了。

(二)职业的价值性

职业活动既是个人生存的需要,也是有利他人的活动,两者是不能分开的。对他人有利进而对组织、对社会有利,就是职业的价值性。在现代社会中,职业的价值性可以表现为直接对所服务的顾客有利,比如通过销售工作为客户服务;还可以表现为对组织中各部门和各个成员相互合作协调地开展工作有利,比如企业仓库保管工作或办公室文秘工作就是有利于其所服务的部门和成员的工作。

职业活动的价值性要求必须及早建立服务意识,要求真正理解"利己首先要利他,收获一定是在耕耘和付出之后"的道理。尽管任何一个人从事职业活动都是为了取得一定的经济收入,获得个人生存的经济基础,但这一定是服务的结果。认识不到这一点,就不能很好地开始自己的职业生涯,就可能在职场中走弯路。

(三)职业的社会性

职业是个人与社会相结合的具体方式之一。个人与社会可以通过家庭、非正式群体和网络等许多方式相结合,但个人通过职业与社会结合,是一种正式的并且稳定的方式,是除家庭之外最重要的一种与社会结合的方式。

职业的社会性,一方面表现为一个人从事职业活动必然要与其同事、领导、下级、客户、供应商、关系群体成员等产生联系;另一方面表现为一个人工作的好坏对他人有直接或间接的影响,他人工作的好坏也会对该职业人有直接或间接的影响。这就要求我们必须建立合作意识、团体意识、组织意识,个人必须融入群体。自我中心和个人至上是不行的。职业的社会性还有另外一层含义,就是某一职业的从业者应该达到一定的数量,能够构成一个群体。按照我们国家现在确定新职业的标准,其从业人数规模要达到 5 000 人以上。

(四)职业的专门性

职业是社会分工的必然结果,是社会分工的具体体现。职业是依据劳动对象、劳动条件、劳动方式而相互区分的,每一种职业都有自己特定的活动内容、活动方式,比如纺织劳动和服装制作的区别、商品批发和商品零售的区别等。

职业的专门性,一方面形成了不同职业的专门技术和技艺,即职业技能,需要学习和掌握;另一方面形成了不同职业的道德规范和行为规范,即职业规范,要求人们必须遵守。

另外,职业的专门性也是设置专业的重要依据,学习专业在很大程度上就是学习职业的相关知识和技能,所以必须重视专业学习。

同学们在学习期间,既要学习相关职业技能,也要了解相关职业规范;既要锻炼能力,也要养成良好的个人素质。这样做会为毕业时的求职就业奠定良好的基础。

(五)职业的稳定性

职业产生于社会分工,以一定的生产经营管理技术为基础,满足一定的社会需要。职业一旦形成便会在或长或短的时期内存在和发展。有些职业存在的历史久远,比如一些手工制作活动、农业种植活动等;有些职业存在的历史比较短暂;有些职业是新近刚刚形成的,如计算机行业的某些职业。

职业的稳定性使人们学习掌握职业知识和技能成为可能,也使人们的职业生涯发展和规划成为可能。我们应该利用职业的稳定性,充分学习掌握职业知识和技能,很好地规划个人职业生涯。

二、职业的特征

我们从社会总体的角度看,职业具有以下主要特征。

(一)时代性特征

不同时代、不同经济和社会发展阶段,职业表现出以下方面的区别:

1. 数量上的特征

工业社会的不同发展阶段,职业在总体数量上是有明显区别的。随着社会的进步,职业总体数量不断增加。过去人们常说"三百六十行",现今社会中的职业远远不是三百六十行所能概括的,而是以千计,甚至以万计。职业数量的增加反映了社会分工的不断细化,反映了人们从事的劳动的多样化。

2. 结构上的特征

不同经济和社会发展阶段上,职业的结构有很大区别。通常我们按产业结构来划分职业结构,即第一、二、三产业中的职业结构。农业社会中主要以种植、采集、畜牧、渔猎等职业为主;工业社会以各种制造业中的职业为主。1973 年,丹尼尔·贝尔提出后工业社会理论,认为现代社会正在从产品经济转向服务经济,大多数劳动力不再从事农业和制造业,而是从事各种服务业活动,如保健、娱乐、研究、教育和管理等。

事实上,自 20 世纪下半叶以来,第三产业发展迅速,GDP 产值不断上升,从业人口不断增加,在美国等发达国家和地区,第三产业创造的产值已经超过国民经济总产值的 50%,达到 70%甚至更多,吸引的从业人口也在 2/3 以上。

我们国家自改革开放以来,经济发展迅速,社会变化快,经济结构也已经发生了很大的改变,相应地带动了职业结构的变化,尤其以沿海地区及大中城市显著,北京的第三产业早在 20 世纪 90 年代后期就在全国率先达到了 50%以上,北京地区的从业人口也更多地集中在第三产业。

应该说,职业结构的变化对学生求职就业有着更为直接的影响,关注职业结构的改变应该是学生个人职业生涯规划中的一个重要方面。

3. 活动内容和方式上的特征

同一职业在不同时代或经济社会发展的不同阶段上,其内容和方式也会部分地改变。比如办公室文秘,过去做办公室事务主要是抄写工作,现在就要利用各种办公自动化设备和手段;计划经济时期的产品销售就是坐等顾客上门,今天做产品销售业务则必须制订产品推销计划、开发市场、寻找客户、交流沟通、提供售后服务,业务内容是过去所不能相比的。

小测试

你能描述出在你所感兴趣的职业中,人们是如何工作的吗?

(二)多样性特征

多样性指的是职业的数量和种类的特征。按照国际职业分类,职业共分为 8 个大类、83 个小类、284 个细类、1 881 个职业;加拿大《职业岗位分类词典》把职业共分为 23 个主类、81 个子类、489 个细类、7 200 多个职业。

2019 年,由人力资源和社会保障部、国家质检总局和国家统计局牵头成立的国家职业分类大典修订工作委员会召开了全体会议。会议审议、表决通过并颁布了新修订的2019 年版《中华人民共和国职业分类大典》(以下简称《大典》)。

从总体修订的内容情况来看,2019 年版《大典》主要从以下四个方面进行了修改、调整和补充。第一,对职业分类体系的修订;第二,对职业信息描述内容的修订;第三,对职业信息描述项目的调整;第四,增加绿色职业标识。随着经济社会发展、科技进步和产业结构调整升级,我国的社会职业构成和内涵发生了很大变化。

一是一些传统职业开始衰落甚至消失,如"餐具清洗保管员""唱片工""拷贝字幕员"等。

二是一些新的职业不断涌现并迅速发展,如"信息通信信息化系统管理员""基金发行员""光伏组件制造工"等。

三是还有一些职业为适应形势开始调整和转化,如"光盘复制工""市话测量员""话务员"等职业由于社会发展和科技进步等原因,相应调整和转化为"音像制品复制工""信息通信网络测量员""呼叫中心服务员"。

我国自《大典》颁布至今,又有超过 100 个新的工种陆续产生,被列入职业范畴。职业的多样性、职业种类的增加,反映了经济与社会的发展变化,也为求职者提供了越来越广阔的选择空间。

(三)层次性特征

1. 不同职业的社会地位和社会声望有区别

不同职业在人们心目中具有不同社会地位和社会声望,这主要由三方面因素造成:

一是职业环境,指的是职业的自然环境和社会环境,前者如井下作业、室外作业、高空作业等;后者如工作的技术条件、劳动报酬、福利待遇、晋升机会等。

二是职业的责任和功能,指的是一个职业能够对社会发展承担什么样的责任、做出多大的贡献,比如科学基础研究和工程技术应用是有区别的,承担一个组织的管理决策和在一线从事执行性、操作性工作是有区别的。一个职业承担的社会责任越大、贡献越大,人们对它的评价就越高。

三是职业对从业者的素质要求。显然，对从业者素质要求越高，人们就越会认为该职业具有较高的社会地位和社会声望。

2. 同一职业内部不同层级之间的社会地位和社会声望有差别

一般来说，如果按照职业所要求的能力和责任，它可以分为以下六个层次：

（1）非技能性工作，不要求独立决策和创造能力。

（2）半技能性工作，在有限的工作范围内要求具备最低限度的技能和知识，具备一定的操作能力。

（3）技能性工作，要求具备熟练的技术、专门的知识和判断力。

（4）半专业性和管理工作，要求具备一定的专门知识和判断力，对他人承担最低限度的责任。

（5）专业性工作，要求具备大量的知识和判断力，具有相当的责任和自主权。

（6）高级专业性和管理性工作，要求高水平的知识、智力，拥有较大的自主权力，承担更多的决策和监督责任。

小测试

你认为你的就业应该定位在以上哪个或哪些层次上？

（四）地域性特征

职业在地域分布方面也具有一些特点，具有相对的地域集中性。比如汽车制造业几大集团主要分布在东北、上海、广州、湖北、重庆、北京、南京等地，相应地也就集中了相关职业和职业群体。职业的地域性反映了地区或地域之间经济与社会发展的不同特征。一般地，经济与社会发展水平越高、发展速度越快的地方，就越能够吸引和聚集相关的职业和从业人员。

三、职业的功能

（一）职业对个人的功能

1. 职业是维持个人和家庭生存的基础

高校毕业生在自己的职业生涯开始阶段，主要是寻求适合自己发展的职业方向，积累社会经验，锻炼职业能力。获取一定的经济收入可以使我们的职业发展有一个较好的基础。作为刚刚毕业的高校学生应该清楚的是，获得一定的经济收入是我们开始个人生活的基本保障，也是我们的一项基本权益，但在职业生涯刚刚开始的时候，可能并不是我们选择职业的主要标准，也可能不是我们从事某一职业活动的主要目的。

2. 职业可以促进个人多方面的发展

实际表明，能够与职业相结合的个人兴趣会更持久、更深入、更有效。人的个性也会在职业活动中，在与他人的相互联系与合作中不断完善。职场是锻炼人的特长和能力的最好场合，往往也是实现个人理想和价值的最好场合。职业不仅会提供给从业者以经济报酬，更会满足从业者发展自我和完善自我的需要。

3. 职业可以满足个人成就感

市场经济社会中,个人的成就往往体现在职业生涯之中,职业的成功会给个人带来地位、名誉、权力的满足感。对多数人来讲,职业成功的途径很多,但大体上可以分为两类:一类是所谓技术或业务的途径,沿着这条途径通过不断提升自己的专业能力求得进步,比如从技术员到工程师,从一般销售人员到主管销售人员;另一类是所谓管理的途径,沿着这条途径通过管理梯次不断提升自己,比如从班组长到店铺经理,再到公司经理。

当然还可能有第三条途径,就是沿着自主创业、开创自己的事业的道路不断发展。目前,毕业生自主创业的越来越多,也受到国家政策的鼓励和支持。

4. 职业是提升和实现个人价值的重要途径

个人的价值在于对他人有利、对组织有利、对社会有利。每个人为社会做贡献的方式有很多种,从事职业活动是最重要、最稳定的一种,也是将个人利益和社会利益相互结合起来最好的一种。为社会做的贡献多,个人价值就会得到增值。

5. 职业体现了个人对社会的责任和权利

选择并从事职业活动是每个具有劳动能力的人的基本权利,我们要珍视这个权利,因为它是我们生存和发展的基本条件之一。为此,每个即将走上社会的高校毕业生,应该主动地承担起对自己的责任、对家庭的责任,进而承担起对组织和对社会的责任,自觉地成为社会的一名合格公民。

（二）职业对组织的功能

（1）组织是相关职业的组合体,组织活动与职业活动是一个问题的两个方面,所以,职业及职业活动构成了组织及组织活动,也可以说,组织活动体现为职业活动,职业活动实现着组织的存在和运转。

（2）职业活动创造出组织的效率和效益,组织成员越"职业化",组织就越稳定,其活动就越富有成效。

（3）职业活动创造出组织的社会价值,组织对社会的贡献是由每个组织成员富有成效的职业活动做出的。

（三）职业对社会的功能

（1）职业是社会分工劳动的具体体现,是人们相互结合起来形成生产力,推动经济与社会进步的具体方式、途径和手段。

（2）职业活动创造社会财富,这和劳动创造财富是一个问题的两个说法。

（3）职业也是维持社会稳定的重要条件。

扩展阅读 1-1　高校应届生专业就业竞争力报告发布 这些专业最"吃香"

第二节　职业分类和职业资格证书

不同的职业有各自的知识和技能,对从业人员的素质有不同的要求。职业资格证书就是这种要求的具体体现。取得职业资格证书是达到了职业基本要求有效的证明。高等职业教育不同于研究型教育的一个重要方面,就是学生不仅要取得学历证书,还要取得相关的职业资格证书,也就是我们常说的"双证书"。

"双证书"是高校学生求职就业的有力"武器",这里需要了解一下有关职业分类和职业资格证书的问题。

一、职业分类

目前,随着社会的发展,衍生出多种多样的新职业,如物流配送员、网络主播等,为了更好地区分不同职业,我国颁布的《大典》将职业进行分类。职业分类是以工作性质的同一性为基本原则,对社会职业进行的系统划分与归类。

可见,"工作性质相同"是职业分类的基本标准。采用这个标准有利于政府部门的宏观管理。下面介绍的职业分类的国际标准和我国颁布的《大典》,它们所依据的都是这个标准。

所谓工作性质,就是一种职业区别于另一种职业的根本属性,一般表现为职业活动的对象和方式的区别。比如说,教师以学生为服务对象,导游以游客为服务对象,这就是教师工作和导游工作的区别;营业员是在店铺里为来到商店的顾客提供销售服务,推销员一般是通过登门走访为顾客提供销售服务,这就是营业员工作和推销员工作的区别。

在不同国家和地区,在经济和社会发展的不同阶段上,职业分类不尽相同。

(一)职业分类的国际标准

1968 年,联合国颁布《国际标准职业分类》修订本,将职业分为 4 个层次、8 个大类、83 个小类、284 个细类、1 506 个职业。其中,8 个大类分别是:

(1)专家、技术人员及有关工作者。

(2)政府官员和企业经理。

(3)事务工作者和有关工作者。

(4)销售工作者。

(5)服务工作者。

(6)农业、牧业、林业工作者和渔民、猎人。

(7)生产和有关工作者、运输设备操作者和劳动者。

(8)不能按职业分类的劳动者。

联合国的职业分类为各个国家进行职业分类提供了重要的依据。

(二)我国的职业分类

2015 年 7 月 29 日,国家职业分类大典修订工作委员会全体会议在京召开,会议审议通过并颁布了 2015 年版《中华人民共和国职业分类大典》,将我国职业归为 8 个大类、75 个中类、434 个小类、1 481 个职业。与 1999 年版《大典》相比,维持 8 个大类,增加 9 个中类和 21 个小类,减少 547 个职业。其中,8 个大类分别是:

(1) 国家机关、党群组织、企业事业单位负责人,含 5 个中类、16 个小类、25 个职业。

(2) 专业技术人员,含 14 个中类、115 个小类、379 个职业。

(3) 办事人员和有关人员,含 4 个中类、12 个小类、45 个职业。

(4) 商业、服务业人员,含 8 个中类、43 个小类、147 个职业。

(5) 农林牧渔水利生产人员,含 6 个中类、30 个小类、121 个职业。

(6) 生产、运输设备操作人员及有关人员,含 7 个中类、195 个小类、1 119 个职业。

(7) 军人,含 1 个中类、1 个小类、1 个职业。

(8) 不便分类的其他人员,含 1 个中类、1 个小类、1 个职业。

为充分适应和反映人力资源开发管理需求,促进劳动者就业创业,人力资源社会保障部建立了新职业发布制度,实施职业分类动态调整。2020 年,人力资源社会保障部委托中国就业培训技术指导中心发布了《关于持续开展新职业信息征集工作的通告》,面向社会公开征集新职业信息。

经自主申报、专家评估论证、书面征求中央和国家机关有关部门意见、面向社会公示征求意见等程序,人力资源社会保障部会同国家市场监督管理总局、国家统计局向社会正式发布了集成电路工程技术人员等 18 个新职业信息。这是《大典》(2015 年版)颁布以来发布的第四批新职业。此次在发布新职业信息的同时,还调整变更了"社区事务员"等有关职业工种信息。

18 个新职业信息分别为集成电路工程技术人员、企业合规师、公司金融顾问、易货师、二手车经纪人、汽车救援员、调饮师、食品安全管理师、服务机器人应用技术员、电子数据取证分析师、职业培训师、密码技术应用员、建筑幕墙设计师、碳排放管理员、管廊运维员、酒体设计师、智能硬件装调员、工业视觉系统运维员等。

新职业是在向社会公开征集的基础上,经专家评审、公示征求意见后,按程序遴选确定的。

(三) 职业分类的其他标准

在国外,按照脑力劳动和体力劳动的性质和层次分类是一个通行的做法,也就是常说的白领和蓝领。白领工作人员包括:专业性和技术性工作人员(会计师、建筑师、工程师、医生、教师等),农场以外的经理和行政管理人员,销售人员,办公室工作人员等。蓝领工作人员包括:手工艺及类似的工人、农场以外的工人、服务行业的工人等。现在又有了金领、灰领的职业划分。

通常人们认为,我国现阶段高等职业教育培养的是"灰领"人才。这种分类可以反映劳动的性质区别和社会地位的不同,是人们在日常生活中常用到的分法。

在国外,还有按照人的心理个性差异划分的职业类别。这种分类方法是根据美国职业指导专家霍兰德创立的"人格—职业"类型匹配理论,把人格类型分为六种,相应地也就有六种职业类型。它们是:现实型、研究型、艺术型、社会型、企业型、常规型。

这种分类对求职者按照个性特点寻找相适合的职业,以及用人单位根据岗位对从业者的个性要求选用人才有比较直接的指导作用。对于高校学生来讲,了解自己的个性特点,也是选择适合职业的前提条件之一。

应该指出的是,职业分类是一个动态的过程,它会根据经济和社会的发展阶段,根据国家经济与社会管理的需要适时做出调整。

职业分类从不同的角度对各个职业做出了规定和界定,每种职业都有其特定的内涵。例如,我国颁布的《大典》依据的是人们所从事工作的性质的统一性,也就是每类职业在工作性质上具有共同的特征;而美国学者霍兰德的分类方法依据的是人的个性以及职业对人的个性的要求。不同职业对从业人员提出了不同的素质要求。

了解职业的分类,有利于认识和把握不同职业的特性,有利于在高校学习阶段有意识、有针对性地做好职业准备,为毕业时求职就业奠定基础。

二、职业资格和职业资格证书

(一)职业资格

我们所说的职业资格是对准备从事某一职业的劳动者必备的学识、技术和能力的基本要求。职业资格包括从业资格和执业资格。

从业资格是指从事某一专业的学识、技术和能力的起点标准;执业资格是指政府对某些责任较大、社会通用性强、关系社会公共利益的专业实行准入制度,是依法独立开业或从事某一特定专业的学识、技术和能力的必备标准。高校学生通常可以考取和获得的是从业资格。

目前我国共对 100 多个职业做出了从业资格标准,颁布了相应的职业标准。共有几十个职业有了各自的执业资格标准。

(二)职业资格证书

我们所关心的职业资格证书是对达到职业资格规定的必备的学识、技术和能力的劳动者颁发的证明。职业资格证书包括从业资格证书和执业资格证书。

劳动者取得从业资格证书必须以从业资格认定为基础。从业资格的认定由政府劳动、人事及其他相关主管部门组织实施,由政府批准的考核鉴定机构通过学历认定、资格审查或考试、专家评定、职业技能鉴定等方式进行。经认定和考核合格者,可以取得证书。

目前我们常见的从业资格证书包括营业员、推销员、调酒师、美容师、美发师、前厅服务员、餐厅服务员、导游、出版物发行员、客房服务员、摄影师、汽车驾驶员等,共有 100 多种。劳动者取得执业资格必须参加执业资格考试,合格者可取得证书。取得证书并经过注册登记者,可依法独立执业。

目前我国已有几十个专业建立了执业资格制度并对考核合格者颁发证书,其中只实行考试制度的包括医师、药师、中药师、教师、统计员、法律顾问、价格鉴定师、珠宝玉石质量检验师等;需要持证者注册的包括注册会计师、注册建筑师、注册律师、注册资产评估师、注册地产评估师、注册拍卖师、注册税务师、监理工程师等。

（三）职业技能和职业技能鉴定

我国的人力资源和社会保障部制定并颁布《国家职业标准》，对从业者资格做出限定，并规定职业等级。

我国的职业标准一般根据具体的职业不同，把职业等级划分为三至五个等级，例如将物业管理员职业划分为物业管理员、助理物业管理师、物业管理师三个等级；人力资源管理师职业划分为人力资源管理员、助理人力资源管理师、中级人力资源管理师和高级人力资源管理师四个等级；营销师职业划分为营销员、高级营销员、助理营销师、营销师、高级营销师五个等级。

在对同一职业从业者提出基本一致的职业道德和基础知识要求基础上，还对该职业所对应的不同等级的从业者从工作内容、能力要求和相关知识等方面提出了不同要求。

劳动者参加的从业资格考试称为职业技能鉴定。职业技能鉴定由政府批准成立的职业技能鉴定机构负责组织实施。高等职业院校与政府劳动主管部门和职业技能鉴定机构不断加强紧密联系，在高等职业教育中引入职业技能鉴定，使越来越多的高校学生参加职业技能鉴定，取得职业资格证书。

职业技能鉴定的内容包括：职业知识、操作技能、职业道德三个部分。鉴定形式一般包括知识考试、技能考核两个部分。

扩展阅读 1-2　北京人社局认可 82 项"高含金量"境外职业资格

（四）其他证书

目前，除去政府劳动、人事和其他主管部门颁发的从业资格和执业资格证书外，还有行业协会组织颁发的证书，以及国外机构经我国主管部门批准在我国境内颁发的证书，包括职业资格证书和技术等级证书等。如微软工程师、IBM 工程师、C&G 证书等。它们在不同的领域和程度上得到用人单位的认可，取得这类证书要通过这些机构组织的考试和考核。

（五）证书的作用

1. 有助于学习和掌握职业知识与技能

通过参加职业技能培训，可以初步地掌握相关职业知识和技能，建立职业意识，养成职业行为规范，为毕业阶段求职就业打下坚实的基础。这也是高等职业教育的本质所在，是高等职业教育区别于普通高等教育的关键。

2. 有助于个人职业生涯规划与发展

通过参加职业技能培训，可以发现和稳定个人的职业兴趣，修炼和完善个人性格，使个性发展与职业生涯尽早地结合起来，为自己职业生涯的长期发展奠定良好的基础。很多情况表明，高校学生越早发现和养成个人的职业兴趣，就越有利于完善个人的性格，越有利于早做职业规划，从而使学习的方向更明确，学习的动力更足。

3. 有助于提升个人就业竞争能力

通过参加职业技能培训，可以拓展个人能力领域，提升个人在未来职场的竞争能力。为了更及时地就业，高校学生有必要在自己和家庭力所能及的范围内掌握多方面技能，取得更多证书。对于高校毕业生来说，就业可以在专业范围内，也可以在专业范围外跨专业就业，在学校学习期间尽可能取得更多证书，对就业和未来职业发展非常有益。

（六）证书的分类

从证书与专业的关系和对就业的作用的角度，可以把各种证书分为三类。

1. 核心证书

这类证书与专业有着直接的联系，对求职就业有直接的作用。例如，保险代理人证书之于保险学专业的学习和就业，导游证书之于导游专业的学习和就业，会计证书之于会计学专业的学习和就业。如果是师范类专业的同学，并且打算从事教师职业，那么，首先要通过普通话考试，再参加教师资格考试取得教师资格证书。

2. 能力拓展性证书

这类证书与专业可能有间接的关系或者没有什么关系，但对于拓展个人能力范围，增强就业竞争能力有重要影响，取得这类证书对求职就业有很大的帮助。比如金融学专业的同学不妨考一个会计证，计算机科学专业的同学考一个秘书证，会有利于拓宽就业范围。

3. 通用性证书

这类证书是现在从事几乎任何职业都需要的，它们反映了现代职业活动对人基础能力的共同要求，比如英语等级证、计算机等级证、汽车驾驶证等。

核心证书和通用性证书应该是必拿的，拓展性证书应该在力所能及的前提下尽量取得。在同学们的职业生涯规划中，应该把参加职业技能培训和考试、取得职业资格证书和技术等级证书列为重要的内容。

试试看

对照自己所学专业以及个人志向和兴趣，列出你打算考取的证书，为此你应该做哪些准备？

第三节　职业选择

选择职业既要了解自己也要了解职业，这样才能避免求职过程中的盲目性，才能有所准备，有备而来。除此之外，我们还要明确自己的求职目标，了解毕业生就业形势，以便将主观和客观相结合，迈好个人职业生涯的第一步。

一、职业选择的原则

（一）立足现实,着眼发展的原则

1. 立足现实

立足现实主要有四个方面的含义:

(1) 立足于现阶段学生就业的基本形势

根据人力资源和社会保障部网站 2021 年 2 月 28 日发布的《中华人民共和国 2019 年国民经济和社会发展统计公报》表示,2020 年全年城镇新增就业 1 186 万人,比上年少增 166 万人。年末全国城镇调查失业率为 5.2%,城镇登记失业率为 4.2%。全国农民工总量 28 560 万人,比上年下降 1.8%。其中,外出农民工 16 959 万人,下降 2.7%;本地农民工 11 601 万人,下降 0.4%。

当前,我国国内经济趋稳的基础还不够稳固,2020 年新型冠状病毒肺炎疫情的突发,使得全社会宏观就业压力增大。2020 年 2 月 12 日下午,国务院联防联控机制新闻发布会再次召开,专门介绍了教育系统疫情防控等相关工作情况。

根据《2020 年中国大学生就业报告》(蓝皮书),2019 届大学毕业生在长三角地区就业的占比最高(本科:25.8%,高职:22.9%),其次是珠三角地区(本科:21%,高职:20.4%)。结合各地区本科院校毕业生实际占比和 2019 届在本地区就业毕业生占比综合来看,珠三角地区人才的吸引力较强,再次是长三角地区。而东北地区、中原地区人才吸引力较弱。

从城市分级看,本科毕业生选择在"新一线"城市就业的比例从 2015 届的 22% 上升到 2019 届的 26%,而在一线城市就业的比例从 2015 届的 26% 下降至 2019 届的 20%;高职毕业生选择在"新一线"城市就业的比例从 2015 届的 17% 上升到 2019 届的 23%,而在一线城市就业的比例从 2015 届的 19% 下降至 2019 届的 15%。

在这种情况下,教育部采取相应措施,组织实施大学生村官、三支一扶、大学生志愿服务西部计划、特岗教师计划、选调生等基层项目。鼓励大学生参军入伍、自主创业。推动大学生在重点区域(大湾区、雄安新区等)、重大工程(东北振兴、中部崛起等)、重大项目(港珠澳大桥等)中寻找机会、实现就业。此外,深度挖掘人工智能、大数据、互联网和实体经济融合创造的新就业机会,帮助毕业生在传统渠道外多方位就业。

高校毕业生就业形势复杂严峻,促进就业的工作任务更加艰巨繁重。尽管政府各级主管部门和各个高校近几年加大了就业工作力度,但就业形势严峻是一个不争的事实。在这样的形势下,高校毕业生求职就业必须从现实出发,降低期望值,抱着积极而平和的心态寻找自己适合的岗位。

从现实出发我们看到,近几年高校毕业生就业以中小型企业、民营企业、私营企业为主要去向,这些企业吸引了超过 2/3 的应届毕业生。这些企业具有机制灵活、用人不拘一格的特点,看能力不看学历,学生在这些企业就业可以得到很好的锻炼,不少学生进步很快,两三年的时间就可以成为单位的业务骨干。所以,作为高校毕业生,我们不能仅盯着大机关、大单位、国有企业,更应看到上述那些企业才是我们发挥自己才干的主要领域。

(2) 立足于现阶段用人单位对毕业生需求

进入 21 世纪后,我国高等教育不再是精英教育,而日益走向大众教育,在北京、上海这样的发达地区,多数高中毕业生可以升入大学,这意味着全民素质的提高。毕业生到各类用人单位都要从一线做起,从基层做起。作为高校毕业生,应该合理地规划自己的职业生涯,至少在自己职业生涯的起步阶段要面向基层,做好充当一名合格的、出色的一线员工的心理准备。

(3)立足于个人的知识和能力的实际

高等教育应面向实际的教育,以培养一线应用型技术人才为中心。了解自己的知识结构,了解自己的能力基础,合理规划自己的职业生涯,特别是规划好自己的起步阶段,是每个高校学生应该做好的功课。这也恰恰是目前高校学生普遍还没有做好的功课,我们开设职业指导课程的目的之一就是帮助大家解决好这个问题。

(4)立足于个人的个性特点

应该说,每个人都有自己的个性特点,包括兴趣、性格、理想、价值观等,彼此不同;另一方面,不同的职业和工作对从业人员的个性和素质要求也不相同。理想的状况是每个人都能适应自己的个性特点找到适合的岗位和工作,每个岗位和每份工作都能找到最适合的人,即所谓"人—职匹配"。

为了最大限度地实现学有所用,人尽其才,高校毕业生可以根据自己的个性特点选择职业,既有利于个人职业生涯的发展,也有利于满足用人单位的人才需求。这样做还可以避免在求职就业过程中出现盲目和攀比。

2. 着眼发展

着眼发展主要是说,对于高校毕业生来说,要把自己毕业阶段的求职就业当作职业生涯的起点(实际上也是如此),而不是当作职业生涯的全部。在起点阶段寻找到适合的职业固然是很好的事情,如果没有找到适合的职业,也大可不必消极等待,仍然要积极主动及时地完成自己的就业活动,开始自己的职业生涯,在工作中寻求发展和突破。

毋庸讳言,由于我国现阶段劳动力供大于求的局面,会有部分毕业生一时找不到适合的岗位和工作,在这种情况下,我们主张大学生应该先就业,在工作中积累经验,在工作中寻找、发现、培养自己新的志趣。实际上在很多情况下,志趣是培养出来的,特别是对于刚刚走上社会的学生来讲,个性发展并不完善,自己认为擅长的东西也许并不真的擅长,自己认为感兴趣的东西也许只是表面现象。

从学校到社会、从学生到"职业人"是一个真正的"蜕变"过程,这个过程可能会完全改变一个人。所以,不必死抱着自己学生生活中形成的东西不放手,相反要敢于放手,敢于丢掉学生时代的想法,真正从零做起。这样去做了,其实不会损失什么,反而会有所收获。

(二)主动选择,及时就业的原则

我国现阶段高校生就业实行"市场导向、政府调控、学校推荐、学生与用人单位双向选择"的制度。这一制度赋予了高校生就业充分的自主权,大学毕业生应该建立主动就业和及时就业的意识。

1. 主动就业就是不等、不靠、不依赖

现在,仍然有部分大学生在就业问题上等学校、等家长,依赖心理很重,这是很不适应现代社会对人的基本要求的。现代社会是竞争的社会,是凭借个人能力求生存、求发展的社会。学校也好、家庭也好,可以提供帮助,但是代替不了每个人的自我选择和自我发展。没有这种意识,不自觉地锻炼自己这方面的能力,即使依靠学校或家庭的帮助找到自己认为合适的工作,也是很难在工作中适应的。

2. 主动就业就是要自主判断、自主选择

大学生应该培养自己收集就业信息的能力、分析就业信息的能力;培养自己寻找就业机会、把握就业机会的能力;培养自己适应环境变化、融入环境整体的能力。

在这个前提下,大学生可以利用家庭关系、同学关系、师生关系,利用学校提供的各种机会,广开渠道、多方争取。有了主动就业的意识和心态,大学生就能够在各种机会中得到锻炼;没有这种意识和心态,只不过是在"守株待兔",随波逐流,完全被命运所操控,是不可能得到理想的结果的。

3. 主动就业就是及时就业

有些大学生因为目前就业形势比较严峻,有等一等、拖一拖的想法,部分家长也觉得家里不指望孩子挣钱,不就业就不就业了,待一段时间再说。其实,这对学生个人的职业生涯发展是非常不利的。因为,虽然每个人在自己的一生中会有几十年的从业经历,但是对个人发展有重大影响的时间阶段只是有限的几个,这几个关键步骤直接影响着个人发展的方向和成就。其中,从学校到社会,从学生到"职业人"这个步骤是具有决定作用的。迈出这一步时间的早晚,会导致不同学生之间形成明显的差异。

很多事例告诉我们,早就业的学生在职业意识的树立,职业行为的形成等方面要明显优于晚就业和没有就业的学生。当他们已经进入职业角色,担当起业务责任和社会责任时,后一类学生仍然徘徊在学生状态,双方距离由此就加大了。所以,作为高校毕业生,在就业阶段就要尽早完成就业任务,以便及时地开始自己的职业生涯。

二、职业选择的依据

影响毕业生职业选择的因素很多,这些因素构成了高校生职业选择的依据。主要包括以下几项:

(一)所属行业

选择什么样的行业作为自己事业发展的领域对一个人来讲是十分重要的。不同行业在国民经济和社会生活中处在不同的地位,具有不同的社会作用。比如,采掘业、冶金业被认为是基础行业;汽车、房地产业被认为是国民经济支柱产业;而互联网、IT业则被视作新经济的代表。不同行业具有不同的发展前景,因而对新生劳动力具有不同的吸引力。

更为直接的是,不同行业的人才需求类别、规格彼此不同,对人才思维品质、行为规范有不同的要求。比如,制造业的人才需求多集中在生产制造方面,对应聘人员的专业有特定要求,并且需要应聘人员具备踏实、沉稳、精细的品质;商业服务业是直接服务于顾客的行业,要求应聘人员具备与人交流沟通的能力,要有为顾客热情服务的意识;IT业产品更新速度快,员工年龄结构年轻化,要求从业者具备较强的创新意识和能力,以及良好的团队协作意识和能力等。

选择行业即选择自己的事业领域。选择事业领域对高校生来说是非常重要的一件事情。一个人在自己一生的职业生涯中，可能会变换若干工作单位，发生几次职业流动。一般来讲，变换工作单位是可以的，一生只服务于一个单位的情况今后会越来越少，但一定要注意的是，不要轻易变换自己的事业领域。如果在事业领域不稳定，频于跳槽，每跳一次都意味着从头开始，重建基础，对个人而言这将要付出巨大的时间成本，甚至可以说，这样的跳槽越多，距离成功的目标越远。

（二）单位性质和特点

在我国，用人单位大体上可以分为企业单位、事业单位、政府机关。不同单位在用人方面具有不同的特点。以企业单位来说，可以按照投资者性质分为国有企业、民营/私营企业、外资/合资企业等；按照规模不同可以分为大型企业、中型企业、小型企业。

一般来讲，外资企业特别是其中的大型知名企业，历史比较长，经营管理规范化程度高，企业文化成熟，对人才素质、能力要求高。这类企业通常建立了完备的人力资源体系，招聘程序严谨，培养模式清晰，聘用政策稳定。对毕业生来说，进入这类企业后，重要的是尽快适应企业文化，融入企业群体。

现阶段的国有企业多已建立了市场化的经营管理机制，逐步走上市场经济轨道，再加上历史比较长，有一定的基础，规章制度比较齐全。但是由于传统惯性，在人才使用上仍然存在着论资排辈现象和重使用轻培养的问题。毕业生进入这类企业，既要耐得住寂寞，也要锻炼自我发展的能力。

民营/私营企业自 20 世纪 90 年代以来发展很快，已经成为国民经济的重要力量和吸收新生劳动力的最大领域。民营/私营企业机制灵活，发展速度快，其中有些已经成为行业中有影响力的成员。民营/私营企业用人不拘一格、不唯学历，有能力者上，无能力者下，再加上民营/私营企业多在竞争十分激烈的行业，高校生进入企业后能得到很好的锻炼。但是，民营/私营企业具有成熟的用人模式的还比较少，人力资源体系不够完善，人才流动性大也是它们的一个特点。

大型企业生产经营规模大，管理比较严谨规范，内部分工细致，责任明确，也就是人们常说的"一个萝卜一个坑"，有利于毕业生在某一个专业岗位上锻炼成长；中小型企业经营管理机制灵活，和大企业相比内部分工比较粗化，常常"一个萝卜几个坑"，有利于高校生培养自己多方面的能力。

总之，不同企业性质特点不同，对高校生素质、能力和个性的要求不同，了解这些有利于毕业生更好地选择自己的职业方向。

（三）整体薪酬待遇

取得比较理想或可以接受的收入，是每个毕业生在求职就业中必然要考虑到的问题，不同企业的薪酬待遇的区别，是影响高校生职业选择的一个重要而现实的因素，相当多的毕业生把这一因素放在了首要位置。在这个问题上我们的建议是：

1. 看眼前更要看长远

第一份薪酬固然重要，但和一个企业能够提供给的成长空间相比，它又不是最重要的。关键要看这个企业是不是有一个完善或比较完善的薪酬体系，是不是按照人们的能力和贡献支付劳动报酬。如果有这样一个薪酬体系,可以认为人才成长的空间就是比较大的,成长的途径是通畅的,将来获得一份理想的收入是可以预期的。

2. 看工资收入更要看整体报酬

我们说一个人在一个组织内可以得到的报酬不仅仅表现在货币收入上。除去工资收入外,劳动报酬还可能表现为各种非工资性、非货币性收入,比如良好的工作环境,比如更为重要的各种组织培训,比如企业的知名品牌效应给员工个人带来的社会声誉和社会地位等。在有些情况下,这样的报酬比工资收入还要重要些,更值得我们去珍惜。

所以,我们应该建立整体薪酬待遇的意识,从这个角度去看待我们的第一份收入。

(四) 个性特征

每个人都有自己的个性特征,由生理和心理素质所决定,表现在思维方式、行为方式的彼此区别上。因此,每个人都有自己最为适合从事的职业活动。职业选择的一个重要方面就是依据个性特征选择适合的职业。

为此,同学们一方面要在学习期间借助职业指导和咨询,借助心理学测量工具,了解自己的个性特征;另一方面则要通过多种途径,如收集报刊网上资料、勤工俭学、企业考察实习等,尽可能多地了解感兴趣的行业和企业,尽可能多地接触准备选择的职业活动。这样可以比较好地避免求职就业中的盲目性,也可以避免就业以后不必要的流动性,为自己的职业发展节约宝贵的时间资源。

(五) 国家政策

为鼓励大学生就业,国家每年都会出台适应国情的就业政策。为鼓励高校毕业生到基层和艰苦地区工作,各级政府会为高校毕业生创造工作条件,主要充实城市社区和农村乡镇基层单位,从事教育、卫生、公安、农技、扶贫和其他社会公益事业。在艰苦地区工作2年或2年以上者报考研究生的,可优先予以推荐、录取;报考党政机关和应聘国有企事业单位的,同等条件下,可优先录用。每年常见的就业政策都会包括大学生村官、大学生征兵、考研等。

1. 大学生村官

大学生村官工作是十七大以来党中央做出的一项重大战略决策,主要目的是培养一大批社会主义新农村建设骨干人才、党政干部队伍后备人才、各行各业优秀人才。2014年5月30日,中央组织部召开全国大学生村官工作座谈会,进一步明确了大学生村官工作的定位。

每年全国各地都会出台相应的大学生村官政策。如2020年3月上海市人民政府发布文件,为做好2020年上海高校毕业生就业,2020年上海大学生村官计划招募岗位400个,为此上海市人民政府发布《上海市人民政府办公厅印发关于做好2020年上海高校毕业生就业工作若干意见的通知》,扩大高校毕业生在大学生村官等基层就业项目规模。

2. 大学生征兵

大学生征兵是指部队每年从应届大学毕业生中招收义务兵,经国务院、中央军委批准,自2020年起将义务兵征集由一年一次征兵一次退役,调整为一年两次征兵两次退役。

2019 年 10 月国家发布 2020 年度全国征兵命令,2020 年度全国征兵工作将分为两次,在政策上做了重大调整,是 2020 年 3 月一次和 2020 年 9 月一次。征集对象以大学生为重点,优先批准高学历青年入伍,优先批准大学毕业生和理工类大学生入伍。省会城市和高校集中地区全部征集高中毕业以上文化程度青年,其他地区减少并逐步取消初中生的征集。已被普通高等学校录取及正在高校就学的学生,机关、团体、企业事业单位具有大专以上文化程度的青年,也应当征集。

征集的女青年,为普通高中应届毕业生和普通高等学校全日制应届毕业生及在校生,2019 年普通高等学校全日制应届毕业生可以报名参加 2020 年上半年女兵征集。

3. 考研

全国硕士研究生统一招生考试(Unified National Graduate Entrance Examination),简称"考研",是教育主管部门和招生机构为选拔研究生而组织的相关考试的总称,由国家考试主管部门和招生单位组织的初试和复试组成。

2020 年,因疫情影响,国务院总理李克强 2 月 25 日主持召开国务院常务会议,推出鼓励吸纳高校毕业生和农民工就业的措施。其中就包括"扩大今年硕士研究生招生和专升本规模"。会议指出:"当前要更加注重稳就业特别是高校毕业生、农民工等重点群体就业。

一要扩大硕士研究生招生和专升本规模,增加基层医疗、社会服务等岗位招募。

二要延迟离校毕业生报到、落户等时限。对离校未就业毕业生提供 2 年户口和档案托管,按应届毕业生办理就业手续。

三要扩大农民工就业。加大稳岗和就业补助。促进就地就近就业。"

2020 年 2 月 22 日,湖南省人力资源和社会保障厅、湖南省教育厅、湖南省财政厅、湖南省卫生健康委员会四部门联合印发《关于印发〈应对新冠肺炎疫情做好高校毕业生就业创业工作十条措施〉的通知》(湘人社规〔2020〕4 号),提出:"积极向教育部争取支持,扩大研究生招生规模,2020 年全省增加 5%研究生招生计划,将专升本录取比例扩大 1 倍以上。适当提高应届大学毕业生士兵退伍后专升本录取比例。"

三、了解职业做好就业准备

(一)了解职业的基本途径

了解职业才能够选择职业。对于高校学生来说,了解职业的主要途径包括:

(1)课堂教学,通过教师的讲课了解相关职业。

(2)校内实习,不少高等院校建立了校内实习实训基地,模仿企业环境和生产经营管理,可以使受训学生间接地接触生产经营管理活动。

(3)学校组织的校外实习实训,通常各院校都和相关企业建有学生实习实训合作关系,这种实习实训是很接近真实的职业活动的。

(4)学校组织的企业人士讲座和座谈。

(5)学生个人联系的勤工俭学、打工、实习实践活动。

(6)学生通过报纸杂志、互联网收集的有关信息资料。

(7)学生通过个人社会关系间接了解到的相关信息。

（二）了解职业的基本方面

1．工作内容

这个职业是做什么的？比如,推销员的工作职责和工作内容是什么？推销生活用品和推销工业用品是一样的吗？同样被人们称为"柜员",证券公司柜员和银行柜员从事的工作一样吗？银行柜员(正式名称是"银行储蓄员")的工作职责和工作内容是什么？

2．工作方式

这个职业是怎样做的？比如,推销员可以分为电话推销员和户外推销员,他们的工作方式方法是一样的吗？现在的办公室文秘是如何开展工作的？

3．工作条件

这个职业是在怎样的工作环境中进行的？是户外作业还是室内作业？是机械操作还是手工制作？技术条件如何？

4．工作要求

这个职业对从业人员有哪些要求？比如,在大饭店工作对身高和个人形象的要求,从事外贸业务对英语水平的要求,从事零售业可能会经常加班加点,做导游需要具备较强的独立工作能力等。

5．工作回报

这个职业的薪酬水平如何？除工资收入外有没有其他的福利待遇？用人单位对个人的发展提供哪些条件？是否有业务培训？这个职业的社会地位和社会声望如何？

针对上述问题,建议同学们从入学时起,建立一个职业调查档案,选择两三个自己感兴趣的职业,按照上述几个方面,随时收集、记录、整理相关的信息资料,从一年级做起,看看自己到底会对它(们)了解了多少,这对于确立自己的职业方向和求职就业将有很大的帮助。

拓展阅读 1-3 大学生就业难？国家有新规出现,170多万失业大学生有转机了

【实践课堂】

请你去人才市场做一个人才需求调研,了解自己所学的专业对应的岗位或岗位群有哪些？根据本专业所对应的职业或岗位,确定应该考取的职业资格证书,做出在校期间的学习和考证计划。

要求:目标明确,进度合理,可操作性强。

【课后练习】

1．职业都有哪些功能？
2．职业选择的立足现实原则主要有哪四个方面的含义？
3．职业选择有哪些依据？

第二章

自我职业认知

【学习目标】

1. 了解自我的气质、性格、能力和兴趣特点；
2. 通过人格测试及个性判断了解自己的职业性格；
3. 结合专业及对职业的认知选择自己的职业目标。

引导案例

MBTI 职业性格测试风靡世界

经过 50 多年的研究和发展，如今一种名为 Myers-Briggs 的职业性格测试受到很多人的信赖，其英文简称为 MBTI(Myers-Briggs Type Indicator)。《财富》世界前百强企业里竟然多达 88 家都在对雇员使用这项评测。

这个测试工具以心理学医生卡尔·荣格(Carl Jung)的理论为基础，认为每个人的性格具有与生俱来的特点，在内向或外向、直觉或感觉、想法还是感触、判断还是看法之间，都存在可以用量化的手段评估的偏好程度。

按照这些内容分组后，这个工具认为所有人的性格可以分成 16 种，每种性格都存在强项和"盲点"。通过这个工具了解自己以后，可以帮助人们在日常生活或是工作中扬长避短，与他人的沟通更有效。

现在这个工具受到世界各地大量机构的青睐，从公有组织到私有机构，从军队到大学，从慈善团体到体育团队都在使用。此外很多个人也愿意使用这个工具。自从 20 世纪 60 年代以来，约有 5 000 万人进行了 MBTI 测试，现在每年仍有 200 万人接受测试。

这个测试工具最早是在 1943 年由母亲布里格斯(Katharine Cook Briggs)和女儿迈尔斯(Isabel Briggs Myers)开发出来的，当时是为了在"二战"中帮助招聘劳动力。

经过长达 50 多年的研究和发展，MBTI 成为当今世界上最为著名和权威的性格测试。

资料来源：https://baijiahao.baidu.com/s?id=17107355603284942458&wfr=spider&for=pc. 2021-09-13.

根据职业性格测试，杨元庆性格类型是 ISTJ(内向、理智、思考、判断即检查员型)，特点是细致、谨慎地执行好现有规则。检查员型的人通常是忠实、严谨而负责的。他们内心相当敏锐，对事实有精确的把握，基于这些信息，他们做出决断时相当果断和干脆。

但是从本性来讲,这种类型的人并不喜欢过多与外界沟通他们是如何做出这些决断的,而且沟通也不是他们所擅长的方面。因此,虽然他们的判断往往是有根据且有操作性的,但是给外界的感觉还是缺少足够的自信。检查员型的人原则性很强,制订好的计划一定要严格去执行,即使牺牲一些个人利益也在所不惜。

这样的品格加上严谨、对事实敏锐的分析和高效的执行,对于检查员型的人的初期发展非常重要。在达到一定程度之后,检查员型的人就要尝试放开眼界,从全局的、开放的角度去做事和思考问题,扩展自己的成功。杨元庆的学习和工作都恰当地吻合了他的职业性格,在执着与机遇中,不断获得成功。

企业人力资源开发越来越重视开发员工的潜质,心理学的发展为发现员工潜质提供了测量工具,MBTI就是当今流行的一款性格测试工具。企业选拔新员工时开始使用这些心理测量工具。同学们了解自己的个性心理和职业性格,不但能帮助自己更清楚地了解自我,还可以帮助自己更好地规划自我、发展自我,在人才竞争中获胜。

第一节　个 性 心 理

在日常交流中,人们喜欢谈论他人的性格特征和行为方式,很少有人愿意花时间来审视自己的个性特征。人们经常强调自身所处的外在环境,很少关注自己对于做好某件事真正做出了哪些努力。我们也经常发现,一些人始终兴趣盎然地做着那些在另一些人看来很无聊无趣的事情,并取得了骄人的成功;一些人却成为"职业跳蚤",总是不停地跳来跳去换工作,到头来一事无成。

人们开始认识到,性格特征对职业成长发挥着越来越重要的作用,关注人的个性特征是社会职业丰富化发展的必然。关注自我,正确认识自己的人格特征,对今后的职业发展越来越重要。

个性特征源自个性心理。个性心理是个体在社会关系中所形成的各种心理现象的总和。它包括个性倾向、个性心理特征和自我调节等。这里主要介绍气质、性格、兴趣、能力等与职业相关的个性心理。

一、气质

在个体差异中,有些特征似乎是与生俱来,如勇猛、亲和、沉稳、抑郁等,这些表现主要来自于个体的气质差异。

(一)气质的类型

在日常生活中,同学们会注意到每个人在处理问题的方式方法上表现迥然不同。有的人感情产生得很快,转变得也很快;有的人平静沉着,不易动感情,这些特征就是各种不同气质特征的表现。所谓气质是指人的情感和活动发生的速度、快慢、强弱,以及动作的敏捷或迟钝等方面的心理特征。气质特点一般通过人的相互交往显示出来,气质使人的个性充满色彩。

气质有时和所谓的脾气或性格有相近之处,又与性格不完全相同,气质往往指人们先天的禀赋,是先天的因素、先天的脾气受后天作用而形成的一种特定的性格。

不同气质特征构成不同的气质类型。最早研究气质现象的古希腊著名医生希波克利特,他根据日常观察和人体内四种体液中血液、黏液、黄胆汁、黑胆汁,各人多寡不同的假设,把气质分为四种类型:胆汁质、多血质、黏液质和抑郁质。这四种基本气质对应类型的人在行为方式上的典型表现如下:

1. 胆汁质

胆汁质的人属于战斗型。直率热情、精力旺盛、情绪冲动、行动敏捷、心境变化剧烈,具有外倾性,称之为热情而急躁的人,气质上叫作胆汁质。

2. 多血质

多血质的人属于敏捷好动型。活泼好动、敏感、反应迅速、易适应环境、易与人交往,但兴趣易变、缺乏恒心,称之为活泼而易变的人,气质上叫作多血质。

3. 黏液质

黏液质的人属于缄默沉静型。安静稳重、反应缓慢、沉默寡言、情绪不易外露、注意力集中不易转移、善忍耐、具有内向性,称之为沉着而稳定的人,气质上叫作黏液质。

4. 抑郁质

抑郁质的人属于呆板羞涩型。情绪体验深刻、柔弱易倦、孤僻、行动迟缓、注意细节、机智敏感、多疑多虑、具有严重内倾,因而情绪体验强烈而深沉、易受挫折、称之为情感深厚而沉默的人,气质上叫作抑郁质。

气质本身无好坏之分,并不能决定一个人活动的社会价值和成就高低。每种气质都存在某种积极或消极方向发展的可能性。胆汁质可以发展到爽朗、勇敢、有进取心,但也可能出现粗心暴躁。多血质可以是活泼机敏,但也可能发展到轻浮不踏实。黏液质可以养成稳重、坚毅的个性,但也可能变得冷漠、固执。抑郁质可以表现为工作细心、守纪律、情感深刻,但也可能发展成缺乏自信、遇事优柔寡断的性格。

(二)气质与职业

气质体现了个体差异,不同气质对事业的成功有相当大的影响。理解不同气质的长处与短处,对选择职业、修炼性格、提高学习与工作效率、处理人际关系、了解对方、了解自己等都有重要影响。如表 2-1 所示,列出了不同气质特点与职业选择的关系,供同学们参考。

表 2-1　气质类型与适合职业表

类别	多 血 质	胆 汁 质	黏 液 质	抑 郁 质
特征	活泼好动、敏感	热情、直率、外露、急躁	稳重、自制、内向	安静,情绪不易外露,办事认真
优点	举止敏捷、姿态活泼;情绪色彩鲜明,有较大的可塑性和外向性;语言表达和感染能力强,善于交际	积极热情、精力旺盛、坚忍不拔;语言明确,富于表情。性情直率,处理问题迅速而果断	心平气和、不易激动;遇事谨慎,善于克制忍让;工作认真,有耐久力,注意力不易转移	感受性强,易相处,人缘好;工作细心谨慎、稳妥可靠

续表

类别	多　血　质	胆　汁　质	黏　液　质	抑　郁　质
缺点	粗心浮躁,办事多凭兴趣,缺乏耐力和毅力	易急躁,情绪忽高忽低,办事粗心,有时刚愎自用、傲慢不恭	不够灵活,容易固执拘谨,一旦激动会变得强烈稳固而深刻	遇事缺乏果断与信心,适应能力差,容易产生悲观情绪
适合的职业	政府及企业管理人员、外事人员、公关人员、驾驶员、医生、律师、运动员、警察、服务员等	导游、推销员、勘探工、作家、节目主持人、外事接待人员、演员等	外科医生、法官、财务人员、统计员、播音员	机要员、秘书、人事编辑、档案管理员、化验员、保管员

二、性格

受后天生活环境的影响,在行为方式上,个体可能选择进取、平淡、变化、刺激等不同的方式,这些选择大多与性格有关。性格表现出一定的习惯性,对职业选择和发展都会产生直接影响。

(一)性格

性格是人们对现实的一种相对稳定的态度以及与之相适应的习惯行为方式。性格与气质不同,是后天形成的。影响性格的因素主要有后天的生活环境、所受教育和先天的气质。性格不仅表现在对人、对自己的态度上,同时也表现在对职业的选择和态度上。

请同学们放下手中的物品,进行一个简单有趣的测试:把双手放在胸前,将十指交叉握在一起。观察左拇指在上方还是右拇指在上方。

如果左拇指在上方,那么他属于"感性"或"艺术型"的性格,大脑右半球功能比较占优势,富于情感、想象力丰富、多愁善感、具有文学家、艺术家气质。你会发现他说话是非常感性的,思维具有发散性,适合去做一些有创意性的工作。

如果右拇指在上方,那么他属于"理性"或"思维型"性格,大脑左半球功能占优势,富于理智、善于思考、逻辑性强,这种人具有思想家、政治家、科学家的气质。他说话严谨,适合去做一些研发性的工作。

你的测试结果与通常的印象一致吗?殊不知很多习以为常的习惯影响着我们的行为方式,我们却对此不以为然。关注性格差异对职业选择的影响能帮助你选择自己的职业发展方向。职业分工越来越细,企业人力资源部门开始关注个体性格特征的差异引起的工作差异。目前,一些企业开始引入性格测试,把性格测试作为选择某些岗位员工的必备程序,今后采用性格测试招聘新员工的做法在企业招聘中会越来越普遍。

(二)性格与职业

近年来,国外用人单位在选人时出现一种新观念。他们认为,性格比能力重要。其原因是,如果一个人能力不足,可以通过培训提高;但一个人的性格与职业不匹配,要改变起来就困难多了。所以,有的用人单位在招聘时,将性格的测试放在首位,当性格与职业相匹配时,才对其进行能力测试检查。

由于人们从事的职业各自具有不同的特点，因而对从业人员的性格特点也会提出不同的要求。一般说来，开朗、活泼、热情、温和的性格，比较适合从事涉外工作、文体工作、教育工作、服务工作以及其他同人群交往多的职业；多疑、好问、倔强的性格，比较适合从事科研、治学方面的工作；深沉、严谨、认真的性格，比较适合做人事、行政、党务工作；而勇敢、沉着、果断与坚定是新型企业家和管理者不可缺少的性格。

有人说："性格决定命运。"性格对人的职业生涯成败起着举足轻重的影响。如果你从事的职业与你的性格相适应，你的工作就会得心应手，心情舒畅，也容易取得成就。如果你的性格特点与你从事的职业不相适应，性格就会阻碍工作任务的完成，使你感到被动，缺乏兴趣并难以胜任，即使能够完成工作任务，常常也会感到疲倦或力不从心，精神紧张。

三、兴趣

在不经意间，我们发现做有些事时并没刻意投入很大的精力，效果居然出奇的好，或许是所做的事契合了本人的兴趣，是兴趣在其中发挥了意想不到的作用。

（一）兴趣

兴趣是指以特定活动，特定事物为对象，个人在积极选择的爱好倾向上产生的情绪紧张状态，它是个人积极探索某种事物或进行某种活动的倾向，它标志着个人在某方面的积极性。兴趣是力求认识、掌握某种事物，并经常参与该种活动的心理倾向；或者说，兴趣是积极探究某种事物的认识倾向。兴趣是一种无形的力量，可以培养，也可以改变。

1. 兴趣的分类及作用

（1）兴趣可分为物质的兴趣、精神的兴趣和社会的兴趣。物质的兴趣与你的需要相关联，表现为对物质的迷恋和追求，如收藏的兴趣。精神的兴趣主要是指对文化、科学、艺术的迷恋和追求，如写作、绘画、书法、摄影、发明创造等兴趣。社会的兴趣主要是指对社会工作和组织活动等的迷恋和追求。

（2）兴趣又可分为直接兴趣和间接兴趣。你喜欢跳舞、打球，可能是因为这些活动本身对你有吸引力，通过这些活动你会获得愉快和满足。这种对活动本身的兴趣就是直接兴趣。你可能感到学外语是一件很枯燥的事情，但对它仍然兴致很浓，这并不是学外语本身会给你带来轻松愉快，而是学外语可以继续攻读学位，可以直接了解国外最新专业信息，可以找到称心的工作，可以出国学习或交流等，是这些结果在吸引你学习，这种对活动结果的兴趣就是间接兴趣。直接兴趣和间接兴趣可以互相转化，也可以相互结合，从而更有效地调动你的积极性。

获得诺贝尔物理奖的华人科学家丁肇中说过："兴趣比天才重要。"名人及成功人士的经历告诉我们，兴趣在职业选择及将来的事业发展中发挥了关键作用。兴趣是成功的一个重要的推动力，它能将你的潜能最大限度地调动起来，使你长期专注于某一方向，付出艰苦的努力，取得令人瞩目的成绩。你对某种职业感兴趣，就会对该种职业活动表现出肯定的态度，并积极思考、探索和追求。

兴趣不是天生的，而是可以培养的。高校大学生在选择职业时，不仅需要知道自己有能力从事什么样的工作，也需要知道自己对哪类工作更感兴趣，并能满足自己的职业愿望。只有将能力和兴趣结合起来考虑,才更有可能取得职业生涯的成功。

2. 兴趣的发展阶段

从时间纵轴上看,兴趣的产生和发展一般要经历这样一个过程:有趣—乐趣—志趣。

(1)有趣是兴趣发展过程的第一个阶段,也是兴趣发展的低级阶段,它往往短暂易逝,非常不稳定。处于这一阶段的兴趣常常与你对某一事物的新奇感相联系,随着这种新奇感的消失,兴趣也会自然地逝去。

(2)乐趣是兴趣发展过程的第二个阶段,它是在有趣定向发展的基础上形成的,是兴趣发展的中级阶段。在这一阶段中,人的兴趣变得专一、深入起来,如喜爱文学的人很可能会成天沉溺于文学作品中。

(3)志趣是兴趣发展过程的第三个阶段,当乐趣同你的社会责任感、理想、奋斗目标结合起来时,乐趣便变成了志趣。志趣是你取得成就的根本动力,是成功的重要保证。

(二)兴趣与职业

兴趣是在一定需要的基础上,在社会实践中形成的,兴趣实际上是人的需要的延伸。关于需要的理论,心理学家也有许多论述,其中较为著名的是美国心理学家马斯洛的需求层次论,他把人的需要分成生理需要、安全需要、社会需要、尊重需要和自我实现需要五个层次,并广泛地流传开来。

由于你的需要是复杂多样的,从而决定了你的兴趣也是多种多样的。有的人好动手,有的人好动脑;有的人喜欢与人打交道,有的人喜欢与物打交道;有的喜欢独自钻研,有的喜欢集体协作……这些兴趣、爱好会直接影响到你的职业选择。

兴趣是你职业选择的一个基本方面,可以为职业选择提供有效的信息。兴趣可以用来预测你的工作满意感和工作稳定性,工作满意是职业适应的一大标志。

兴趣不代表能力,你对某一特定职业有兴趣并不意味着你能干好这个职业;同样,如果你具有从事某项工作的能力但缺乏兴趣,你在该职业生涯上成功的可能性也是非常小的。你只有对某一种职业感兴趣,并且具有该职业所要求的能力,才能做好这项工作。

具体来说,兴趣对你的职业的影响主要表现在以下三个方面:

1. 兴趣是职业选择的重要依据

正像你在日常生活中喜欢从事自己感兴趣的活动一样,具有一定兴趣类型的你更倾向于寻找与此有关的职业(类型),特别是在外界环境限制较小时,你更倾向于选择自己感兴趣的职业。因而,对你的兴趣或兴趣类型有了正确的评估后,可以预测或帮助你的职业生涯选择。

2. 兴趣可以增强职业适应性

我们都知道兴趣是最好的老师,有了兴趣就有了做好工作的热情,工作热情又可以促进你能力的发挥,兴趣和能力的合理结合又会大大提高工作效率。曾有人进行过研究:如果你从事自己感兴趣的职业,则能发挥你的全部才能的 $80\% \sim 90\%$,而且长时间保持高效率而不感到疲劳;而对所从事工作没有兴趣,只能发挥你全部才能的 $20\% \sim 30\%$。

3. 兴趣影响工作稳定性

兴趣影响工作的稳定,是由兴趣的本质所决定的。兴趣影响你的工作满意感和稳定性,在某些情况下(如不考虑经济因素)甚至具有决定性作用。一般来说,从事自己不感兴趣的职业很难让你感到满意,并由此导致工作的不稳定。

四、能力

喜欢做的事并不一定能做好,这与人的能力有关。

(一) 能力

高校大学生对事业充满信心。当你面对一份渴望得到的工作时,你可能会毫不迟疑地回答:"我行,我一定能胜任这份工作。"你对自己的能力给予充分的肯定,非常愿意通过一些机会证明自己的能力。

能力是指人们顺利完成某种活动所必须具备的心理特征。能力又可分为一般能力和特殊能力。一般能力是指在很多种基本活动中表现出来的共同能力,如观察力、记忆力、抽象概括能力等。通常意义上的一般能力主要是指人的智力能力。特殊能力是指出现在某些专业活动中所必需的多种能力有机结合的能力,如数学能力、音乐能力等。

心理学家在对人的心理特征进行研究的过程中,试图通过量化的方法把抽象化的意识表示出来。美国心理学家桑代克就通过因素分析发现了语文、数学、空间、知觉速度、字词流畅性、记忆、推理这七种主要的心理能力之后,以此为基础综合出言语意义理解、数字敏锐度、知觉速度、推理和空间关系识别五类能力倾向,形成了基本心理能力测验量表。

能力倾向测验种类繁多,都可用于职业指导,但与兴趣测验结合起来使用最多的还是多项能力倾向测验,兴趣测验与能力倾向测验表结合起来应用对职业指导起到了很好的推动作用。

扩展阅读 2-1　性格影响你的职业发展

(二) 能力培养与职业

有一种能力往往被人们忽视,那就是个人的潜在能力。为了测试人的潜力有多大,美国哈佛大学做了一个有趣的测试:给一位成年男子实施催眠术后,把他用两个凳子支撑着头和脚放在凳子上,身体悬空,让人站在他的身上,他竟然能支撑起五六个人的重量;如果在他身上放上木板,木板上竟然可以站上一匹马。这种承受力让我们大吃一惊。要知道在清醒状态下站一个人都很困难。

潜能是沉睡的巨人。美国著名心理学家博恩·崔西说,潜意识可以产生3万倍的力量。人们体内存在着巨大的内在力量,开发你的潜能,就会创造奇迹。大学生认识到潜能的巨大作用,就要充分利用大学期间的各项宝贵的专业学习资源,去尽力挖掘个人潜力,为实现自己的职业理想做好素质铺垫。

潜能在哪里？潜能在压力中诞生。当你面对挑战的时候，那种不肯服输的热情就会涌现出来，就会产生一种斗志，有了一种热情和愿望，就会产生一种意外的力量，这时你的潜能就会被激活，奇迹就可能出现。大学生要学会开发自己的潜能，要敢于挑战自我，通过理性思考找准自我职业定位，明确职业理想，为创造职业成功打下坚实基础。

职业教育是就业教育。高等教育在课程设置上重视职业能力的培养，大学生的职业能力是靠学习过程中不懈的努力换来的。环境为你创造了客观条件，最终是否具备较强的职业能力，要依靠你自己坚持不懈的个人奋斗，始终把学习的目标放在职业能力的提高和发展上。

此外，学生还要注重综合能力的培养，即始终注重行为养成习惯的培养，形成健全的职业性格；始终重视专业知识和技能的学习，用扎实的专业能力叩开职业之门；始终重视培养团队合作精神，通过实现职业活动目标实现人生价值；始终重视责任感培养，不担责任就不能胜任职务。

第二节　性格—职业匹配理论

现代职业环境特性对从业者的个性要求更加细致，分析研究从业者的职业性格有利于企业人力资源合理配置，也有利于员工发挥个体潜能和创造力。

一、霍兰德职业性格理论

通过性格分析，把不同人群从事的职业进行分类，使职业与性格之间建立起联系，并根据性格特点指导求职者寻找适合的职业类型，让适合的人做适合的事，顺应了人的天性，发挥了人的潜质。霍兰德职业性格理论就是要揭示人的个性与职业选择的关系。

（一）性格与职业匹配

美国著名职业指导专家霍兰德教授通过长期从事职业咨询工作实践，对不同人员的职业生涯过程进行了深入研究，发现了性格与职业的匹配关系，提出了性格—职业匹配论。

性格—职业匹配的理论基础是性格特性理论，性格在一定意义上是对社会刺激的反应，是人与环境、与社会互动的反映。

性格类型指的是性格具有共同价值取向、态度和行为模式的群体特质。霍兰德认为某类职业通常会吸引具有相同性格特质的人，而具有相同性格特质的人对许多生活事件的反应模式相似。他们创造了具有某一特色的生活环境，包括工作环境。在同等条件下，人和环境的一致性将增加个体的工作满意度、职业稳定性和职业成就感。

职业环境就是某种职业的氛围，这种职业氛围是具有相似性格特质的人所创造出的特定环境，并具有特定的价值观、态度倾向和行为模式。比如美发师内心一定是喜爱发型设计，从为别人提供新颖的造型而获得工作快乐。美发师群体基本上都具有这种价值观和审美情趣。

性格—职业匹配理论将性格与职业均划分为不同的大类，当属于某一类型的人选择了相应类型的职业时,即达到了匹配。社会对个人的指导,也就是达到性格类型与职业类型的匹配。性格与职业的匹配可以是多方面进行,可以扩展到气质与职业匹配、兴趣与职业匹配、能力与职业匹配、价值观与职业匹配等方面。

(二)霍兰德职业理论

霍兰德提出的性格—职业匹配理论,一直被公认为职业指导的重要理论和方法。霍兰德从心理学价值观理论出发,经过大量的职业咨询指导的实例积累,提出了职业活动意义上的性格分类,包括:现实型、研究型、艺术型、社会型、企业型、传统型六种基本类型,并把社会职业划分成相应的六种类型。

以现实型为例,在性格类型上现实型是其中的一种,其个性特点是害羞、真诚、持久、稳定、顺从、实际。现实型职业指的是偏好需要技能、力量、协调性的体力活动。现实型性格和现实型职业相对应。就做到了性格与职业相匹配。

1. 霍兰德性格—职业匹配论

霍兰德性格—职业匹配论的内容如表2-2所示,列出了六种职业性格类型的个性特点和适合各自个性特点的职业。

表 2-2　霍兰德的个性类型与职业列表

类　　　型	个　性　特　点	适合的职业
现实型（R）——偏好需要技能、力量、协调性的体力活动	害羞、真诚、持久、稳定、顺从、实际	机械师、操作工、厨师、农技师
研究型（I）——偏好需要思考、组织和理解的活动	分析、创造、好奇、独立	生物学家、经济学家、数学家、新闻记者
社会型（S）——偏好能够帮助和提高别人的活动	社会、友好、合作、理解	社会工作者、教师、议员、临床心理学家
传统型（C）——偏好规范、有序、清楚的活动	顺从、高效、实际、缺乏想象力、缺乏灵活性	会计、业务经理、银行出纳员、档案管理员
企业型（E）——偏好那些能够影响他人和获得权力的活动	自信、进取、精力充沛、盛气凌人	法官、房地产经纪人、公共关系专家、小企业主
艺术型（A）——偏好需要创造性表达的模糊,且无规则可循的活动	富于想象力、无序、杂乱、理想、情绪化、不实际	画家、音乐家、作家、室内装潢家

在六种性格类型中,每一种类型的人都有自己的特点和长处,也有一定的不足,无所谓哪一种好些,哪一种差些,而只有与职业类型是否协调、匹配的问题。然而社会中的人是复杂的,往往不能用一种类型来简单概括,而是兼有多种性格特征,我们需要从中选择最为突出的性格特征。

2. 六种性格类型之间的关系

霍兰德教授设计了一个平面六边形来解释各种职业性格类型之间的相互关系。其中用六个角代表现实型、传统型、企业型、社会型、艺术型和研究型六类性格类型,各类型的关系如图2-1所示。

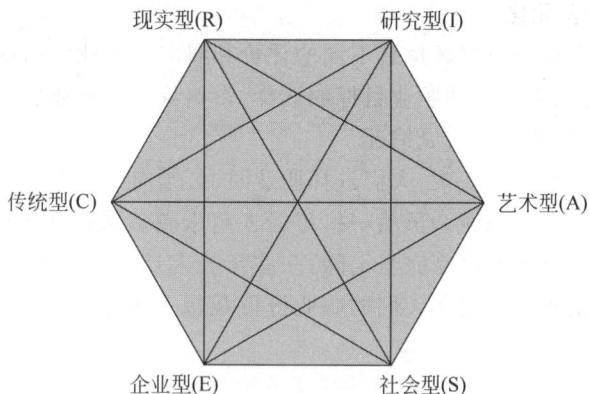

图 2-1　霍兰德性格类型的相互关系

其中，每一种性格类型与其他五种类型都有连线，连线距离越短，两种类型的相关性越大；连线距离越长，两种类型的相关性越小。比如，现实型与研究型和传统型相关程度较高；与企业型和社会型、艺术型相关程度较低，依次类推。霍兰德职业性格测试可以帮助你快速发现和了解自己的职业性格类型，帮助你确定自己的职业兴趣和能力特长，并帮助你进行职业决策。

二、职业性格对职业发展的影响

在霍兰德的理论中，性格被看作是兴趣、价值、需求、技巧、信仰、态度和学习个性的综合体。就职业选择而言，兴趣是个体和职业匹配的过程中最重要的因素，直至目前，霍兰德职业兴趣理论是最具影响力的职业发展理论和职业分类体系。

1. 个性差异越来越明显

职业兴趣作为一种特殊的心理特点，由职业的多样性和复杂性反映出来。职业兴趣的个体差异是相当大的，也是十分明显的。因为，一方面，现代社会职业划分越来越细，社会活动的要求和规范越来越复杂，各种职业间的差异也越来越明显，所以对个体的吸引力和要求也就迥然不同；另一方面，个体自身的生理、心理、教育、社会经济地位、环境背景不同，所乐于选择的职业类型、所倾向于从事的活动类型和方式也就十分不同。

2. 兴趣对职业的影响力增强

现代人力资源管理的基本原则是将合适的人放在合适的岗位上。人与职位的匹配应该包括两个方面的内容：首先是人的知识、能力、技能与岗位要求相匹配；更重要的是人的性格，兴趣与岗位相适应。因此，企业在招募新员工时，就非常有必要对申请在本企业工作的人员进行职业兴趣的测评，了解申请者的职业兴趣性格类型。

通过测试，企业可以得知它所能提供的职业环境是否与申请者的职业兴趣类型相匹配，换句话说，企业可以考查申请者是否适合在本企业的职业环境中工作。所以，企业在招募人才的过程中，如果能够坚持以霍兰德的职业兴趣理论为指导，不仅可以招募到适合本企业的人才，还可以在招聘工作中减少盲目性。通过职业兴趣的测试，企业还可以给予新员工最适合的工作环境，以期最大限度地在工作中发挥他们的聪明才干。

3. 职业价值观多元化

职业价值观就是对职业好坏持有不同的评价和取向。职业价值观决定了人们的职业期望,影响着人们对职业方向和职业目标的选择,影响着人们就业后的工作态度和劳动绩效水平,从而影响人们的职业发展情况。

按照中国社会传统的价值观,人们选择职业时,更倾向于寻求社会声望高的职业而不是最适合自己个性特点的职业。虽然一些年轻人越来越追求按照个性和兴趣选择职业,但传统职业价值观的影响并没有完全消除,一些年轻人还在用传统的价值标准判断职业价值。社会经济的快速发展使得人们的职业价值观趋于多元化,寻找与个性匹配的职业正在成为一种趋势。

第三节 职业能力测试

职业能力测试目前已成为人才选拔中一项重要的测量工具,特别是企业高级人才的引进,如每年的公务员选拔与录用考试。了解当今流行测量工具,帮助自己了解个体的职业倾向,有利于今后的职业定向和职业发展。

一、当前主要的职业测试软件

目前社会上流行的职业测试软件较多,有国外引进的,也有国内心理学界自主开发的,针对职业测试,以下介绍几种职业测试软件。

(一)北森朗途大学生职业测评系统

1. 系统介绍

为满足高校就业指导中心对在校学生进行就业指导的需求,清华大学就业中心与北森公司共同组织专家,于2002年10月完成《北森朗途大学生职业规划系统——学生版》系统开发。该系统充分整合了职业咨询师、测评顾问、人力资源专家多年的职业指导经验。2003年4月至11月,清华大学就业中心负责进行了学生常模采集、解释系统规范化的工作。截至2004年年底,全国已有400余所各类高校采用该系统进行就业指导辅助工作。

《北森朗途大学生职业规划系统——学生版》实现了国际上权威的动力理论与广泛性格理论的有效结合,力求在最短时间内捕捉被测者的职业素质及心态,具备引导学生进行职业规划的功能,更具备统计、查询功能,可用于就业指导、分析研究,是高校就业老师对学生进行就业指导的专业测评工具。

2. 北森朗途大学生职业规划系统主要测评内容

职业规划系统从性格和动力两个方面来对测试者做出评估。

所谓的人格因素,是指一个人独特的思维方式与行为模式,它在人们适应环境的过程中形成,并在一个人对待现实的态度、行为方式中表现出来,是一种较为稳定的有核心意义的个性心理特征。这种心理特征的差异导致每个人认识问题的方式不同,在行为上风格各异,并且在不同的环境和情境下,直接影响每个人能力特长的发挥和表现。职业规划系统中的性格测验部分基于瑞士心理学家荣格提出的心理类型学理论,它在临床、咨询、企业培训、团队沟通等方面的实践中都被证明是有效的。

动力是引起、维持和指引人们从事某种活动的内在因素。职业规划系统中的动力测验部分(2004版)由四个分量表构成,即影响愿望、成功愿望、挫折承受、人际交往。这些分量分别用于帮助测试者了解自己在以下方面的特点:

影响愿望——在组织行为过程中,力图获得巩固和利用权力的内在需要,试图以自己的思想、意图影响和控制他人,控制环境和牵引对自己有影响的作用力的愿望。

成功愿望——在面对任务情境时,朝向高标准,设置具有挑战性的工作目标,并为实现这一目标进行艰苦努力,希望获得优秀成绩的欲望。

挫折承受——在现在或将来可能遇到的挫折、困难和失败面前的心态、情绪反应以及特定的行为方式。

人际交往——在生活和工作中对人际关系的关注与重视程度,与他人建立并保持良好关系的愿望和技巧,以及能够获得的人际支持的程度。

3. 朗途职业规划测评对大学生提供的帮助

(1)清晰自己适合的工作种类。

(2)利用测评报告,帮助个人增加面试机会,更深刻表现自己,提高面试命中率。

(3)利用报告的结果,在简历中更加突出自己的竞争优势。

(4)更加深入、科学、全面地了解自己。

(5)明确自己职业发展方向,更好地发展职业生涯。

(二)安人大学生职业测评系统

1. 系统功能

作为大学生职业生涯规划的服务性工具,《安人大学生职业测评系统》(又名《大学生职业生涯规划系统》)具有许多切实有用的功能,主要表现在:

(1)了解自己的职业个性特征

通过职业兴趣测验,大学生将了解到自己最感兴趣的职业是什么;通过职业能力测验,大学生将了解到自己最适合的职业是什么? 职业人格类型测验将协助他们了解自己的个性特征对其职业生涯发展有什么影响。了解学生的职业个性特征有助于学校就业指导工作的有效开展,同时提高心理辅导、职业指导等特色教育的水平。

(2)进行职业生涯发展自我诊断

本系统是动态的规划系统,不仅包含对现实状况的评估,同时还将通过独特的《职业生涯阻碍测验》,了解到哪些因素影响到自己的职业生涯发展,从而有意识地在这些方面予以提高。

(3)了解用人单位的测评手段

目前国内大部分招聘单位已经在人才招聘环节采用了测评手段。大学在校生可以利用本系统为参加应聘提供实战前的预演,对职业心理测评的流程和用途有所了解。

(4)建立大学生职业发展档案

本系统根据受试者个性、兴趣、能力及环境因素做出综合的科学预测。学校可以通过本系统获取全面、真实的原始数据,可以建立起大学生职业发展档案。

2. 测验介绍

本系统从社会认知职业生涯发展理论模型出发,包含四个不同测量方面的量表,分别测量受试者的行为风格、职业兴趣、职业能力和大学生择业行为阻碍因素。

(1)行为风格测验

让你清楚地看到自己的个性及行为风格特征,以及这些特征将带来哪些方面的优势,存在哪些有碍发展的隐患。MBTI是根据著名心理学家荣格的心理类型理论发展而成的,由于具有信息量大、信度和效度好等优点,已经成为目前世界上应用最广泛的识别个体差异的测评工具之一。

MBTI主要用于了解受测者的个人特点,包括性格特点、潜在特质、待人处世风格、职业适应性以及发展前景等。简而言之,第一个量表是对受试者个体内在性格特征的全面衡量。

(2)职业兴趣量表

将个人兴趣与职业类型相联系。通过MBTI测试,您可以清楚地了解自己有着怎样的个性特点,但是未必知道这样的特点和行为风格导向怎样的职业。因而在个人兴趣方面,它是对MBTI测量的进一步深化,能测出受试者个人秉性和偏好在职业选择方面的体现;在职业类型方面,则根据科学权威的分类方法概括出相应的职业类型,确定受试者特定的职业兴趣对应着怎样的职业类型。

(3)职业能力测验

职业能力是一个人顺利地完成职业活动所必备的心理特征,不同的职业对人的能力有不同的要求,因此,通过了解自己职业能力特征,也就是在未从事某种职业之前,了解自己已具备的潜能或心理品质,就可以预知自己未来从事哪方面的职业能够使个人的才能得到更大的发挥。

应用MBTI的目的在于测出受试者是否具备从事某类职业的能力,以及在多大程度上具备这样的能力。如果不具备,那么有没有潜在的能力使自己通过学习获得所需的职业能力。

(4)职业生涯发展阻碍测验

考察了个人行为风格、职业兴趣和能力之后,还要综合考量用户职业生涯发展的阻碍因素(career barriers)。这些阻碍因素是指不利于职业生涯发展的个人因素,这些因素使职业选择不顺利,或造成职业生涯发展困境长久无法突破。

个体在职业生涯发展的历程中,常常会遇到一些阻碍职业生涯发展的因素,使得下一阶段无法顺利进行。

在职业生涯适应的过程中,如果我们能对这些阻碍问题做出适当的处理,将会减少面临职业生涯发展阻碍时的紧张与焦虑情形,使自己在职业生涯发展过程中获得满足,进而发展出成功的职业生涯。

二、正确认识职业测评

面对人力资源市场众多的测评工具,需要进行理性选择。一些同学进行某种测评指导后,对测评结果存在一些局限性的理解。对于目前职业测评工具的市场化运作,需要有一个更客观更理性的认识。

(一)客观看待职业测评的指导作用

职业测评可以帮助我们清楚地认识自我,了解自己的性格特征和职业倾向,帮助我们准确地进行职业定位,找到职业生涯发展的有效起点,扬长避短,在职业道路上事半功倍,走得更远。但是,职业测评并不是万能的,它不能解决所有人的所有的问题。而对于测评结果,更是需要正确地对待。

首先,对于刚要大学毕业的年轻人来说,对各种专业的人才素质要求还没有很全面、深刻的了解,即使测评结果显示你适合某种工作,那只是从性格、能力或未来能力、兴趣等几个方面提供的参考,而你能否适应职业本身的压力、节奏、竞争力及职业对经验、学历等的要求,则往往是测评之外的事。所以在不知所措时,先就业,等自己对各种职业有了一定的了解后再择业,是明智之举。

其次,有的职业测评显示一些职业较适合性格外向的人做,但实践中一些性格内向的人也会做得很好,为什么? 因为一种职业对人才的需求是多样性的。所以,个人的职业测评最好和单位的测评结合起来,即用人者可能比你更了解你是否适合某种职业。

最后,职业选择决策是一个复杂的、动态的过程,要考虑很多因素。在做具体决策时,除了测评结果作为你的参考依据外,还要考虑以下一些因素,如职业的发展前景、职业的工作环境、职业给你带来的经济及非经济的报酬、你的个性特征与职业要求的匹配性、你个人的能力特长与职业要求的一致性,以及你的父母亲人和朋友对你的期望等。这些信息需要你自己去获取,也可以向有关的专家或专业机构咨询。

(二)职业测评具的局限性

大学生职业规划和求职就业使职业测评工具在大学流行起来,从理论层面看,职业测评有一定的科学性和实用性,它的原理是对职业和人的个性进行分类,然后进行匹配。让一个粗心大意的人去从事条理型、事务型的工作显然不是很适合。然而,所有的心理测评都有它的局限性。拿职业测评来说,其原理基于统计学意义,个性化相对缺乏,其结论的可靠性和适用性就要打个问号。

1. 西方心理测验的文化背景难以完全适合中国人

目前许多测试题都是从西方引进的,有研究表明,中国人不适合做西方人编制的心理测验。这是因为我们在做诸如 16 PF 等问卷时无法避免社会赞许心、默认心和"中庸"取向。因此,如何针对中国人特有的心理特性和能力素质,建立适合中国人的常模和评价体系势在必行。

2. 利益驱使下的商业化运作的弊端问题

有的测评机构为节约为本,加上从业人员缺乏专业知识,引进了一些粗制滥造的测评软件,这些软件没有中国的常模,文卷编制也存在问题,科学性要受到质疑。这对参加测试的人会有误导,明明是文理都适合的,测试结果却是只能学文,结果把学生的理科前途毁了。心理学测试只能是给被测者一个建议,一个参考性意见,不能作为评判性的标准。

适合或不适合还有待于个人的努力。

3. 任何职业都不是根据某个人的性格特点设定的

世界上没有一种职业是完全根据某个人的性格特点来设定的。所谓职业规划,无非是在自己的个性特点与社会现实之间寻求一个平衡点,这种平衡势必要求我们做出一定的妥协。要想取得成功,固然需要选择一条最适合自己的职业发展道路,但是,很多时候我们必须做一些自己不喜欢做的事情。职业选择不同于孩提时的梦想,它是现实的,甚至是残酷的。

三、个性心理测试

小贴士

心理测试为人们了解个性心理特征提供了数量化的测量工具,企业招聘活动也在通过心理测试选拔适合的员工。这里提供了气质、性格和霍兰德职业性格三套测试题,希望同学通过测试,发现自己的个性特征,帮助你们根据个性特征选择职业。

(一)气质测量及职业分析

测评目的:心理学家通过大量的观察、分析、研究,总结出通过量化方式对人的气质进行测量的方法。下面就是一套气质测试试题,可以测一测你的气质属于哪种类型。

提示:60道题,可帮助你大致确定自己的气质类型。在回答这些问题时,你认为很符合自己情况的,记2分;比较符合的,记1分;介于符合与不符合之间的,记0分;比较不符合的,记-1分;完全不符合的,记-2分。

测试题

1. 做事力求稳妥,不做无把握之事。
2. 遇到可气的事就怒不可遏,想把心里话全说出来才痛快。
3. 宁肯一个人干事,不愿很多人在一起。
4. 到一个陌生环境很快就能适应。
5. 厌恶那些强烈的刺激,如尖叫、噪声、危险镜头等。
6. 和人争吵时,总是先发制人,喜欢挑衅。
7. 喜欢安静的环境。
8. 喜欢和人交往。
9. 羡慕那种善于克制自己感情的人。
10. 生活有规律,很少违反作息制度。
11. 在多数情况下情绪是乐观的。
12. 碰到陌生人感觉很拘束。
13. 遇到令人气愤的事,能很好地自我克制。
14. 做事总有旺盛的精力。
15. 遇到问题常常举棋不定、优柔寡断。

16. 在人群中不觉得过分拘束。

17. 情绪高昂时,觉得干什么都有趣;情绪低落时,又觉得什么都没有意思。

18. 当注意力集中于一事物时,别的事很难使我分心。

19. 理解问题总比别人快。

20. 碰到危险情景,常有一种极度恐怖感。

21. 对学习、工作、事业怀有很高的热情。

22. 能够长时间做枯燥、单调的工作。

23. 符合兴趣的事情,干起来劲头十足,否则就不想干。

24. 一点小事就能引起情绪波动。

25. 讨厌做那种需要耐心、细致的工作。

26. 与人交往不卑不亢。

27. 喜欢参加热烈的活动。

28. 爱看感情细腻、描写人物内心活动的文学作品。

29. 工作学习时间长了,常感到厌倦。

30. 不喜欢长时间谈论一个问题,愿意实际动手干。

31. 宁愿侃侃而谈,不愿窃窃私语。

32. 别人说我总是闷闷不乐。

33. 理解问题常比别人慢。

34. 疲倦时只要短暂的休息就能精神抖擞,重新投入工作。

35. 心里有话宁愿自己想,不愿说出来。

36. 认准一个目标就希望尽快实现,不达目的,誓不罢休。

37. 学习、工作一段时间后,常比别人更疲倦。

38. 做事有些莽撞,常常不考虑后果。

39. 老师或师傅讲授新知识、技术时,总希望他讲慢些,多重复几遍。

40. 能够很快地忘记那些不愉快的事情。

41. 做作业或完成一件工作总比别人花的时间多。

42. 喜欢运动量大的剧烈体育活动,或参加各种文艺活动。

43. 不能很快地把注意力从一件事转移到另一件事上去。

44. 接受一个任务后,就希望把它迅速解决。

45. 认为墨守成规比冒险强些。

46. 能够同时注意几件事物。

47. 当我烦闷的时候,别人很难使我高兴起来。

48. 爱看情节起伏跌宕、激动人心的小说。

49. 对工作抱认真严谨、始终一贯的态度。

50. 和周围人的关系总是相处不好。

51. 喜欢复习学过的知识,重复做已经掌握的工作。

52. 希望做变化大、花样多的工作。

53. 小时候会背的诗歌,我比别人记得更清楚。

54．别人说我出语伤人,可我并不觉得这样。

55．在体育活动中,常因反应慢而落后。

56．反应敏捷、头脑机智。

57．喜欢有条理而不麻烦的工作。

58．兴奋的事常使我失眠。

59．教师讲新概念,常常听不懂,但是弄懂以后就很难忘记。

60．假如工作枯燥无味,马上就会情绪低落。

（1）分数统计方法

计算总分:把每题得分按表2-3所示的题号相加,并算出各栏的总分。

表2-3 气质类型分类统计表

胆 汁 质		多 血 质		黏 液 质		抑 郁 质	
题号	得分	题号	得分	题号	得分	题号	得分
2		4		1		3	
6		8		7		5	
9		11		10		12	
14		16		13		15	
17		19		18		20	
21		23		22		24	
27		25		26		28	
31		29		30		32	
36		34		33		35	
38		40		39		37	
42		44		43		41	
48		46		45		47	
50		52		49		51	
54		56		55		53	
58		60		57		59	
总分		总分		总分		总分	

（2）所属类别判断

如果"多血质"一栏得分超过20分,其他三栏得分较低,则为典型多血质;如这一栏在20分以下,10分上,其他三栏得分较低,则为一般多血质;如果有两栏的得分显著超过另两栏得分,而且分数比较接近,则为混合型气质,如胆汁质—多血质混合型,多血质—黏液质混合型,黏液质—抑郁质混合型等。

如果一栏的得分很低,其他三栏都不高,但相接近,则为三种气质的混合型,如多血质—黏液质—胆汁质混合型或黏液质—多血质—抑郁质混合型。

（3）气质类别分析

多数人的气质是一般型气质或两种气质的混合型,典型气质和三种气质混合型的人较少。气质在职业活动中虽然不影响工作的内容和方向,但却影响效率与工作安排的恰当性。不同的职业劳动,对从业者心理素质的要求也是不同的。同学们在企业招聘中,应尽可能创造条件,使个人的气质与从事的工作相适应。因势利导,充分利用气质特点,充分发挥自己优势,创造出最佳业绩。

（二）职业性格测试

测试目的:通过测试,了解自己的职业性格特点,根据这一特点为今后选择职业提供建议。对于性格来说,它作为人的一种心理特性具有一定的稳定性,但又不是一成不变的。客观环境的变化和个人的主观调节都会使性格发生变化,所以性格与职业的顺应也并非绝对,而是具有一定的弹性。

现在你是否想测试一下自己的个性,看看自己属于哪种个性,适合做哪种类型的工作? 这里提供了一个小小的职业个性测试。下面 50 个问题,凡是符合你情况的就写 A,不符合的就写 B,模棱两可的就写 C。

测试题

1. 遇到高兴的事,我总是很爱笑。　　　　　　　　　　　　（　　）
2. 能立即适应新环境。　　　　　　　　　　　　　　　　（　　）
3. 喜欢兴奋而紧张的劳动。　　　　　　　　　　　　　　（　　）
4. 能与观点不同的人和睦相处。　　　　　　　　　　　　（　　）
5. 经常与朋友借出、借入东西。　　　　　　　　　　　　（　　）
6. 喜欢别出心裁地做一些别人未做到或不愿做的事。　　　（　　）
7. 我认为人的幸福应自然流露出来,不应拘小节。　　　　（　　）
8. 大庭广众下工作显得更富生气。　　　　　　　　　　　（　　）
9. 我宁愿把问题挑明,而不愿一个人受闷气。　　　　　　（　　）
10. 我不经常分析自己的思想和动机。　　　　　　　　　（　　）
11. 我期盼生活有变化,不要死水一潭。　　　　　　　　　（　　）
12. 与其先考虑是否能成功,倒不如先干干试试。　　　　　（　　）
13. 马上可以领会新工作的要领。　　　　　　　　　　　　（　　）
14. 发生事故不惊慌,能想办法摆脱困境。　　　　　　　　（　　）
15. 对社会上发生的事情很关心。　　　　　　　　　　　　（　　）
16. 对实际生活无用的知识,不感兴趣。　　　　　　　　　（　　）
17. 一旦知道行不通,立刻改变主意。　　　　　　　　　　（　　）
18. 看到别人做错事,马上提醒他。　　　　　　　　　　　（　　）
19. 认为处事要先发制人。　　　　　　　　　　　　　　　（　　）
20. 有许多要做的事情,不知从何下手。　　　　　　　　　（　　）

21. 任何说话的场合都愿参与。 （　　）

22. 喜欢研究别人而不喜欢研究自己。 （　　）

23. 做事粗糙。 （　　）

24. 不愿别人提示,而愿独出心裁。 （　　）

25. 不愿回想自己的过去。 （　　）

26. 对别人十分信任。 （　　）

27. 走路、穿衣、说话不喜欢磨磨蹭蹭。 （　　）

28. 我交的朋友很广泛,各种各样的。 （　　）

29. 我尽量注意不伤别人的感情。 （　　）

30. 今日事情今日做,能做的事情马上做,用不着左思右想的。 （　　）

31. 别人说三道四,我并不介意。 （　　）

32. 人生应当充满冒险,这是很有意思的。 （　　）

33. 不论理由如何,我认为自杀的人都是很傻的。 （　　）

34. 我喜欢体育运动,也爱看电视中的体育节目。 （　　）

35. 写信不打草稿。 （　　）

36. 愿意帮助别人。 （　　）

37. 心里有事,存不住。 （　　）

38. 过十字路口时,红灯亮但没来车就穿过马路。 （　　）

39. 听别人说话,脑子里会不断涌出新主意。 （　　）

40. 与朋友聊天时,不顾忌别人在场。 （　　）

41. 常常与别人商量。 （　　）

42. 不管谁和我说话,我都坦然自如。 （　　）

43. 只要是我信服的人,我愿意听从调遣。 （　　）

44. 我好读书,而不求其解。 （　　）

45. 不怕失败。 （　　）

46. 很受孩子们的喜欢。 （　　）

47. 空闲时不知如何打发时间。 （　　）

48. 有什么想法,常愿意告诉别人。 （　　）

49. 对什么问题都发表议论。 （　　）

50. 听到别人的意见就很快改变自己的看法。 （　　）

数据统计及评价

(1) 分值统计方法

A记2分,B记0分,C记1分,最后相加即得出总分。

(2) 性格评价

根据目前世界上广泛应用的、由瑞士著名心理学家荣格提出的性格倾向说,把性格分成外向型和内向型两大类。总分在70分以上属外向型;41~69分属平衡型(性格的倾向不明显);40分以下的,视为内向型。

具有外向型性格的人,经常对外部事物表示关心,开朗、活泼、感情外露、自由奔放,做事当机立断、不拘小节,具有独立性、活动性、协调性、现实性、开放性、灵活性强的特点。

在学习和工作上,反应较快,但往往从兴趣、情感出发,缺乏计划性和持久性。具有内向型性格的人,重视主观世界,内心世界丰富,常沉浸在自我欣赏和幻想之中,沉着、安静、处世谨慎。

(三)霍兰德职业性格测试

根据霍兰德的六种职业类型,通过下列测试测一测自己的职业性格。

目的是给人们提供关于自己性格类型的看法,进而为自己职业发展之路的设计提供参考依据。

测试题

1. 传统型性格(C)

下面的五个职业和两个休闲活动,在你已经有了必要技能的前提之下,有哪些是你感兴趣或者是觉得合适的?

(1)职员;(2)接待员;(3)图书馆工作人员;(4)会计;

(5)建筑监理;(6)收藏;(7)打扑克

对于下面五个问题,回答"是"或"否"。

(1)我喜欢整洁地、按部就班地完成事情。

(2)我的意见和行为通常是中庸。

(3)我的家和生活方式要尽可能实用和舒服。

(4)我承认我那些群体的传统价值(家庭、工作、邻居)。

(5)我对实际的日常事情更感兴趣,而不是关于他们的哲学讨论。

2. 社会型性格(S)

下面的五个职业和两个休闲活动,在你已经有了必要的技能的前提之下,有哪些是你感兴趣或者是觉得合适的?

(1)护士;(2)学校教师;(3)顾问;(4)教职人员;

(5)家政;(6)体育;(7)俱乐部成员

对于下面五个问题,回答"是"或"否"。

(1)我喜欢与各种各样的人交谈。

(2)在表达我的批评和不同意见时,我通常做得很得体。

(3)我乐于助人,与人们分享体验。

(4)我喜欢合作。

(5)有时我发现我对于某个人所表达的温情超过了我对他实际上的感觉。

3. 研究型性格(I)

下面的五个职业和两个休闲活动,在你已经有了必要的技能的前提之下,有哪些是你感兴趣或者是觉得合适的?

(1)计算机程序员;(2)实验室技师;(3)翻译;(4)医生;

(5)大学教师,研究人员;(6)棋类游戏;(7)阅读非虚构类作品对于下面五个问题,回答"是"或"否"。

(1) 我尽力理解别人对我说的不切实思想。

(2) 我看重对各种论题的智力讨论。

(3) 在做出一个重要决定之前,只要能做到,不管用多长时间,我都要充分考虑。

(4) 我喜欢追踪艺术、科学。

(5) 有的时候,开始时我排斥新观点,然后又看出它可能有一些优点。

4. 艺术型性格(A)

下面的五个职业和两个休闲活动,在你已经有了必要的技能的前提之下,有哪些是你感兴趣或者是觉得合适的?

(1) 作家;(2)设计师;(3)演员;(4)音乐家;

(5) 建筑师;(6)摄影;(7)跳舞

对于下面五个问题,回答"是"或"否"。

(1) 我经常凭着冲动来表达我自己。

(2) 人们有时会认为我有点好争辩,甚至很讨厌我。

(3) 我常常对新的思想和被忽略的原因感兴趣。

(4) 我钦佩他人的创意。

(5) 我对整体印象更感兴趣,而不是具体细节。

5. 现实型性格(R)

下面的五个职业和两个休闲活动,在你已经有了必要的技能的前提之下,有哪些是你感兴趣或者是觉得合适的?

(1) 工程师;(2)机械师;(3)厨师;(4)工艺师;

(5) 农技师;(6)家庭内的事物自己动手(加以改进);(7)航海或划船

对于下面五个问题,回答"是"或"否"。

(1) 在社交场合内,我喜欢与一些我真正尊重和信任的人在一起。

(2) 不管别人说什么,我坚持自己的意见和计划。

(3) 我喜欢手工的和体力的活动,喜欢与一个集体在一起,或是作为它的一部分。

(4) 如果我不是肯定做得到,我就不会承诺。

(5) 有的时候,其他人认为我很冷漠或很冷淡,而实际上我对某事有很强烈的情感。

6. 企业型性格(E)

下面的五个职业和两个休闲活动,在你已经有了必要的技能的前提之下,有哪些是你感兴趣或者是觉得合适的?

(1) 销售代理;(2)旅行代办;(3)经理或行政人员;

(4) 政治家;(5)律师;(6)旅游;(7)赌博性游戏

对于下面五个问题,回答"是"或"否"。

(1) 当我外出时,我尽量穿得整洁。

(2) 在一个群体中,我喜欢成为注意的中心。

(3) 在工作和休闲活动中,我喜欢小小的冒险。

(4) 我喜欢竞争。

（5）我有时会被卷入一些过后我会后悔的承诺或者行动中。

统计方法及类型分析

（1）记分方法

以上六种性格类型的每一类的 12 个问题，回答"是"的记 1 分，回答"否"的记 0 分。并把记分结果填入表 2-4，在完成之后，将每一类的"是"的数量分别相加。

表 2-4 职业性格类型测试结果统计表

类型 题号	传统型性格（C）	社会型性格（S）	研究型性格（I）	艺术型性格（A）	现实型性格（R）	企业型性格（E）
1						
2						
3						
4						
5						
6						
7						
8						
9						
10						
11						
12						
合 计						

（2）表格说明

每一种类型的得分在 0～12 之间，表明了你在生活中对这一部分兴趣的强度。根据统计你的得分，判断你属于哪种类型。可能你的测试结果出现 2 项或 3 项得分相同，说明你是混合型职业性格；如果 4～5 项得分相同，说明你的职业性格还不能明确，建议你过一段时期（提高自我认识）之后再次测试。

扩展阅读 2-2 《西游记》里典型四色主人公性格，你属于红、黄、蓝、绿哪一类？

【实践课堂】

1. 通过本章个性特征的测量分析自己的个性特点，并列出至少三个适合自己的职业。

2. 根据霍兰德职业性格测量结果,分析自己的职业性格优势和劣势。

【课后练习】

1. 简要说明气质的类型。

2. 性格是什么?

3. 霍兰德教授设计六种性格类型之间的关系是什么?

第三章

职业生涯规划

【学习目标】
1. 了解职业生涯规划概念,理解职业生涯规划的意义及影响因素;
2. 掌握如何设计职业生涯的方案。

引导案例

大学生如何提高求职竞争力,完整职业规划是你战胜竞争对手的法宝

　　说到职业规划,大部分人对其都是一知半解,即便是上过相关的课,也从没有认真听讲,觉得是无关紧要。随着社会的进步、经济的发展,越来越多的人开始重视职业生涯的规划。前段时间湖南高考女生报考北京大学考古学专业,引发社会热议,有些人认为专业太冷门没有就业"钱途",也有人认为应当根据自己的兴趣选择专业,这样才能更好地发挥自己的才能,为社会做出更大的贡献。

　　老一辈人有一句口头语:"学好数理化,走遍天下都不怕。"再到改革开放后与国际贸易相关的专业蓬勃发展,现在计算机、大数据相关专业成为"爆款"。高考专业的选择不仅反映了经济社会发展的方向,往往更反映了一代人的择业观。

　　像这位女同学这样的选择并非个例,近些年越来越多的考生选择报考基础学科、"冷门"学科,人们更多地从个人兴趣和职业发展整体规划专业选择,不在随大流追逐所谓的热门。竞相追逐"热门"的弊端已经显现出来,根据往年公务员考试、事业单位招聘以及社会企业招聘来看,热门岗位竞争压力并不因为需求大而好就业,反而竞争更激烈,就是因为学习相关热门专业的人太多了,造成了供大于求的局面。与其学习一门不能增加就业机会也不感兴趣的专业,不如选择一个喜爱的专业,深入钻研,掌握一技之长,有句话不是这么说吗——"一招鲜吃遍天"。

　　现阶段,不论是社会还是经济发展变化之快,今年还是"热门"专业,过两年还没毕业就有可能成为"冷门"专业。所谓的"冷""热"已不能再有效指导人们选择专业,我们需要对自己的职业生涯有着清晰的规划,让我们不论是未来任何阶段,都能在时代的变化中立稳脚跟。

　　制定一份职业规划可以先从三五年短期规划开始入手,经过一个完整周期的执行,再评估效果,从而进行长期的人生职业生涯规划。首先,从个人的兴趣,能力等方面进行自

我评估。其次,对就业环境经行评估,我可以从事或者想要从事哪些职业,这些职业的晋升都需要掌握哪些技能,而我现阶段具备哪些技能,又需要学习哪些技能。再次,制订实施计划,按照计划一步步进行。最后,评估实施计划,将规划分成几个阶段,每个阶段进行总结,哪些没有完成,修改进入下一阶段的计划,直至全部计划执行完成。职业规划的制定不可好高骛远,应实事求是,根据实际情况制订切实可行的计划。

资料来源:https://baijiahao.baidu.com/s?id=1711389800941259428.wfr=spider&for=pc.2021-09-20.

我规划,故我在。社会在高速发展,人们在倾尽所能挖掘自己的潜力,所以人们越来越在乎职业生涯规划的重要性。在了解社会发展需求的基础上,在正确认识自己的能力、兴趣、个性的基础上,高校大学生要对自己的职业生涯进行理性分析,着手进行符合自我的职业生涯规划,设计职业生涯发展计划,为人生的职业生涯做素质、能力准备,并通过不断的努力,实现人生价值。大学阶段的职前生涯规划关系到就业后人生发展轨迹,早规划就会赢得主动权,正如人们常说的:"机会总是留给有准备之人。"

第一节　职业生涯规划

职业生涯贯穿个人一生的漫长过程,早规划就能占有适合自己的最优化发展优势。高等职业教育是以就业为导向的教育,对于高校大学生来说,大学学习阶段是为职业生涯发展做知识和技能准备的阶段,增强职业意识对高校大学生来说尤为重要。

什么是生涯?什么是职业生涯?什么是职业生涯规划?一个人的职业生涯分为哪几个阶段?制订职业生涯规划有什么意义?这是当代高校大学生应当了解的基本常识,也是必须面对的问题。

一、职业生涯规划概念

职业生涯是重要的人生阶段,学习、理解职业生涯有助于更好地规划职业生涯。

(一)职业生涯规划内容

1. 职业生涯

生涯是很宽泛的概念,它从本质上说是一个过程,是人生的发展道路,可以指一个人一生的经历,也可以指与个人一生所从事工作或职业等有关活动的过程。

职业生涯是对生涯的狭义理解,专指个体职业发展的历程。是指一个人终生经历的所有职位的整体历程,整个历程可以是间断的,也可以是连续的。它包含一个人所有的工作、职业、职位的外在变更和工作态度、体验的内在变更,也包括个人对职业生涯发展的见解与期望。所以说职业生涯是具有个人特色的发展历程,是个人独特的自我发展组合。

2. 职业生涯规划

职业生涯规划是为实现个人职业理想而制订的职业生涯计划,是为追求最佳职业生涯过程而设计的方案。职业生涯设计要求根据社会发展的客观需要,特别是社会职业的现实要求,以及个人的兴趣、特点,为自己确立职业目标,选择职业道路,确定教育、培训和发展计划,并为自己实现职业生涯目标而确定行动方向、行动时间和行动方案,通过职业活动最大限度地实现个人生命价值。

职业生涯规划不是社会或者学校强加给个人身上的实施方案,而是当事人在内心动力的驱使下,结合社会职业的要求,依据现实条件所制订的个人化的实施方案。所以,从个人的角度来看,职业生涯规划的主要内容包括:自我认识;确定职业方向与目标;制订职业发展道路计划;明确学习与行动计划;反馈评估规划的可实现性,及时进行修正完善。

(二)职业生涯规划的作用

职业生涯规划引导高校大学生积极进行人生价值的思考,树立正确的职业理想,了解自我、明确方向,并为之努力奋斗。职业生涯规划的作用有如下三方面:

1. 有助于引导高校大学生积极思考人生价值

我是谁?我从哪里来,要到哪里去?人为什么活着?我要怎样地活着?我要追求一种什么样的生活方式?通过思考,高校大学生可以明白自己想用什么样的方式度过一生,想要获得什么样的生活内容。这样就可以评估个人目标和现状的差距,以自身现状为基础,确立人生的方向,提出奋斗的策略。

2. 有助于高校大学生了解自我、明确方向

认识自我,准确评价个人特点和强项,突破仅仅听从学校学业课程规划,塑造清新充实的自我。通过分析社会经济发展的状况,了解社会职业需求,准确定位自己的职业方向。去重新认识自身的价值,并通过努力使其增值。

3. 有助于引导高校大学生完善自我、积极竞争

在实施职业生涯规划方案的同时,不断去探索最适合自己发展的规划,及时做出调整与完善。努力发掘职业机遇,增强自我的职业竞争力。

二、职业生涯发展阶段

科学地将职业生涯划分为不同的阶段,明确每个阶段的特征和任务,做好规划,对更好地追求自己的职业发展,实现自己的人生目标非常重要。

职业生涯的发展阶段,各国专家学者有不同的划分理论和方法,这里主要按时间维度、按年龄层次划分成两种类型。

(一)按时间维度划分

按照规划的时间维度划分,职业生涯计划可以划分为短期计划、中期计划、长期计划和人生计划 4 种类型。

1. 短期计划

短期计划即 2 年以内的计划,主要是确定近期目标,规划近期应完成的任务。

2. 中期计划

中期计划一般涉及 2~5 年内的职业目标和任务,是最常用的一种职业生涯计划。

3. 长期计划

长期计划即 5~10 年的计划,主要是设定较长远的目标,以及为实现此目标应采取的具体措施。

4. 人生计划(人生规划)

人生计划是对人生整个职业生涯的规划,时间长达 40 年左右,设定整个人生的发展目标和阶梯。

职业生涯计划从短期到中期,再到长期,直至整个人生规划,如同台阶需要一步步地发展。在实际操作中,跨度时间太长的规划由于环境和个人自身的变化难以把握,而时间跨度太短的规划意义又不大,所以,一般人们把个人职业生涯计划的重点放在 2~5 年内的中期规划,这样既便于根据实际情况设定可行目标,又便于随时根据现实的反馈进行修正或调整。

(二)按年龄层次划分

根据美国职业指导专家萨帕的职业发展理论,按年龄层次划分,人生有五个职业发展阶段:

1. 成长阶段(0 岁~14 岁)

经历对职业的好奇、幻梦到兴趣,再到有意识培养职业能力的逐步成长过程。受家庭和环境的熏陶,通过游戏、学习等活动发展自我观念,开始形成初步的职业意识和职业梦想。

2. 探索阶段(15 岁~24 岁)

探索把职业梦想与现实环境相结合。主要通过文化基础知识和专业知识、专业技能的学习,通过一些社会实践活动的磨砺,评估确定职业目标、职业期望,并进行初步的职业尝试。

3. 立业阶段(25 岁~44 岁)

发展职业,追求成功。经过早期试探,逐步进入相对稳定的阶段,开始认同所选择的职业,经过经验积累,逐步建立起稳定、专业、能独当一面的地位,提高晋升能力。工作职位或工作项目可能有所变动,但不会轻易改变职业。

4. 维持阶段(45 岁~65 岁)

心态趋于保守、稳定,维持、巩固已取得的职业成就。这一阶段是收获的季节,是事业上获得成功、大显身手的时期。由于知识更新很快,要注意及时充电,更新知识。

5. 衰退阶段(66 岁上以)

部分或全部退出职业角色,转换轻松、能维持生命活力的新角色。延缓衰退、保持健康是此阶段的主要心态。

职业生涯阶段划分的理论,有助于同学们根据不同年龄阶段,职业发展的不同任务和价值追求,制订职业生涯发展计划。

第二节　影响职业生涯规划的因素

人生的职业历程有种种不同的可能:有的人从事科研,有的人经商,有的人做管理,有的人提供社会服务;有的人终生从事一种职业,有的人经常变动岗位;有的人事业有成,有的人碌碌无为。影响人生职业生涯发展的因素是多方面的,其中有社会因素,也有家庭和

个人因素;有教育因素,也有身心因素等。总的来看,影响职业生涯规划的因素包括如下几个方面:

一、环境因素

互联网技术使得地球日趋"变小",竞争日趋激烈,个人空间逐步扩大。变革的社会没有一成不变的事物,个人职业发展必须考虑职业环境需求和变化趋势。分析职业环境,就要认清所选职业在社会大环境中的发展状况、技术含量、社会地位和未来发展趋势等。

高校学生应当通过环境因素分析,弄清社会热点职业和职业环境发展趋势,选择职业生涯目标。

1. 社会环境

这主要是指社会的政治、经济体制,社会文化习俗,职业的社会评价,人才市场的管理体制等。社会环境因素不仅决定社会职业岗位的数量、结构、层次等方面,还决定人们对不同职业岗位的接受、赞誉或贬低的程度,因而决定了个人步入职业生涯的基本方式,开始职业生涯后的基本态度,以及由此引起的个人职业生涯的变化。

2. 组织环境

组织环境包括行业环境和企业环境。由于科学技术的飞速发展,有些行业飞速发展、蒸蒸日上、逐步繁荣;有些行业如同夕阳坠地、日趋萎缩、逐步消亡。人们在选择职业时,自然不会考虑后者。企业文化氛围、发展空间也是人们在选择职业时要考虑的因素。同学们在学习期间,要关注国家政策导向,了解国家对某一行业是支持、鼓励和引导,还是限制、控制和制约,尽可能选择那些发展前景较好、发展空间较大的行业。

在选择企业时,有必要通过个人可能获得的一切渠道了解企业的经济状况、企业文化、发展空间、用人机制等情况,确定自己的职业生涯在该企业中有没有足够的发展空间,衡量自己的目标能够在该企业获得实现的可能性。

二、教育因素

一个人所受到的教育程度,直接影响他的职业选择方向和获取他喜欢的职业的概率。一个人通过接受教育与培训,形成了自己特有的知识结构、能力结构和职业素质结构,对个人的职业生涯会产生巨大的影响。

1. 所学专业对职业选择的影响

人们所接受教育的专业、学科门类对职业生涯起着决定性作用,人们在选择职业、转换职业时往往与所学的专业有一定的联系,或以该专业的理论知识、技术能力为基础,流动到更高层次的职业岗位上。

高等职业教育是面向就业的教育,针对不同的社会职业岗位群,每位同学都有学习的专业领域,就业时总会选择与专业相关或相近的岗位。如果你大学期间学习的是制冷专业,毕业后再想从事医学护理的可能性便微乎其微了。

2. 受教育程度对职业选择的影响

一般来说,获得不同教育程度的人,在个人职业选择时,具有不同的能量。接受过较高水平教育的人,在就业以后会有较大的发展,在职业不如意时再次进行职业选择的能力和竞争力也较强。职业的进展深受正规教育或专业培训的影响,受教育程度是事业成功中不可缺少的因素。

3. 不同层次教育对职业选择的影响

人们接受不同层次的教育,所学的不同学科门类内容,所在的不同院校及其不同的教育思想,都会对受教育者产生不同的影响,形成不同的思维模式,从而会采取不同的态度对待自己、对待社会、对待职业生涯的发展。

高等教育以培养社会职业需要的实用技能型人才为己任,毕业生定位明确,即要成为在生产、服务、管理一线的具有较高技术水平、能够解决实际问题的建设者及管理者。同学们不仅要特别重视职业技能的培养,在校期间珍惜专业学习机会,把专业技能学懂、学实、学透,同时还要注重一专多能的培养,以求得到更多的职业发展机会,争取在职业生涯发展中获得主动权,而且在制订职业生涯规划时还要切合实际,不能好高骛远。

例如有同学觉得自己学财会的,毕业就应该去做出纳,或者至少在企业从事财务文员工作,其实去银行做柜员,去商场或超市做收银员,就是高校学生职业生涯规划的最现实的第一步。

三、家庭因素

家庭是个人成长的第一所学校,是造就个人素质、影响人生发展的重要因素之一。人从幼年起,就受到家庭深刻的潜移默化的影响,形成一定的价值观和一定的行为模式。有的人还从家庭中自觉或不自觉地学到某种职业知识和技能。此外,家庭成员在个人择业和就业后的流动中,往往产生一定的干预或影响,也会对人的职业生涯产生很大影响。

1. 对职业选择的影响

目前中国的职业歧视现象还比较严重,家长的不正确教育在某种程度上助长了职业歧视。很多家长不希望孩子从事艰苦的工作,他们在教育孩子时常常会说:"你不好好学习,长大以后扫马路。"这样的教育引导会让孩子轻视保洁工作,长大后自然不会选择这个行业。

很多家长在帮助孩子填报志愿时,第一考虑的不是自己的孩子最适合从事什么工作,而是希望孩子将来从事环境好、工作轻松、社会地位高的职业。那么是不是所有孩子都适合上大学?孩子考上大学后,是否就能找到好工作、过上好生活?这几年,大学毕业生一路走低的就业率就是一个非常危险的信号。每个家庭只有一个孩子,孩子付出了相当大的努力,家长投入了大量的金钱,可经过三四年的学习后却找不到工作,这对家庭的压力很大,也影响社会安定。

每个人爱好不同、兴趣不同、能力不同、特长不同,对于一部分孩子来说,可能更适合做技师、技工。据报道,目前我国高级技工缺乏,高级技工的薪水已经超过白领,当工人也有前途。然而家长对这方面的关注太少。职业选择的观念需要转变,家长也应当认识到,对每个孩子来说适合他自己的职业才是最好的职业。

2. 对专业选择的影响

许多孩子深受家庭中父母或亲戚的影响,他们从亲人的教育或态度中形成对某些职业的看法和认识,从而影响到对专业的选择。

在选择专业时,孩子应当有更加广泛自由的选择权。父母的强制、包办会令孩子一开始就厌烦被迫选择的专业,再好的专业也提不起他们的兴趣,这势必会影响孩子的学业和就业。孩子在选择专业时,要结合自己的兴趣、爱好,参考父母、老师等年长者丰富的社会经验做出客观的选择。但是也不能一味追求爱好,不客观考虑就业形势和社会需求。

3. 对职业变动的影响

父母亲人在孩子就业后的职业流动上往往扮演着重要角色,对子女择业施加影响或给予直接帮助,这种情况在中国表现尤其突出。有些人变动工作可能不是对目前从事的职业不满意,而是为了家庭而选择收入较高、较为稳定的职业,这是对家人、对社会所承担的义务。但在职业变动前,要明确为什么而改变,避免因他人影响过大,限制了个人兴趣和自我能力的发展。

不能否认,一个人的职业生涯决策的决定因素中也有称之为机遇的随机性的成分,但完全让命运摆布的人毕竟是少数,多数人对自己未来发展能够从内外因素进行理性分析,从而有效地进行职业生涯的选择。

四、自我因素

影响职业生涯选择的自我因素,主要包括:个性特征、健康、兴趣爱好、年龄、自信心等。

1. 个性特征

不同气质、性格、能力的人适合不同类别的工作。如多血质的人较适合做管理、记者、外交等,不适合做过细的、单调的机械工作。如果从事与自己个性特征不相吻合的工作,那么,容易觉得自己的活力被束缚,思想被禁锢。健康是最具影响力的因素,几乎所有的职业都需要健康,健康对于职业选择尤为重要。

2. 健康

健康包括身体健康与心理健康。如果没有一个好的身体,就不可能坚持工作,也就不可能有好的职位。为保持健康的体魄,工作、学习之余应当注重体育锻炼。随着生活节奏的加快和社会压力的增大,现代人的心理健康问题日益突出,也越来越受到人们的重视。没有一个健康的心理,根本无法适应社会,更谈不上正常工作。

为了拥有心理健康,要不断强化正确的人生观、世界观,主动缓解工作、生活的压力,积极建立融洽的人际关系。

3. 兴趣爱好

与职业选择有关的兴趣称之为职业兴趣。不同职业兴趣要求对应的职业不同。如喜欢具体工作的,相应的职业有室内装饰师、园林师、美容师、机械维修师等;而喜欢抽象和创造性工作的,相应的职业有经济分析师、新产品开发员、社会调查和各类科研工作等。

4. 年龄

对工作的看法和态度,对机会尝试的勇气,对胜任任务的能力和经验,不同的年龄表现都有所不同。

5. 自信心

自信常常使自己的梦想成真。喜欢挑战、战胜失败、突破逆境是自信心强的特点。没有自信心的人会变得平庸、怯懦、顺从。顺利的环境为事业发展提供了广阔的空间,而逆境为开拓和创新提供了信心和勇气,有挑战才有成功。

6. 性别

虽然男女平等的观念已普遍被现代社会所接受,但性别因素在职业选择上仍然扮演着重要的角色。职业性别隔离严重存在,很少人能漠视性别问题。尽管有些工种确实需要男性从事,如矿下作业,然而事实是,更多的人是在意识形态上歧视女性。当然,如果你坚信两性在智慧和能力上基本上相同,那么你的性别应该不会影响你的事业选择和事业成功。

用人单位普遍认为婚姻会导致女生业绩下降,男生在婚后业绩反而会上升。因此,每个人(尤其是女性)规划自己的职业理想时,不可忽视性别差异,以便充分发展自己的性别特色。

7. 朋友、同龄群体

朋友、同龄群体的工作价值观、工作态度、行为特点等不可避免地会影响到个人对职业的偏好,选择从事某一类职业的机会和变换职业的可能性等方面。

第三节　职业生涯规划的实施

职业生涯规划是指个人和组织相结合,在对一个人职业生涯的主客观条件进行测定、分析、总结研究的基础上,确定其最佳的职业奋斗目标,并为实现这一目标做出行之有效的安排。

职业生涯规划的目的绝不只是协助个人按照自己的资历条件找一份工作,达到和实现个人目标,更重要的是帮助个人真正了解自己,为自己制订事业发展计划,筹划未来,拟订一生的方向。通过详细估量内外环境的优势和限制,设计出各自合理且可行的职业生涯发展方向。

一、职业生涯规划步骤

一份完整的职业生涯规划应当包括自我认识与定位、职业环境分析、确定职业目标、职业生涯设计与实施,以及反馈调整五个步骤。

(一)自我认识与定位

1. 认识自我的特质

认识自我是进行职业生涯设计的第一步。认识自己,既要考虑职业需求,又要考虑自己的个性特长,还要认识到职业岗位与自己的关系。认识自己,要客观地评价自己,既不可高估自己,也不能贬低自己;要认识自己的理想、价值观、兴趣爱好、能力、性格等心理特点;要认识自己的优势、劣势、自己与众不同的方面和发展潜力。

因此,认识自己首先要弄清楚三个方面的问题:

(1)我是谁?

(2)我想干什么?

（3）我能干什么？

2. 生涯规划的自我定位

你到底能干什么？霍兰德通过性格—职业匹配论按照性格类型把职业划分为现实型、研究型、艺术型、社会型、企业型、传统型六大类。通过第二章的个性分析，可以帮助你确定自己的职业定位。美国麻省理工学院教授对职业定位划分为技术型、管理型、创造型、自由独立型和安全型五类。

技术型的人出于自身个性与爱好考虑，往往并不愿意从事管理工作，而是愿意在自己所处的专业技术领域发展。

管理型的人有强烈的愿望去做管理人员，同时经验也告诉他们自己有能力达到高层领导职位，因此他们将职业目标定为要承担相当大责任的管理岗位。

创造型的人需要建立完全属于自己的东西，或是以自己名字命名的产品或工艺，或是自己的公司，或是能反映个人成就的私人财产。他们认为只有这些实实在在的事物才能体现自己的才干。

自由独立型的人喜欢独来独往，不愿像公司职员那样彼此依赖、相互协作。很多有这种职业定位的人不属于简单技术人员，他们具有相当高的职业技术能力。他们并不愿意在组织中发展，而是宁愿做一名咨询人员，或是独立从业，或是与他人合伙创业。自由独立型的人往往会成为自由撰稿人。

安全型的人最关心的是职业的长期稳定性与安全性，他们为了安定的工作、可观的收入、优越的福利与养老制度等付出努力。目前我国绝大多数的人都选择这种职业定位，很多情况下，这是由社会发展水平决定的，而并不完全是本人的意愿。

你的职业定位明确了吗？如果还不能确定，可以参照第二章的方法操作，也可以通过职业倾向测试或通过职业咨询机构，倾听职业指导师的建议。

（二）职业环境分析

SWOT 分析是管理中经常使用的功能强大的分析工具，如表 3-1 所示。

表 3-1　SWOT 分析

内部因素 外部因素	优势（Strength） 天赋 独特的技能 能力等	劣势（Weakness） 个性缺陷 常犯的错误 不擅长的技能等
机会（Opportunity） 外部机会 行业前景 职业前景	SO	WO
风险（Threat） 外部不利因素 行业不利因素 职业不利因素 从事该职业的不利因素等	ST	WT

表中 S 代表 strength(优势),W 代表 weakness(弱势),O 代表 opportunity(机会),T 代表 threat(威胁)。其中,S、W 是内部因素,O、T 是外部因素。SWOT 分析是检查自身技能、能力、职业、喜好和职业机会的有用工具。

如果能够对自己做出细致的 SWOT 分析,就会知道自己的优点和弱点在哪里,并会仔细地评估出自己所感兴趣的不同职业道路的机会和威胁所在。

(三)确定职业目标

志不立,天下无可成之事。综观古今,各行各业成就大事业者都有一个共同的特点,就是志向远大。立志是人生的起跑线,反映出一个人的理想、情趣、胸怀和价值观,影响一个人的奋斗目标和成就。确定职业目标是职业生涯设计的核心。

确定目标可以成为追求成功的驱动力。没有目标,如同驶入大海的孤舟,四顾茫茫,不知该去向何方。没有志向,就会庸庸碌碌、无所事事,事业成功也就无从谈起。所以在进行职业生涯设计时,要确定目标、确立志向,这是制订职业生涯规划的关键。确定职业目标后要注意以下问题:

1. 选对职业找对路

慎重选择职业,避免在职业生涯发展上走弯路。在沈阳市的一次大型招聘会上,毕业于某高校的小何向浙江一家汽车公司申请一个机械工程师的岗位。他学的是机械工程专业,在大学期间各门功课都优秀,毕业后的五六年时间里,从事过医药、空调、摩托车等产品的销售、品质主管,换了六七个工作,但是没有机械方面的工作经历。

招聘者了解他的情况后认为,如果他毕业后稳定地从事过机械方面工作,则正是公司需要的人选,但他没有这方面的工作经验,公司无法录用他。一句话说得这名高才生后悔不已。

据统计,在选错职业的人当中,有 80% 以上的人在事业上是失败者。因此职业选择的正确与否,直接关系到人生事业的成败。在选择职业的过程中要考虑性格与职业的匹配、兴趣与职业的匹配、特长与职业的匹配、内外环境对职业的影响。良好的职业选择是以自己的最佳才能、最优性格、最大兴趣、最有利的环境等信息为依据进行的。

适合自身特点是毕业生就业的着眼点。

社会上的职业多种多样,不同的职业,对从业人员的知识、技能、素质等要求不同,而毕业生的自身条件也不一样,不同的个体所具有的素质也是有差异的,所以,高校学生对职业的选择,一方面要从社会需要出发,同时也要考虑自身的实际情况,扬长避短,只有这样才能做到人尽其才、才尽其用。

2. 目标要付诸行动

成就理想需要艰辛的努力,目标的实现需要一个不懈奋斗的过程,成就大目标需要分解成可以一步一步实现的小目标。在进行职业生涯设计时,同学们要把职业目标分解为一个个可以实施的小目标,然后一步一个脚印地去实现。一件大事是由多件小事组成的。每个人都渴望成就一番大事业,但是不踏踏实实从小事做起,又如何成就大事业?

大学生也许听说过拿破仑的名言:"不想当将军的士兵不是一个好士兵。"列宁曾说过："要向大的目标走去,就得从小的目标开始。"人生犹如爬楼梯,只有一步一个脚印打好基础,脚踏实地朝着既定的目标迈进,才能最终实现自己的大目标。远大目标的实现建立在每一个阶段目标实现的基础之上,正如图 3-1 所示。

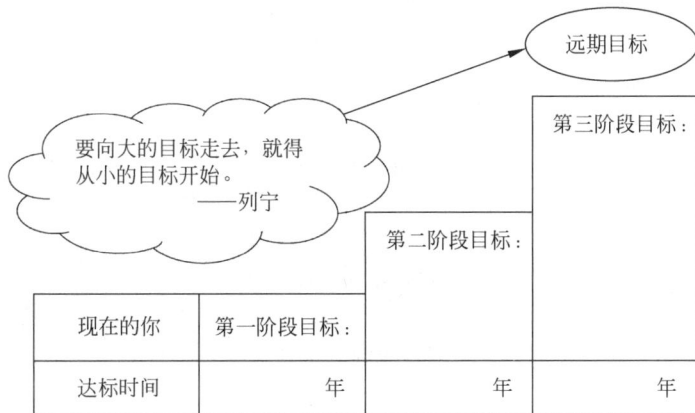

图 3-1　阶段目标分解

（四）职业生涯设计与实施

确立了目标,是否就意味着实现的可能呢?不然,它还需要具体的措施做保证,并且在运作过程中根据外界环境的变化不断调整自己的措施,使之适应新的环境,这样目标才有实现的可能。职业生涯策略是指为实现职业生涯目标的行动计划,一般都是具体的、可行性较强的。在确定具体的职业选择目标后,行动成了关键环节。没有达成目标的行动,目标就难以实现,也就谈不上事业的成功。

这里所指的行动,主要是指落实目标的具体措施,主要包括教育、培训、实践等方面的措施。例如,在职业证书方面,你计划学习哪些知识,掌握哪些技能,开发哪些潜能等。关于职业生涯计划的实施,在下面再做具体讲解。

（五）反馈调整

计划赶不上变化,尤其是在现代职业领域,变化是永恒的主题。影响职业生涯设计的因素众多,有的变化因素是可以预测的,而有些则难以预料。环境是多变的,人的追求是善变的。成功的职业生涯设计需要时时审视内外环境的变化,不断对自己的设计进行评估和修订并调整自己的前进步伐,调整中应当注意的几个问题:

（1）常立志不如立长志,不要轻易改变你的目标。

（2）完美的计划靠汗水和智慧实现,做事离不了信念和勤奋。

（3）机会青睐有准备的人,抓住机会、促进成功。

（4）成功的环境需要自己营造,怎样的态度决定成就怎样的事业。

制订职业生涯计划的五个基本步骤,如图 3-2 所示。

```
┌─────────────────────┐
│    自我认识与定位     │
└─────────────────────┘
          │
          ▼
┌─────────────────────┐
│    职业环境分析       │
└─────────────────────┘
          │
          ▼
┌─────────────────────┐
│    确立职业目标       │
└─────────────────────┘
          │
          ▼
┌─────────────────────┐
│   职业生涯设计与实施   │
└─────────────────────┘
          │
          ▼
┌─────────────────────┐
│    反馈调整          │
└─────────────────────┘
```

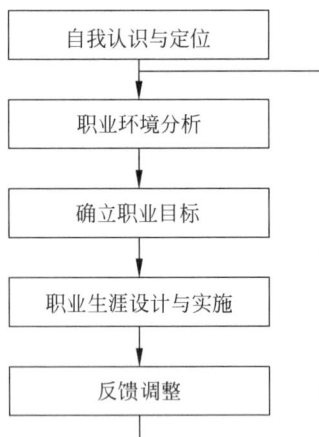

图 3-2   制订职业生涯计划的步骤

二、制订职业生涯计划执行方案

(一) 制订职业生涯计划执行方案的注意事项

许多同学对自己未来的职业规划有一个大致、模糊的设想,但是如果没有形成文字,便显得随意性过大。或者虽然有职业规划,但是内容不清晰、不具体,便缺乏操作性。这些都会影响职业发展的进程。

成功的人,往往都是有着明确的职业目标,并按照计划逐步落实的人。高校大学生朋友要成就自己的职业理想,就要制订切实的职业生涯设计执行方案。在制定职业目标的实施规划时,需要考虑以下几个内容:

(1) 达到目标的途径。

(2) 达到该目标所需的能力、训练及教育。

(3) 达到该目标的积极力量。

(4) 达到该目标的阻力。

好的职业生涯计划的内容应该有具体的措施。比如:达到目的途径是通过能力和业绩,还是通过社会关系,或是通过获得文凭? 教育和培训如何获得? 谁支付培训和教育的费用? 在什么时间培训,到哪个机构和单位获得培训? 获得培训的主要阻力是什么? 如何克服? 获得教育的优势是什么? 这些都应该想清楚。

(二) 阶段目标的特点

通常,长远的职业生涯目标比较粗糙、不具体,可能随着个人及组织内部形势的变化而变化,设计时宜以勾画轮廓为主。

中期目标为 3～5 年,相对于长远职业生涯目标要具体一些,如获得更高的学历资质,参加一些旨在提高技术水平的培训并获得等级证书等。

短期目标是最清楚的,可以以年、月、周为规划单位,比较具体。

处理计划之间相互关系的原则是：短期计划服从于中期计划，中期计划服从于长期计划，这样一层一层地嵌套，形成一个完整的计划。

（三）制订具体实施计划的要求

制订具体行动计划时，也应根据前面提到的目标设计的原则，予以科学安排和计划。

1. 逐个目标实现

具体实施计划时，则与计划的过程相反，先从具体、短期的目标开始实施，等短期目标逐个实现后，中期目标就开始实现，而中期目标实现了，长期目标也就会逐步实现。

2. 不断修订计划

一个好的计划应该是在修正中完善的，因此，各种计划都有反馈机制，要根据环境和实施的结果及时评估并修正。

三、职业生涯规划方案的实施

有了一份好的计划，还要善于利用计划，督促自己始终按计划行动。由于种种原因，在许多情况下，可能出现紧急的工作，让人无法一一应对，这时就应该分清轻重缓急予以解决。不能只顾埋头干活，而忘记了努力的方向。职业发展计划就是努力的方向。

为了保证自己的行动能与努力的目标一致，就需要最大限度地根据个人的职业发展计划，及时调整自己的行为。下面提出几项能够帮助你实施职业生涯规划的措施。

（一）根据情况适当调整计划

1. 根据工作进度调整计划

过程监督十分重要，监督可以发现计划存在的问题，可以考察计划的落实情况，可以有针对性地提出解决方案。

至少每三个月检查一次你的工作进度。如果感到工作和生活过于舒适，那就意味着目标定低了，需要进行调整，适时适当地调高目标。这样，可以使自己的目标难度更合理，使成就水平更高。如果感到自己的生活节奏很慢，效率很低，没有实现原计划的职业生涯目标，首先要考虑自己的动机水平是否足够。

如果不是职业目标太难，就应该加强紧迫感，使自己不要脱离职业规划的轨道，一旦长期偏离，个人就会放弃原来的计划，使计划成为一纸空文。可能有时应酬太多，应该学会拒绝，增加在职业生涯目标上的精力投入。

2. 动态管理计划

如果你的理想蓝图已经发生变化，你的构想和行动规划也要做出相应的变动，从而目标和策略也应随之改变。计划毕竟是计划，需要和现实结合起来，进行动态性的管理，否则，缺乏灵活性，也会导致计划落空。

（二）想方设法实现目标

1. 不断提醒自己

保证经常回顾你的构想和行动计划。有些同学有计划，但总是不将计划放在心上，只要有事做,就不知道自己努力的方向在哪里,缺乏时间观念,结果贻误发展机会。建议你把你的构想和任务方案存入电脑文件或贴在床头等可经常看见的地方。

为了避免忘记重要的工作及时间表,最好将这些内容放在自己经常能看见的地方,如写在日历上,时刻提醒自己。特别是随着年龄的增长,事情繁多,注意力容易发生转移,尤其要注意日程表。

2. 听取朋友的建议

向好朋友公开自己的计划,是保证计划实施的重要方式。如果计划只是自己知道,往往在遇到困难时,人们容易退步,而且心理上没有压力,因为计划只有自己知道,别人不知道。如果你想专升本,但担心考不上,一听说竞争很激烈,有可能要失败,许多人就退却了。而聪明的人,事先将自己的设想告诉家人和朋友,先征求别人的意见和建议,再采取行动,而且在行动中可以得到大家的鼓励和监督。一方面,"三个臭皮匠顶个诸葛亮",可以凭借集体的智慧设计最佳的策略和方案;另一方面,可对自己进行约束,增加责任心及激励力量。

3. 注意抓住机遇

获得职业发展的渠道很多,除了个人自己创造的机会外,还应该注意抓住组织所提供的机会,为实现自己的职业目标打基础。如果你所在的组织有培训机会,千万不要因为工作太忙、家庭事务太多、身体状况不佳、今后还有机会等理由而放弃。也许机会失去永不再来;也许失去此次机会,就失去了一个晋升、选择更有挑战的职业的机会。

(三)要有毅力

参加工作后,学习和技能培训与纯粹的学生时代不同。可能要谈婚论嫁,可能工作十分繁忙,可能朋友非常多,这些都会影响到自我职业生涯发展的规划,时间不再是整块的,而是要靠自己去挤,通常较多的是牺牲节假日和八小时之外的时间。这就需要毅力,需要亲戚、朋友的理解和支持,否则,计划很难长期执行。

有时候工作太累了,很想休息;有时朋友约你去旅行,很有诱惑力;有时很多人都在娱乐,自己也有兴趣参加。如果没有计划观念和自觉性,通常会使计划流产。一旦起初的计划落空,以后也容易放弃,这是大家一定要注意的。

(四)克服诱惑

在有些情况下,可能有一些重要的诱因,能获得短期内的收获,但从长期考虑有损失。比如你是一个项目的主管,辉煌的事业正在逐步地推进,有一个出国的机会,个人的短期利益可以得到满足,但你的出国很可能导致事业的损失,如何处理? 这种时候,需要冷静的思考,权衡利弊及对策,做出符合职业生涯发展利益的决策。

四、高校大学生在职业生涯规划中存在的困扰

大学生在职业生涯规划中常见的困扰有:

1. 缺乏积极的职业生涯规划意识

据调查,有相当一部分高校大学生缺乏积极的职业生涯规划意识,容易产生依赖、从

众和"临时抱佛脚"等不良心理,常常抱着"车到山前必有路"的念头,认为自己迟早会找到工作的;有的甚至认为"反正有学校推荐",依赖心理强。

2. 不能正确认识社会,容易产生恐惧心理

由于不能正确认识社会,有的大学生对社会人才市场的激烈竞争抱有恐惧心理,对自己的学历、性别、技能、经验等缺乏自信,容易产生紧张、焦虑、抑郁等心理困扰,有的大学生由于此种状态持续时间较长,直接影响正常的学习、生活和心理健康。

3. 不能正确认识自己,容易产生心理偏差

主要表现是:有的大学生过高地评价自己,把自己与已经成功就业的学长比较,认为自己肯定能找到好工作,不必提前自寻烦恼;有的学生在就业竞争失败时,对自己的认识一落千丈,产生自卑心理;有的则是过低地评价自己,认为毕业后找到一份工作就满足了。

4. 缺乏基本的职业常识

不能正确对待职业选择和职业流动。有的人不重视职业选择,不珍惜工作机会,认为:"这个工作不适合自己就跳槽,反正肯定能找到吃饭的地儿。"

拓展阅读3-1　他的职业生涯规划一塌糊涂！白白浪费了巅峰期,成下一个皇马古蒂

【实践课堂】

请以小组为单位,设计一次以"职业生涯大家谈"为主题的活动方案,具体方案的表现形式可以灵活多样,比如讨论、演讲、辩论等。

【课后练习】

1. 什么是职业生涯?
2. 职业生涯规划有何意义?
3. 哪些因素影响职业生涯?
4. 如何设计职业生涯的方案?

第 四 章

职业基本素质的养成

【学习目标】

1. 了解职业道德的内涵、特征和作用；
2. 理解职业道德的基本规范；
3. 掌握建立和谐人际关系的法则；
4. 理解团队精神的种类与内涵。

引导案例

就业压力大，职业素养缺少是关键

2021届高校毕业生总规模预计909万人，同比增加35万，再创历史新高。每一年的毕业生数量都在不断激增。"传统学校教育也许会教会学生知识和学习知识的方法，但不会告诉你什么是'职业素质'。"一位企业的HR在谈到大学生为什么找工作难时，将矛头对准了大学教育在职业素质培养上的缺失。

"很多学生在求职时简历制作不规范，面试时穿着举止不得体，这些都会给招聘公司留下很差的第一印象，甚至直接被淘汰出局。而即使通过了应聘这一关，在真正走上工作岗位后，工作态度、心态调整、对企业文化的了解和认同度等，都关系着职场新人能否有更好的发展。"很多企业都有同样的感受，其实目前中国很多行业都存在不同程度的人才缺口，只要打开招聘网站，看看每天发布的岗位数量就知道了。一方面是找工作难；另一方面却是企业招不到合适的人，这之间的矛盾不仅在于学生专业知识与社会的脱节，也在于职业素质的缺失。

传统大学教育面对市场和社会总有一种高高在上的姿态，但学生只有首先适应社会需求，才谈得上改变社会。就像"中国近代职业教育之父"黄炎培说："职业教育的原则，着重在社会需要，社会需要某种人才，即办某种职业学校，这是职业教育的唯一使命，职业教育是绝对不许关了门干的。"只有社会认可，学生在社会中才有用武之地，学校教育才真正有了生命力。

资料来源：https://baijiahao.baidu.com/s?id=1689480881257926026&wfr=spider&for=pc,2021-01-21.

良好的职业基本素质是获得职业发展的基石。在制订了积极、可行的职业生涯发展计划后，大学生应高度重视职业基本素质的培养，有效提升自己的职业基本素质，为自己的职业发展奠定坚实的基础。我们认为职业基本素质包括职业道德、身心健康和团队精神三个方面,本章将从这三方面介绍职业基本素质的基础知识和培养途径,帮助大学生有效提升自己的职业基本素质。

第一节　职　业　道　德

一、职业道德的内涵

(一)什么是道德

马克思主义认为,道德是社会关系的产物,只有发生个人利益与他人利益和整体利益关系,而且人们自觉意识到这种关系时,才会出现道德问题。道德是人类社会生活中所特有的,由经济关系决定的,依靠社会舆论、传统习惯和人们的内心信念来维系的,并以善恶进行评价的原则规范、心理意识和行为活动的总和。

(二)什么是职业道德

所谓职业道德,就是同人们的职业活动紧密联系的符合职业特点所要求的道德准则、道德情操与道德品质的总和,它既是对本职人员在职业活动中行为的要求,同时又是职业对社会所负的道德责任与义务。

职业道德的含义包括以下八个方面:

(1)职业道德是一种职业规范,受社会普遍的认可。

(2)职业道德是长期以来自然形成的。

(3)职业道德没有确定形式,通常体现为观念、习惯、信念等。

(4)职业道德依靠文化、内心信念和习惯,通过员工的自律实现。

(5)职业道德大多没有实质的约束力和强制力。

(6)职业道德的主要内容是对员工的义务要求。

(7)职业道德标准多元化,代表了不同企业可能具有不同的价值观。

(8)职业道德承载着企业文化和凝聚力,影响深远。

(三)职业道德的特点

1. 职业道德具有适用范围的有限性

每种职业都担负着一种特定的职业责任和职业义务。由于各种职业的职业责任和义务不同,从而形成各自特定的职业道德的具体规范。

2. 职业道德具有发展的历史继承性

由于职业具有不断发展和延续的特征,不仅是技术上的延续,管理员工的方法、与服务对象打交道的方法,也有一定的历史继承性。如"有教无类""学而不厌,诲人不倦",从古至今始终是教师的职业道德。

3. 职业道德表达形式

由于各种职业道德的要求都较为具体、细致,因此其表达形式多种多样。

4. 职业道德兼有强烈的纪律性

纪律也是一种行为规范,但它是介于法律和道德之间的一种特殊的规范。它既要求人们能自觉遵守,又带有一定的强制性。就是说,一方面,遵守纪律是一种美德;另一方面,遵守纪律又带有强制性,具有法令的要求。

例如,工人必须执行操作规程和安全规定。因此,职业道德有时又以制度、章程、条例的形式表达,让从业人员认识到职业道德又具有纪律的规范性。

(四) 职业道德的作用

职业道德是社会道德体系的重要组成部分,它一方面具有社会道德的一般作用;另一方面又具有自身的特殊作用。具体表现在:

1. 具有调节内外关系的职能

一方面,职业道德可以调节从业人员内部的关系,即运用职业道德规范约束职业内部人员的行为,促进职业内部人员的团结与合作;另一方面,职业道德又可以调节从业人员和服务对象之间的关系,如职业道德规定了制造产品的工人要怎样对用户负责、营销人员怎样对顾客负责等。

2. 有助于维护和提高企业的信誉

企业的信誉是指企业及其产品与服务在社会公众中的信任程度,提高企业的信誉主要靠产品质量和服务质量,而从业人员职业道德水平高是产品质量和服务质量的有效保证。若从业人员职业道德水平不高,很难生产出优质的产品和提供优质的服务。

3. 促进行业和企业的发展

行业、企业的发展有赖于高的经济效益,而高的经济效益源于高的员工素质。员工素质主要包含知识、能力、责任心等方面,其中责任心是最重要的。职业道德水平高的从业人员,其责任心是极强的,因此,职业道德能促进本行业的发展。

4. 有助于提高全社会的道德水平

职业道德是整个社会道德的主要内容。职业道德一方面涉及每个从业者如何对待职业,如何对待工作,同时也是一个从业人员的生活态度、价值观念的表现。良好的职业道德是一个人的道德意识、道德行为发展的成熟阶段,具有较强的稳定性和连续性。

另一方面,职业道德也是一个职业集体,甚至一个行业全体人员的行为表现,如果每个行业、每个职业集体都具备优良的道德,对整个社会道德水平的提高肯定会发挥重要作用。

二、职业道德的基本规范

《中共中央关于加强社会主义精神文明若干问题的决议》规定了今天各行各业都应共同遵守的职业道德的五项基本规范,即"爱岗敬业、诚实守信、办事公道、服务群众、奉献社会"。

(一) 爱岗敬业

爱岗就是热爱自己的工作岗位,热爱本职工作。敬业包含两层含义:一为谋生敬业,二为真正认识到自己工作意义的敬业。爱岗敬业有下列要求：

（1）把自己的岗位同自己的理想、追求、幸福联系在一起，把企业的兴衰与个人的荣辱联系在一起。

（2）自觉维护企业的利益、形象和信誉。

（3）要通过技能培训、岗位练兵、交流研讨等多种形式，不断提高自己的文化素质和业务技术水平，熟练地掌握职业技能，胜任自己的工作，更好地为企业服务。

（二）诚实守信

诚实守信是中华民族传统的为人处事原则。诚实，就是忠诚老实、不讲假话。守信，就是信守诺言、说话算数、讲信誉、重信用、履行自己应承担的义务。诚实守信对员工的具体要求：忠诚所属企业、维护企业信誉、保守企业机密，遵章守制、秉公办事。

（三）办事公道

办事公道是指从业人员在办事情、处理问题时，要站在公正的立场上，按照同一标准和同一原则办事的职业道德规范。办事公道是正确处理各种关系的准则，具体要求：

（1）客观公正。遇事从客观事实出发，并能做出客观、公正的判断和处理。

（2）照章办事。按照规章制度来对待所有的当事人，不徇情枉法。

（3）公私分明。要克服私心，不凭感情或义气办事；更不能出于私心，从个人利益角度考虑问题、处理事情。

（4）光明磊落。按既定的规定公开公平公正地办事。要做到办事公道，还必须加强学习，不断提高认识能力，能明确是非标准，分辨善恶美丑，并有敏锐的洞察力，才能公道办事。

（四）服务群众

服务群众就是为人民群众服务，就是通过工作为群众解决困难、解除困境，使人民群众在满足需求的同时感受生活的美好。具体要求如下：

（1）热情周到。从业人员对服务对象抱以主动、热情、耐心的态度，把群众当作亲人，服务细致周到，勤勤恳恳。

（2）急人所急、想人所想、乐人所乐。努力为群众提供方便，想群众之所想、急群众之所急，多做换位思考，以群众的满意快乐作为自己工作的价值标准，主动为他人排忧解难。

（五）奉献社会

奉献社会就是全心全意为社会做贡献，是为人民服务精神的最高表现，也是职业道德中的最高境界。在现实中，奉献社会表现为不期望等价的回报和酬劳，而愿意为他人、为社会或为真理、为正义献出自己的力量，包括宝贵的生命。这是一种人生境界，是一种融在一生事业中的高尚人格。

第二节　身 心 健 康

身心健康包括身体健康和心理健康。在人的职业生涯甚至是人生道路上,身心健康起着非常重要的作用。其中,心理健康在竞争激烈、节奏快捷的当今时代,显得越来越重要。世界卫生组织曾对健康下这样的定义:健康不仅是没有疾病,而且是身体上、心理上和社会上的完好状态。即人的健康包括身体健康、精神健康和社会适应功能良好三个方面。

小贴士

世界卫生组织给出的健康十条标准:

1. 有足够充沛的精力,能从容不迫地应付日常生活和工作的压力。

2. 处事乐观,态度积极,乐于承担责任,不挑别事务的巨细。

3. 善于休息,睡眠良好。

4. 应变力强,能适应环境的各种变化。

5. 能够抵抗一般性感冒和传染病。

6. 体重得当,身体均匀,站立时,头、肩、臂位置协调。

7. 眼睛明亮,反应敏锐,眼睑不发炎。

8. 牙齿清洁,无空洞,无痛感;牙龈颜色正常,无出血现象。

9. 头发有光泽,无头皮屑。

10. 肌肉、皮肤有弹性,走路感到轻松。

一、心理健康的内涵

(一)什么是心理健康

心理健康又称心理卫生,包括两方面含义:第一是指心理健康状态,个体处于这种状态时,不仅自我情况良好,而且与社会、人际相处和谐;第二是指维持心理健康、减少行为问题和精神疾病的原则和措施。

心理健康还有狭义和广义之分:狭义的心理健康,主要目的在于预防心理障碍或行为问题;广义的心理健康,则是以促进人们心理调节、发展更大的效能为目标,使人们在各类环境中健康生活,保持并不断提高心理健康水平,从而更好地适应社会生活,更有效地为社会和人类做出贡献。

(二)心理健康的标准是什么

美国心理学家马斯洛和米特尔曼提出的心理健康的十条标准,被认为是"最经典的标准":

(1) 充分的安全感。

(2) 充分了解自己,并对自己的能力作适当的估价。

（3）生活的目标切合实际。

（4）与现实的环境保持接触。

（5）能保持人格的完整与和谐。

（6）具有从经验中学习的能力。

（7）能保持良好的人际关系。

（8）适度的情绪表达与控制。

（9）在不违背社会规范的条件下，对个人的基本需要给予恰当的满足。

（10）在不违背社会规范的条件下，能进行有限的个性发挥。

（三）心理健康的重要性

心理健康对于一个人具有非常重要的意义。它直接决定人的每一言行是否理智、高效。与所有财富相比，心理健康是只属于自己时刻享用的财富，是最核心的健康。它是一个人生理健康的前提，是愉快高效地生活、工作、学习的前提，是家庭和睦幸福的前提，是取得一切成功与财富的前提。

二、构建和谐的人际关系

人是社会的主体，社会和谐在本质上就包括人自身的和谐。如果每个人都有正确的世界观、人生观和价值观，有健全的人格、健康的心态，能够正确处理人与自然、人与社会、人与人的关系，社会就能达到和谐的状态。人自身的和谐，是社会和谐的基础和前提。从个人来说，和谐的人际关系是一个人生活愉快、工作顺利、实现自己人生目标的基础。

（一）人具有社会性

马克思主义认为，人是社会性的存在物，人的内心感受不仅决定于自己的修养和调整，也受到他人及社会对自己的态度和评价的影响。因此，一个人要实现自身的和谐，就要从人的社会性出发，把实现人自身的和谐与促进社会和谐联系起来，把自身修养与推动社会发展结合起来，以积极的人生态度实现主观与客观、个人与社会的统一，进而实现主体自身的和谐。

（二）人需要和谐的人际关系

人际关系是指人与人之间相互认知，因而产生的吸引或排拒，合作或竞争，领导或服从等关系。和谐的人际关系是指一种积极、向上、公平、宽容、双赢互利、可持续发展的人与人之间的关系。卡耐基说过："和谐的人际关系是一笔宝贵的财富。"它对于人的成长至关重要；反之，不和谐的人际关系影响团结、影响工作、影响身心健康，更影响个人发展。

（三）奏响人际关系的和谐乐章

1. 平等待人

每一个人无论职务高低、知识多寡、贫穷富贵、身体强弱、年龄长幼、性别不同，在人格上都是平等的。因此，在人际交往中绝不能以权压人、以势压人、以强凌弱，把自己看得高人一等,把别人看得一钱不值,给别人一种"拒人于千里之外"之感。

大学生,不管来自农村还是城市,不管家境富裕还是贫困,相互之间应该平等相待,家庭条件好的同学切不可瞧不起别人,在说话办事时不要显示优越感。有个女生家里经济条件非常好,她为人单纯,也很热心,但是就是没有好朋友,宿舍的同学都疏远她。原因就是她在言谈之中很明显地流露出优越感,如说"××的头花质量那么差,准是在小摊上买的"等。后来,在辅导员老师帮助下,这位女生懂得了平等待人的重要性,改变了唯我独尊的做法,遇事多从他人角度考虑,赢得了大家的喜爱。

2. 尊重他人

渴望受到尊重是每个人的基本心理需求。在人际交往中,我们对所有的人,不论其地位高低贵贱,都应该给予应有的尊重。我们不仅要尊重他人的人格、个性习惯、情感兴趣和隐私,还要尊重彼此存在的外显或内在的心理距离,不要轻易地去突破它、破坏它,否则就是对对方的冒犯,势必造成对方的戒备、反感和疏远。

那么,作为大学生如何养成尊重他人的好习惯呢? 每天问自己,我做到以下三条了吗?

(1) 学习上,上课做到不吃东西、不用手机、不做与上课无关的事了吗? 与老师进行互动了吗?

(2) 生活上,遇到需要帮助的人我帮助了吗? 我向帮助我的同学说谢谢了吗?

(3) 工作上,我做完老师、同学交办的工作了吗? 没做完我是否做出情况说明了?

我们很多同学觉得尊重他人是最简单的事,殊不知生活中很多误解都源于自己的"想当然",根源就是考虑不周,没从细节上尊重他人。只要做到多说一句,多想一下,矛盾就不会产生了。

每个人都希望走上工作岗位时,能有个和谐宽松的工作氛围和良好的人际关系。请记住,这种关系和氛围的营造不能靠碰运气,而是要靠自己去争取,最简单的做法就是尊重你的同事和领导。尊重的技巧和方式需要你在日常的学习和生活中不断体验、摸索与积累。

3. 有效沟通

只有沟通,才能让别人了解自己,同时自己也才能了解别人;只有沟通,才能不断增进彼此的理解,从而减少或避免一些不必要的误会和摩擦。越是不沟通,越是有意设防,就会越难使人心达到交融。沟通需要主动,一味地等着别人与自己沟通,等不来"好人缘"。能沟通不等于会沟通,善于沟通者知道根据不同的对象、场合,采取不同的交际方式,懂得"到什么山,唱什么歌"。

4. 宽容大度

人的性格、特长各有差异,在处理人际关系中不能强求一致。人与人要和谐相处,就要有求同存异、相互谅解、不求全责备的宽广胸怀。在人际交往中,我们对他人的要求不要过分,不要强求于人,而要能让人时且让人,能容人处且容人。

人非圣贤,孰能无过? 一旦对方犯了错误,我们也不要嫌弃,应给他提供改的宽松条件,原谅别人的过失,帮助别人改正错误。"海纳百川,有容乃大。"在工作和生活中,人们总是喜欢和那些宽容厚道的人交朋友,正所谓"宽则得众"。

5. 欣赏别人

希望得到别人的注意和肯定,这是人们共有的心理需求,而欣赏正是满足这种需求的一种交际方式。人际关系大师卡耐基说:"避免嫌弃人的方法,就是发现对方的长处。"因此,在交际中我们应抱着欣赏的心态来对待每一个人,时时留心身边的人和事,多发现别人的优点和长处;赞美是欣赏的直接表达。

有道是"良言一句三冬暖",一句真诚的赞美往往可以给别人也给自己带来好心情。学会发现别人的长处并由衷地赞美吧,这是促进人际关系和谐的"润滑剂"。

6. 换位思考

在现实生活中,我们总是习惯从自己的主观判断出发为人处世,因而常导致一些误解的发生。所以,要达到彼此的认同和理解,避免误会和偏见,就要学会"换位思考"。所谓"换位",就是要善于从对方的角度和处境认知对方的观念,体会对方的情感,发现对方处理问题的个性方式。

只有设身处地地多为别人着想,才能够最大限度地理解别人,从而找到相处的最佳途径、解决问题的恰当方法。孔子有言,"己所不欲,勿施于人。"意思是自己不想要的,不要施加到别人身上。

也正如一位哲人所说:"你希望别人怎样对待你,你就先怎样对待别人。"因此交际中只要少一点自以为是,多一点换位思考,就会少一些误解和摩擦,多一些理解与和谐。

7. 弹性交往

一个人的人际关系不和谐,原因可能是多方面的,其中往往与他交际方式太死板,不留余地有关。因此,我们需要在交际中建立一个"弹性隔离带",使自己、对方,或双方都能获得更大的回旋空间,以减少或避免一些不必要的摩擦和伤害。

比如说,在答应别人时,不要总是那么言之凿凿,一旦自己因客观原因无法兑现,岂不给对方以"言而无信"的印象;在拒绝别人时,不要总是那么生硬地一口回绝,不妨先答应考虑一下,给自己留点回旋的空间,以便到时候"进退有据"。

在批评别人时,如果是在公众场合,最好点到为止,照顾一下对方的自尊;与人争论或争吵时,不要口不择言地说些"过头话""绝情语",这不仅会严重伤害对方的感情,而且也往往使双方难以"下台"。

在请人帮忙时,不要直接让对方按你的要求去做,一旦事情不该办或对方无能为力,难免会造成尴尬的僵局等。大量实践表明:为自己的交往增加些弹性,给自己和他人都留些余地,有助于你的人际关系更加和谐。

8. 善于合作

当今社会,人与人之间的竞争日益激烈,但这并不意味着合作变得可有可无。相反,随着社会分工的精细和工作内容智力成分比重的增加,许多工作不再依靠个体力量来完成,而要依靠团队合作来实现。因此,合作是实现人际关系和谐中必不可少的一个原则,是人际交往的基本准则,一个善于交际的人必定是个善于合作的人。

在合作基础上竞争,在竞争基础上合作,是人际交往的基本态势。如果只讲竞争不要合作,那么竞争必定是不择手段的恶性竞争和无序竞争,人际关系的和谐也将无从谈起。所以在人际交往中,我们应予对方多一些支持,少一些拆台;多一些协商,少一些固执;多一些沟通,少一些封闭;使我们的人际关系少一些紧张与摩擦,多一些温馨与和谐。

9. 互利互惠

在现实生活中,人与人的关系之所以会出现不和谐的音符,产生一些矛盾和摩擦,其中就与一方的利益受损有关。因此,要有效化解矛盾,消除摩擦,就不能太自私、"吃独食",而应坚持"互惠",追求"双赢"。

比如,在交际心态上,不要只想自己享受,不让别人舒服;考虑问题时不能只为自己着想,而不为他人考虑;在双方意见不能统一时,可谋求一个折中方案;对利益有争议时,双方要坐下来诚恳协商,必要时不妨都做出一定的妥协等。

在交际中,只要我们肯让自己先退一步,肯给足对方的面子,肯在自己的底线上留有一定的弹性,肯与对方利益共享、共谋发展,就一定能取得沟通的最佳效果,也一定能使人际关系变得更加和谐。

三、提高抗挫折能力,乐观面对生活

(一)正确认识挫折

挫折是具有普遍性的,挫折是生活的一个组成部分,每一个人都会遇到。"天有不测风云,人有旦夕祸福"讲的就是挫折的普遍性。能成大事、积伟业者无一不是在逆境中磨砺过来的。我们改革开放事业的伟大设计师邓小平同志,他的政治生涯中,也是经历了很多的挫折。

虽然很多人都能从理性上认识挫折,感情上却并不愿意面对挫折,实际上挫折的影响并非都是负面的。法国大文豪巴尔扎克根据自己丰富的人生体验,形象地把挫折比作一块石头。他认为挫折对于强者它可以成为垫脚石,让人站得更高;对于弱者它可以成为绊脚石,使人一蹶不振。经历挫折,可以使人从失败中吸取经验教训,磨炼意志,增加克服困难的勇气,提高解决问题、适应环境的能力。

俗话说"吃一堑长一智""失败是成功之母",就是这个道理。相反,挫折承受能力差的人却可能因此产生心理上的痛苦,情绪不稳,行为失态,甚至导致生理心理疾病。可见挫折犹如一把"双刃剑",会给人以打击,带来损失和痛苦,但也能使人奋起和成熟,从中得到锻炼。

挫折的积极作用,就是激发人的进取心,磨炼人的性格和意志,增强人的创造力和智慧。使人面对问题时能更清醒、更深刻,从而增长知识和才干。挫折只是生活的一小部分,还有那么多快乐和幸福的事情。"生活就像一面镜子,你对它笑,它就对你笑;你对它哭,它就对你哭。"人固然乐于接受顺境,不欢迎逆境,但逆境可以砥砺人生,增长人的才干,使人通过破除障碍和不良情绪得到新的突破和发展,心里达到更高层次的平衡。

在生活中许多优秀人物就是在挫折磨炼中成熟,在困境中崛起的。相反,过于一帆风顺的生活反而会使人耽于安逸、丧失斗志,在挑战到来时措手不及。因此可以说,挫折也是一种机会。只要能坦然面对挫折,树立战胜挫折的勇气和信心,就可以适应任何变化的环境。

为了提高挫折承受力,就应该主动地、自觉地将自己置身于充满矛盾的、复杂的社会环境中去磨炼,向生活学习,而不是逃避社会。宽容豁达和开拓创新的人胸怀宽阔,对挫折不是被动地适应,一味忍耐,而是面向未来、积极进取、勇于创造新生活。

同时,必须提高自身的思想修养、道德修养、知识素养、培养"慎独"精神,养成冷静思考的习惯,经常自我分析、自我反省、自我激励。

从心理发展的角度看,积极主动的适应,勇敢顽强的拼搏,反复不懈的磨炼,会使心理更趋成熟,增强承受挫折、化解冲突的能力,促进心理朝着健康、向上的方向发展。

(二)培养和提高抗挫折能力

人对待生活的良好心态,靠在具体生活实践中一点点地培养与体会。如果没有经过生活的磨炼,是很难对生命的顽强与伟大有真正的认识的。如果能在挫折中奋起的话,那将是人生的一笔财富。

1. 改变不合理的观念

人完全受思想的支配,所谓挫折其实就是一种心理感受。对于同样的情景,有的人体验到了挫折感,有的人却并不以为然。可见,客观事实并不是导致挫折产生的主要原因,人们对待客观事物时所持的信念才是引起挫折的关键原因。因此,改变不合理的信念,就可以提高挫折的承受力。

美国心理学家艾利斯总结了三条常见的不合理信念。

"绝对化要求",是指人们以自己的意愿为出发点,对某一事物怀有其必会发生或必不会发生的信念,通常与"必须""应该"等词联系在一起。例如,"我必须表现良好,并受到某重要人物的赏识,若不能如此,我就是一个无能的人。"

"过分概括化",是指在一件事上失败了,便推论自己在各方面都不能成功,这种不合理性也常会导致自责自罪、自卑自弃的心理以及焦虑、抑郁等情绪的产生。

"糟糕之极",即认为某件事如果发生了会非常可怕,是灾难性的,以至于无法忍受。

当你因为考试未通过、与同学关系紧张、未能当选班干部、生理上有缺陷等原因而感到沮丧、悲观的时候,审视一下自己的观念,看自己是否陷入了上述不合理信念的泥沼中。

2. 确定适度的抱负水平

抱负水平是人们在从事某种实际活动之前,为自己规定的目标水平。挫折总是跟目标受阻联系在一起,挫折就是有目的的行为受干扰,目标没有实现所引起的。目标对行为有激励作用,一般情况下,目标越高,行为动力越大,成就也越高。但是如果目标过高,超过个人能力所能支持的限度,人们的行为动力反而减小,并导致失败。

所以,遇到挫折时,应审视一下自己的目标水平,看它设置得是否得当,得当的目标应当具有较大的把握实现,又需要经过一定的努力才可能实现。

3. 放下过去向前看

先哲说:"流入河中的水是不能再取回来的。"的确,我们可以改变三分钟以后所发生的事情的后果,但不能改变三分钟之前所发生的事情。唯一能使过去变得有价值的办法,是以平静的心态去分析当时所犯的错误,从错误中得到教训,然后再把错误忘掉。

既然已成为过去,何必再沉浸在痛苦的深渊里?就像莎士比亚说过的:"聪明的人永远不会坐在那里为他们的损失而哀叹,却情愿去寻找办法来弥补他们的损失。"所以,面对挫折,不必忧虑、不必悲伤、不必流泪。放眼往前看,一切都会过去,我们随时都可以重新开始。

4. 学会悦纳自己

发现自己的优点:努力去发掘自己的优点,并逐点用笔记录下来。可分类记录,如个人专长、曾做过的有益的和建设性的事、此前人们对自己的称赞、受过的教育和培训、家人和朋友对自己的关怀等。

肯定自己的能力:每天至少找出三件自己做的成功事。例如,在图书馆借到了满意的书,独立完成了一份作业,为宿舍的同学讲了个笑话,让大家非常开心等。一天至少胜利完成了三件事,又怎能责备自己一事无成呢?

培养某方面的兴趣:在自己感兴趣的活动中,找一样来培养、发展,使之成为自己的专长。你所拥有的专长不必那么复杂和艰深,可以是生活上的,如简单的舞蹈、做菜、织毛衣、十字绣等,也可以是专业或技能上的,如人物素描、点钞、平面广告设计、办公室文案等,还可以是人际沟通方面的,如具有亲和力、善于建立朋友圈、愿意倾听等。有了专长,就有机会做主角;能做主角,自然神采飞扬。

5. 学会排遣压力

挫折产生后,谁都会感到紧张、烦闷,行为也不免有些失常。在这种情况下,最常用的就是分散和排解挫折带来的压力,不要把痛苦闷在心里,应当主动向老师、同学或亲友倾诉,争取别人的谅解、同情与帮助。这样可以减轻挫折感,增强克服挫折的信心。另外就是转移自己的视线。

遭受挫折后,一般人都会感觉度日如年,这时,要适当安排一些健康的娱乐活动,走出户外去呼吸大自然那新鲜的空气。丰富多彩的闲暇活动可以使挫折感转移,拓宽思路,使内心产生一种向上的激情,从而增强自信心。

扩展阅读 4-1 现代经济生活中,需要面对焦虑,打破焦虑!

四、拥有积极乐观的生活态度

(一)拥有积极乐观的生活态度的重要性

中国有句古话,"笑一笑,十年少。"意思是说保持积极乐观的生活态度有助于延长寿命。最近,美国科学家通过 15 年的研究,进一步证实了这一常识。

大卫·斯诺登是肯塔基大学的一位神经学教授,他从 1986 年开始对圣母修女学院的678 位修女进行跟踪研究。经研究发现,年轻时比较乐观的修女,到年老后不容易患早老性痴呆症。越乐观的人,随着时间的流逝,心理压力就越小。相反,经常焦虑、动怒的人,岁数大后更容易中风和患心脏病。

另外,美国明尼苏达梅奥医院的研究人员对 800 多人进行了为期 30 年的跟踪。研究发现,情绪乐观的人,生存率远远高于预期值;情绪悲观的人,实际寿命与预期寿命相比,提前死亡的可能性高 19%。

美国宾夕法尼亚大学心理学系的马丁·塞利格曼认为:悲观情绪早期就能加以确认,也可以改变,所以情绪容易悲观的人可以参加简短的训练计划,永久改变他们对不幸事件的思虑,从而降低患病乃至死亡的风险。

(二)如何拥有并保持积极乐观的生活态度

1. 乐观面对人生

根据心理学家的统计,每个人每天大约会产生 5 万个想法。如果你拥有积极的态度,你就能乐观地、富有创造力地把这 5 万个想法转换成正面的能源和动力;如果你的态度是消极的,你就会显得悲观、软弱、缺乏安全感,同时也会把这 5 万个想法变成负面的障碍和阻力。

消极的人允许或期望环境控制自己,喜欢一切听别人安排。在这样的情况下,他不可能拥有控制自己命运的能力,也无法避免失败的厄运;相反,积极的人总是以不屈不挠、坚韧不拔的精神面对困难,总是使用最乐观的精神和最辉煌的经验支配、控制自己的人生,因此,他的成功是指日可待的。

当然,不是每一件事情都必须由自己来选择,也不是每一件事情都可以由自己来主导。所以,在选择积极态度的同时,我们必须保持平和的心态:有勇气改变可以改变的事情,有胸怀接受不可改变的事情,有智慧来分辨两者的不同。

2. 拒绝拖延,立即行动

也许有人会说,在合适的时候拖延一下也是有好处的。例如在疲倦、沮丧或者愤怒的时候,中断工作比勉强继续的效果要好;在没有足够的条件来完成某项工作的时候,暂时搁置工作可以等待条件的成熟;在有更重要的事情需要处理的时候,分清轻重缓急是有必要的。

实际上,拒绝拖延并不是否认合理的等待,我们也相信优秀的人都不会为自己的拖延寻找借口,不会逃避真正需要马上执行的工作。但是,时间一旦消逝,当然永不回头。我们都应该想想自己的生命大约还剩下多少时间,立即拒绝拖延,提升工作效率,从而给自己腾出更多的私人空间,在这个竞争激烈、迅速变迁的世界享受工作、享受人生,才是我们明智的选择。

我们常常因为拖延时间而懊恼不已,然而下一次又会习惯性地拖延下去。拖延时间,看似是人的一种本性,实质上是在工作和生活中养成的一种极其有害于工作和生活的恶习。那么如何克服这种恶习呢? 下面是一些解决拖延毛病的思路:

(1)从习惯拖延的一个具体方面突破,得到解脱和成功的感觉将会帮助我们全面地克服它。

(2)拟订一个完成工作任务的期限,给自己加压,并实行公众承诺,让身边的人都知道我们的期限,让他们看到我们如期完成。

(3)有些人因为害怕自己干得不那么完美无缺而搁置了工作、拖延了时间,所以不要因为追求十全十美的业绩而裹足不前。

（4）接到新的工作任务，就立即切实地行动起来。

（5）现在就去做自己一直在拖延的工作。如此一来，我们就会发现拖延时间真的是毫无必要，而且很可能会喜欢上自己一拖再拖的这项工作，从而改变拖延，逐步消除拖延的烦恼。

3. 控制情绪，调整自我

情绪是指人们对环境中某个客观事物的特种感触所持的身心体验。是一种对人生成功活动具有显著影响的非智力潜能素质。美国密歇根大学心理学家南迪·内森的一项研究发现，一般人的一生平均有 3/10 的时间处于情绪不佳的状态，因此，人们常常需要与那些消极的情绪做斗争。

情绪变化往往会在我们的一些神经生理活动中表现出来。例如，当你努力参与某次社会实践、策划其相关具体事务，但是没有获得"社会实践标兵"称号时；你学习非常努力，但是参加社会工作少没有加分机会，从而失去了一次本该到手的奖学金时，你的大脑神经就会立刻刺激身体产生大量起兴奋作用的"正肾上腺素"，如果你没有理智地控制它，其结果是使你怒气冲冲、坐卧不安，随时准备找人评评理，或者"讨个说法"。

成功者控制自己的情绪，失败者被自己的情绪所控制。所谓成功的人，就是心理障碍突破最多的人，因为每个人或多或少，都会有各式各样、大大小小的心理障碍。当你学会了情绪控制以后，离成功就会越来越近，你的工作满意度和生活幸福指数也会越来越高。

扩展阅读 4-2　交警"雀跃式"接小朋友过马路 用情绪的力量感染所有人

五、保持身体健康，为成功的事业奠定基础

（一）健康的体魄是事业成功、生活幸福的重要基础

健康的身体素质是学生职业发展的需要。大学生毕业后将成为从事生产、服务和管理需要的工作人员，工作环境对职员的体质要求较高，没有强健的体魄，将来很难适应职业对员工体质的需要。尤其在现代化的快节奏和高竞争的压力下，拥有良好的身体素质更是一个人事业有成、家庭幸福的最基本素质。

有这么一种说法：健康是"1"，幸福、成就、事业、金钱等，都是后面的"0"，"1"后面的"0"越多，证明你这一生越有意义。但是，假如这个最前面的"1"过早倒下了，"0"怎么还能多起来呢？而且，假如这个最前面的"1"真的倒下了，"0"再多又有什么意义呢？

（二）养成良好的生活习惯

如何才能获得健康？如何才能得到人们生活质量中最基本的元素呢？健康身体素质的养成依靠健康的生活习惯。

1．心情良好

绝对不生气。人生气、发怒会产生大量的废物，导致人体机能受到严重冲击，对健康绝对没有好处，因此无论何时何地都不动怒、都不生气！如果真的无法控制，那马上宣泄，马上让不良情绪得以排除，具体方法因人而异，只要能够让自己保持好的心情同时又不违法（不违法是指不能为了发泄情绪而做违法的事情，即要采取适当的宣泄方式），就可以采取。

2．早睡早起

前面我们谈到，保持充足的睡眠让人心情愉悦。不仅如此，充足的睡眠还有助于养颜，让人更美丽。所以快快摒弃"年轻不怕熬夜"的错误观点，养成良好的早睡早起习惯。有人会问早睡到底什么时候睡呢？晚上 11 点以前务必睡觉，原因何在？人体器官在晚上需要排泄各类废物，而只有在休息的情况下才能够被排除，如果不睡觉继续运动，则机体内部的废物无法排泄，日积月累就会导致质变，人就生病了。

3．合理饮食

尽量多食用蔬菜、水果与坚果。淀粉类尽量不与肉类、鱼类、蛋白质类一起使用，为什么呢？因为淀粉类需要在碱性环境下被消化，而鱼肉、蛋白质类食物需要在酸性环境下消化，长期一起食用容易生病。

尽量别吃饱，人体每天需要的物质是有限的，吃得太多人体又不需要，则导致各类器官花费更多的能量来消耗，大量的废物被存放于大肠内，导致废物被人体吸收，对身体健康不利。

4．坚持锻炼

生命在于运动，不仅说的是生命以运动的形式存在，更提醒我们进行适当合理的运动以提升生命的质量。增强体质，坚持每天锻炼身体，不仅是在培养一个良好的习惯，也是在形成一种健康的生活方式。坚持锻炼身体，使很多人获益匪浅。

著名经济学家马寅初，一向重视体育锻炼，从十几岁开始，直到百岁高龄，从未间断。他一生坎坷，却奇迹般地突破了百岁大关；著名作家海明威的父亲酷爱体育运动，常常带着他走村串户、穿林渡水。4 岁时，父亲给了他一支猎枪，他开始了独自活动，很快迷上了钓鱼、打猎和探险。海明威之所以能写出《老人与海》这样的作品，与其幼时的经历分不开。

生命在于运动。每天锻炼身体，能强身，更能强心。

对于学生而言，认真上好体育课，坚持出操；下晚自习后到操场跑步；课余时间，与同学一起打羽毛球、跳绳、打篮球等，都是很不错的运动形式。但是切忌一时兴起，三天打鱼、两天晒网，贵在有锻炼意识，因时因地、因人而异地选择锻炼方式，并能坚持下去。

扩展阅读4-3　*最美环卫工人覃章政：一辆清扫车扫出美丽张家界*

第三节　团队精神的培养

一、团队的重要性

现代社会中个人的发展离不开团队合作。一个家庭,一个公司,一个单位中的小团队,莫不是如此。如果只强调个人的力量,你表现得再完美,也很难创造很高的价值,所以说:"没有完美的个人,只有完美的团队。"

相传佛教创始人释迦牟尼曾问他的弟子:"一滴水怎样才能不干涸?"弟子们面面相觑,无法回答。释迦牟尼说:"把它放到大海里去。"

个人再完美,也就是一滴水;一个优秀的团队就是大海。

二、团队精神

(一)团队的协作精神

扩展阅读 4-4　一把小提琴何以从 100 美元拍到 10 000 美元

(二)团队的创新精神

当今社会已进入资讯时代,科技日新月异,没有一个产品能永远畅销。社会也已进入"快鱼吃慢鱼"的时代,企业要想长盛不衰,就必须在各个方面进行创新。

微软总裁比尔·盖茨讲:微软离破产永远只有 180 天;海尔总裁张瑞敏"战战兢兢、如履薄冰";华为总裁任正非大谈危机管理。这些都不是危言耸听,这就是所谓丛林法则。

中国的海尔从 1984 年开始创业,现已成为中国企业的一面旗帜,其在全球员工人数超过 8 万人,用户遍布世界 100 多个国家和地区。海尔之所以发展得这么快,是因为它有一个创新的企业文化和一个团结的领导班子。

在自主知识产权的基础上,海尔已参与 23 项国际标准的制定,其中无粉洗涤技术、防电墙技术等 7 项国际标准已经发布实施,这表明海尔自主创新技术在国际标准领域得到了认可;海尔主导和参与了 232 项国家标准的编制、修订,其中 188 项已经发布,并有 10 项获得了国家标准创新贡献奖;参与制定行业及其他标准 447 项。

所以,我们高等院校的学生要树立创新意识,在学习的过程中,既要学好老师教授的课程,更要善于开动脑筋,积极探索新的领域、新的方法,为进入社会进行工作创新做准备。

(三)团队的学习精神

20 世纪初,英国的乡村有一套牛奶配送系统,将牛奶送到顾客门口。由于牛奶瓶没有盖子,山雀与知更鸟常常在顾客开门收取牛奶前,毫不费力地先一步享用。后来,随着厂商加装了铝制的瓶盖,山雀与知更鸟便不再拥有这"免费早餐"。但到了50年代初期,当地的所有山雀(约100万只)居然都学会了刺穿铝制瓶盖,重开"免费早餐"的大门。反观知更鸟,却只有少数学会,始终没有扩散到大多数。原因何在?

生物学家发现,山雀在年幼时期,就已习惯和同类和平相处,甚至编队飞行。而知更鸟则是排他性较强的鸟类,势力范围内是不允许其他雄鸟进入的,同类之间基本上是以敌对的方式沟通。很明显,山雀经历了组织学习的过程,借助个体的创新技能,传送给群体成员,成功增加了族群对环境的适应力。

我们也要创立一个真正的学习型组织,轻松和谐、相互学习、团结协作、分享创新! 一个团队学习的过程,就是团队成员思想不断交流、智慧之火花不断碰撞的过程。英国作家萧伯纳有一句名言:"两个人各自拿着一个苹果,互相交换,每人仍然只有一个苹果;两个人各自拥有一个思想,互相交换,每个人就拥有两个思想。"

如果团队中每个成员都能把自己掌握的新知识、新技术、新思想拿出来和其他团队成员分享,集体的智慧势必大增,就会产生"1+1>2"的效果,团队的学习力就会大于个人的学习力,团队智商就会大大高于每个成员的智商,团队才有竞争的基础。

(四)团队的竞争精神

扩展阅读 4-5　　梅花鹿与狼

人类社会也一样是遵循着这样的法则——在竞争中求生存。这种竞争激烈程度,在当今市场经济条件下表现得尤为明显,因为市场经济就是一种竞争型经济。

在激烈的市场竞争条件下,我们就必须把竞争意识渗透到团队建设之中,建设一个竞争型的团队。从外部来讲,这支团队必须具有竞争意识,敢于正视自己,敢于面对强手。从内部来讲,团队的成员也要有竞争意识。提倡竞争型团队有两个目的:一个是自身提高水平和技能的需要;另一个是完成团队目标的需要。要做到这些,需要一种制度来保障。

作为即将进入社会的大学生,就要在生活中、在集体中,有意识地去培养竞争意识,并且将团队协作与内部和谐竞争有机结合,以更加全面的素质融入团队、创造价值。

三、团队精神的培养途径

有同学会说,讲了这么多团队精神,我们如何来培养团队意识和团队精神呢? 我们建议可以通过参加学生组织、投身社团活动,以及积极为自己所在的班集体服务、出谋划策,来培养自己的团队意识,锻炼自己的团队精神。

(一)参加学生组织

无论是普通高校还是职业院校,都有共同的特点,都是为青年大学生走向社会、融入社会做准备,这种准备既有知识上的,更有着全面能力上的,其中一个重要的方面就是团队协作能力的培养。所以,高校除了能够提供丰富的学科知识、专业技能外,还为学生培养各种能力提供了各种各样的组织平台和活动载体,借助这些组织,通过各种活动,同学们可以培养自己的团队协作能力、组织协调能力等。

1. 学生组织的类型

高等院校中学生组织的类型非常繁多,有学院团委直接领导的学生会,下设文艺部、学习部、体育部、外联部等部门;有团委的组织系统,下设组织部、宣传部、社团部、实践部等;还有以各种兴趣爱好为标志的组织,如摄影协会、舞蹈协会、体育协会、文学爱好者协会等。

另外,还有以地域为标志的各种学生组织,如各种老乡会、同学会等。无论参加哪种形式的学生组织,都能够培养和提高学生的团队协作能力。

2. 学生组织如何培养团队精神

学生组织往往会组织各种各样的学生活动,通过参与这些集体活动,学生们将学会与其他人配合,共同完成组织的任务。

比如,新生入学后,体育协会开展的以班级为单位的迎新生足球、篮球赛等,这些比赛均能锻炼学生之间相互配合、相互协调、相互合作的能力,磨炼学生把个人目标融合于整个班级目标,从而锻炼出合作能力与意识。

又如,在学校运动会时,开展系与系之间的评比活动,既比运动成绩总分,又比精神文明,有运动项目的同学努力创造好成绩,没有项目的同学通过为运动员们服务,也一样为班级的荣誉付出努力。作为高等院校的学生,从一入学开始,就要有意识地积极融入各种学生组织中,全面提高自己的综合素质,为毕业后融入社会打下坚实的基础。

(二)投身社团活动

1. 什么是学生社团

学生社团是以学生为主体,以共同兴趣、爱好和追求为纽带,以举办的各类活动为载体,以满足自我归属需要、交往需要、娱乐需要和成就需要为目的,在自愿基础上结成的大学生非正式组织,是组织和引导学生参与社会生活、培养实践能力、实现自我教育,实现能力和角色转型的重要载体。

2. 学生社团的种类

从全国高校学生社团建设情况来看,形式多种多样,社团数量巨大,覆盖的范围极广,而且各高校的社团数量逐年增长,目前北京大学有 269 个社团;清华大学有 75 个社团;中国人民大学和首师大各有 65 个社团;北师大有 50 多个社团。

通常情况下,学生社团按照构成和活动内容划分,可以分为讨论自然科学、社会问题等学术研究社团,文学、艺术、体育、音乐、美术等方面的兴趣爱好类社团,奉献爱心、参与各项志愿活动等公益服务类社团。

教育部和团中央在相关文件中对大学生社团类型也进行了分析:"大力扶持理论学习型社团,热情鼓励学术科技型社团,正确引导兴趣爱好型社团,积极倡导社会公益型社团。"可见,官方组织将大学生社团分为四类:理论学习型社团、学术科技型社团、兴趣爱好型社团和社会公益型社团。

3. 有选择性地加入学生社团

面对琳琅满目的各种社团,学生们应本着"兴趣第一"的原则,选择几个最适合自己的社团加入其中,切勿盲目贪多;应该通过加入社团拓展交际、展示自我、提高素质,在其中找到属于自己的精彩。

适合自己的才是最好的。选择社团时首先要考虑自己擅长什么和是否感兴趣。每个人的兴趣爱好是不同的,擅长文艺的同学可以加入学生艺术团;爱好新闻采编和文学写作的可以参加记者团或文学社;乐于青年志愿者服务的可以加入志愿类组织;对播音主持有兴趣的同学可以到校广播站一试身手。

以兴趣出发,选择自己喜欢的社团,结交一群志趣相投的朋友,可以为大学生活增加快乐美好的经历。大多数社团会定期组织丰富多彩的活动。只要你用心参与,一定会在活动中找到快乐和成就,实现自我的价值。

(三) 为班集体服务

高等院校虽然有些学生社团,但是班级作为一个非偶然聚合、非自发产生的传统的集体,对于保证高等院校的教学计划和任务得到落实和完成,对于培养适应社会发展的优秀毕业人才,对于培养团队协作精神和能力,仍然起着举足轻重的作用。

班集体是一个学生为主体的社会群体,也可以说是学生生活的微观社会。学生在这个微观社会中处于主体地位,树立主人翁的意识,学做集体的主人、学习的主人、活动的主人、生活的主人,将来就能做社会的主人。

班集体组织的活动又能将学校教育和社区教育紧密地结合起来,引导学生参加社会实践活动,熟悉社会生活,创设优化的校内外育人环境,使宏观社会的教育影响折射到微观社会,对学生产生教育效果。同时在班集体这个微观社会中,学生能通过建立良好的人际关系培养社会交往能力。

一个良好班集体对学生成长具有重要意义。现代教育理论是开放性的理论,它是与改革开放的经济发展相适应的。其主要特征是教育社会化,即把学生从一个自然人转变为社会人的过程,通过这个过程把学生与社会联系起来。

让学生主动参与到班集体建设中,为班集体服务,是团队协作的一个重要途径。可以通过主题班会或团队训练,让同学们自主管理班集体,融入班集体,提高集体荣誉感。

比如,可以把班级成员分为4组,发放适当的道具,让每一组成员,在规定的时间内,设计出团队的名称、团队的队徽、团队的口号,并各派一个代表解释团队的寓意等。通过这种活动,让学生们能够充分调动积极性,发挥各自的特长,并且融入团队中去。

然后,让同学们再拿出班集体的名称、设计出班集体的班徽、班集体的口号,更重要的是设立班集体的奋斗目标,这个目标设定后,学生就会自觉地为这个目标努力奋斗。

拓展阅读4-6 这些解压方法教你做自己职场情绪的掌控者

【实践课堂】

请你收集一个适合你们班级或者适合所在宿舍、学习小组的团队训练项目,通过训练提高大家的团队协作意识和能力。

【课后练习】

1. 职业道德的含义包括哪些方面?
2. 什么是心理健康?

第 五 章

就业信息的使用

【学习目标】

1. 了解就业信息的相关概念；
2. 理解就业信息的获取原则；
3. 掌握就业信息获取和处理方法；
4. 了解应对各种招聘陷阱的措施。

引 导 案 例

教育部再启"24365校园招聘服务"

2月7日消息，日前，面向2021届高校毕业生网络招聘的"24365校园招聘服务"活动业已开启，教育部联合地方、高校以及拉勾网等社会招聘网站，将继续为毕业生提供每天24小时全年365天的网上校园招聘服务。

据了解，自2020年新冠肺炎疫情暴发以来，为促进大学生就业，教育部先后推出了一系列政策措施，多措并举拓宽就业渠道，联合9家社会招聘网站举办了"24356校园招聘服务"活动。

据教育部数据测算，2021将有900万多应届生进入就业市场；加上留学生和上一批未就业的学生，将有超千万"新人"涌入人才市场。与此同时，拉勾网数据显示，去年春招阶段，校园招聘人才供需比达到7.2∶1，随着疫情好转带来的招聘需求回暖，秋招时校园招聘人才供需比降低到5.3∶1。

数据指出，2020年全国新增企业数整体呈下降趋势，而互联网行业却实现了35%的逆增长。这意味着，互联网行业对于人才的需求量并未受到疫情影响，反而在持续提升。拉勾网校园事业部总经理杨宇欣预测称，2021年互联网行业的人才需求量依然会有增无减。

资料来源：https://new.qq.com/omn/20210208/20210208A0AVM400.html.2021-02-08.

众所周知，在当今信息化时代，信息就是机会，信息就是商机。面对就业市场日趋激烈的竞争态势，掌握就业信息显得极为迫切和重要。信息收集和处理并不是简单的事，它是个人素质的综合反映。每个人只有捕捉最适合自己的信息，并对信息进行合理地分析处理，才能做到果断出击、运筹帷幄、把握机遇。

亲爱的毕业生朋友们,你们怎样获取就业信息呢?获取就业信息的方法有哪些?应该了解哪些就业需要的信息?怎样甄别你所选取的信息是真实有效的?下面就让我们一起来学习这方面的知识。

第一节　就业信息

就业信息对于高校毕业生求职来说十分重要,信息的收集和使用是每个想成功就业的毕业生必须经历和掌握的内容。本节主要介绍就业信息的概念、特点、作用和内容。

一、就业信息的概念

就业信息,是指在择业的准备阶段,经过加工整理,成为求职者选择所从事的职业或工作岗位的有价值的消息、资料、情报等的总和。就业信息可分为:广义信息、狭义信息;外部信息、内部信息;可控信息、不可控信息。

广义的就业信息是指高校大学生在校学习的过程中接受的各种有关职业的信息和所学的知识。狭义的就业信息是指毕业生在毕业前夕大量获得的对就业择业有价值的信息。

外部就业信息是指毕业生通过各种途径获取的关于用人单位的性质、需求等信息。内部就业信息是大学生对自身情况和各项能力、专业、职业兴趣的了解、分析和评估结果。对于外部就业信息在择业期可控,在学习期不可控;对于内部就业信息在学习期可控,在择业期不可控。

从信息包含的内容来分,可分为就业形势信息、社会需求信息、用人单位信息。

从信息语言的角度来分,可分为口头信息、书面信息、媒体信息和行为信息。

口头信息是指通过与人交谈获取的信息。书面信息是指通过书面材料获取的信息。媒体信息是指通过各种正式公开发行、发布的媒介载体获取的信息。行为信息是指通过信息传递人的面部表情和肢体语言获取的信息。

二、就业信息的特点

就业信息作为信息资源,具有时效性、真实性、相对性、共享性、变动性等特点。

1. 时效性

就业信息有极强的时效性,每条信息都有时间要求,在规定的时期内是有效的,过了一定时期就失去了意义和作用。毕业生在收集就业信息时,要注意有效时间,争取及早对信息做出反应。

2. 真实性

在大量就业信息中有真有伪,这就要求毕业生仔细地分析和研究就业信息,避免被不实的信息所诱导。在当前市场尚不健全的情况下,虚假信息大量存在,且危害极大。

3. 相对性

随着社会分工的细化,用人单位要求的人才针对性增强。就业信息对一部分毕业生是非常有价值的,对另一部分则没有多大价值。这就要求大学生在得到就业信息时,要认真分析和研究,与自身的条件进行对比,看自身的情况是否符合用人单位的要求,这样,可以减少求职的盲目性,增加求职的成功率。

因此,毕业生要注意就业信息的相对性,不要盲目追求当前都看好的职业,要重视适合自己的信息,不适合的信息也一定要果断放弃。

4. 共享性

就业信息的共享性是指就业信息可以通过不同的载体进行传播,并为社会各方共同享用。就业信息的共享性还意味着就业的竞争,不仅限于本班同学、本校同学、本地高校,还有外省市高校毕业生。

5. 变动性

变动性是指就业信息不仅受到国际、国家政治、经济形势的影响,也受到所在地区、行业形势变化的影响。例如,受国际金融危机的影响,我国东南沿海以出口加工为主的中小型生产企业业绩全面下滑,从 2008 年 10 月至 2009 年 3 月,该地区就业需求变动极其剧烈,就业信息体现了很强的变动性。

三、就业信息的作用

一个人就业的成功与否,不仅取决于自身的知识和能力等因素,还取决于其是否掌握和有效利用就业信息。对于求职者来说,就业信息的作用有以下几个方面:

1. 就业信息是职业选择的基本前提

目前,我国大学毕业生就业制度是在国家方针政策的指导下,实行"市场导向、政府调控、学校推荐、自主择业"的就业体制。人才资源实行市场化配置,用人单位择人与大学毕业生择业的自主权得到进一步强化,毕业生如果没有掌握准确可靠的需求信息,就无法掌握自主择业的主动权,无法进行理想的职业选择。

求职者掌握了大量就业信息,视野会比较广阔,才能够不失时机地选择适合自己的工作,从而比较稳妥地把握自己的命运。如果求职者耳目闭塞、信息不灵,合适的工作就会从自己身边溜走。就业信息是择业的基础、决策的前提。

可以说,求职竞争在一定意义上就是获取就业信息的竞争。谁获得的信息数量多,求职的选择面就宽;谁获得的信息质量高,求职的把握性就大;谁获得的信息及时,求职的主动权就大;谁获得的信息内容全、要点明确,求职的盲目性就小,就很容易实现顺利择业,在职场中找到适合自己的位置,实现自己的职业理想。

2. 就业信息是择业决策的重要依据

毕业生要做好自己的择业决策,就必须要有就业信息作为保证。如国家的就业方针、各地区及主要行业的就业政策、自己所属院校的就业细则、有关的就业机构具体职责、校园招聘活动的安排等,当然,更为主要的是用人单位的需求信息。

对所占有的就业信息进行筛选比较、科学决策,使自己最后瞄准了一个或几个相对确定的目标,下面所要面临的就是求职面试了。

对毕业生而言,要想顺利通过面试关,就必须对用人单位的企业文化、管理理念、经营方式、产品结构、市场行情、用人制度及其以往的历史和今后发展情况有一定的了解,这就是成功就业对就业信息深度和广度的要求。虽然一个人把握了就业信息的深度,并不能确定其能被录取,但毕竟加大了被录取的可能性。

四、就业信息的内容

就业信息的内容十分广泛，主要有以下两个方面的就业信息。

（一）就业政策和相关规定

了解国家就业方针、政策及相关的就业法律法规，是毕业生就业的前提。每年国家和地方都会针对当年或当地的实际就业形势出台相关的应届毕业生就业政策和规定，毕业生在国家就业方针、政策所规定的范围内，应根据个人的情况选择职业。

（二）供求信息

供求信息包括当年毕业生信息和用人单位信息。高校毕业生只有知己知彼，才能游刃有余。

1. 毕业生信息

当年毕业生总体供求形势，即本地区毕业的学生有多少，而用人单位的需求有多少，是供大于求，还是供小于求，或者两者基本平衡；哪些专业热门，哪些专业过剩等。

2. 用人单位的信息

在选单位时，往往会出现这样的问题：对用人单位情况不了解，于是在求职时带有随意性和盲目性。要避免这种情况，关键在于掌握用人单位的信息。

第二节　就业信息的获取

大学毕业生获取就业信息的渠道和方法多种多样，由于个人情况、社会背景、家庭状况等原因，获取就业信息的渠道和方法存在着差异。本节主要介绍如何获取就业信息。

一、获取渠道

每当高校毕业生求职的时候，总会出现这样的情况：有些毕业生手里捏着几个就业单位，为不知何去何从而烦恼；而有的毕业生却因找不到一个合适的单位而发愁，甚至有时后者比前者优秀得多。

为什么会出现反差如此巨大的情况？事实上，毕业生求职择业不仅取决于个人素质、国家经济形势和社会等诸多因素，同时也取决于就业信息的获取。

毕业生分配就业制度由原来的"统包统分"模式向"双向选择""自主择业"模式转换，在信息沟通渠道不是很健全的情况下，对面临求职择业的毕业生来说，如何收集就业信息就显得更为重要。就业信息搜集的渠道是很广泛的，这里列举几种，同学们可以根据自己的实际情况进行选择。

（一）通过各种社会关系获取信息

1. 如何获取此类信息

每个人都是纷繁的社会关系网中的一个节点，人际网的互相联络是交流各种信息的纽带,要善于利用这种信息传播途径。相关的研究表明,大约有 65％的人是通过自己的社会关系找到工作的。亲朋好友的介绍,使你的成功概率大幅度提高,这种社会关系包括自己的父母、亲戚、朋友、邻居、同学、校友,也包括自己本专业的老师和班主任。

本专业的教师和班主任比别人更清楚你适合到什么单位就业,而且他们往往在科研协作、兼职教学、学生实习实践中与对口单位有着广泛的接触。一方面,他们对行业领域有了解和研究,有些老师甚至在专业领域有一定影响;另一方面,他们对你的性格、职业倾向和职业能力也有一定的了解,老师的推荐应该是最适合你的,且成功概率也最大。

要经常跟校友保持联系,因为校友大多在对口单位工作,对所在单住情况了如指掌,通过他们可以获得许多具体、准确的信息。家长和亲友对你的就业更为关心,他们与社会的方方面面有联系,常常是帮你找到工作的最有力后盾。

2. 注意事项

事实上,几乎任何一个人都有可能给我们提供工作机会,因为不管他们从事何种工作,他们都能够认识各种各样的人,从而帮助我们寻找工作。我们要做的就是通过适当的途径和方式告诉他们:你在找工作,你理想的工作是哪一方面的。

同时,认真地对待他们给你介绍或推荐的工作,正确地处理你认为其中不适合你的工作,不能直接拒绝或有诸多不满和抱怨,否则,下次即使有适合你的工作,他们也不敢再贸然推荐给你,使你丧失好的就业信息和机会,有的甚至造成终身遗憾。毕业在即,可充分利用这条就业渠道,但不要过分依赖这条就业渠道。

(二)利用社会实践或实习获取信息

1. 如何获取此类信息

社会实践是大学生自我开发职业信息的重要途径。在社会实践的过程中,通过自己的努力赢得用人单位的好感、信任,取得职业信息甚至直接谋得职业的大学生不乏其人。因此,大学生在各种社会实践活动中,在了解社会、提高思想觉悟、培养社会能力的同时,要做一个收集职业信息的有心人。另外,专业实习以及毕业实习也是一个重要途径。实习单位一般比较对口,通过实习可以直接掌握就业信息,如果在实习过程中能与用人单位达成就业意向,那就再好不过了。

毕业生在求职择业过程中,一个很大的障碍是供求双方缺乏了解,而毕业生在校期间所从事的社会实践和实习等活动,是毕业生了解用人单位,并让用人单位了解自己的很好途径。

2. 注意事项

俗话说:"有心栽花花不开,无意插柳柳成荫。"能否通过社会实践或实习获得就业信息,取决于你在工作中认真努力地做事,而非目的性极强的刻意表现。

有一位财会类专业的大学生在某银行实习,实习岗位是大堂经理助理。实习前被明确告知该银行今年没有进人指标。这位女生在三个月的实习工作中,并没有因为不能进银行而懈怠敷衍,始终做到微笑服务、耐心解答,对于老年人更是热情主动,经常帮助他们填写有关单据。

有一位家住附近的老人经常到这家银行办理业务,很满意她的服务,偶然得知她是正在实习找工作的应届毕业生,便给她提供了一个乐器行招聘财务人员的信息。经过面试,这位女生被录取了。

广大高校毕业生一定要认真对待每次社会实践和实习,一方面注意工作经验的积累,处处留心自己的不足,学习单位老职工的长处;另一方面要与实习单位的老师或领导建立和谐的关系。例如,在实习结束时,真诚地向有关老师道谢;离开实习单位了,仍然保持联系,节假日送去问候等。

最后,还要注意在实习和实践时,不能有经济利益至上的念头,找实习单位或实践单位,一定要与自己的专业、未来的职业目标相挂钩,最好能与自己的职业生涯规划的阶段目标统一起来,这是一个不付学费的学习过程,切不可有短视行为——先挣些钱,找工作以后再说。

(三)通过各院校就业主管部门获取信息

1. 如何获取此类信息

学校的毕业生就业工作办公室或毕业生就业指导中心是主管高校毕业生就业工作的行政管理部门,在长期的工作交往中与各部委和省市的毕业生就业主管部门及用人单位有着密切的联系,社会需求信息往往汇集到这里。

在毕业生就业过程中,他们会及时向毕业生发布有关需求信息,进行就业指导,让毕业生大致了解当年社会对大学生需求的状况及有关就业的政策规定,学生本人也可以就有关问题进行咨询。

学校毕业生就业工作办公室或毕业生就业指导中心是获取用人单位信息的主渠道,他们提供的信息无论是数量还是质量,都有明显的优势。

2. 此类信息的特点

(1)针对性强。一般用人单位是在掌握了该校的专业设置、生源情况、教学质量等信息后,才向学校发出需求信息的,这些信息完全针对应届毕业生、针对该校的专业,针对性强。

(2)可靠性高。为了对广大毕业生负责,在把用人单位给学校的需求信息发布给学生之前,学校就业主管部门要先对就业信息进行审核,保证信息的可靠性。

(3)成功率大。一般毕业生只要符合条件并善于把握自己,供需双方面谈合适,签下协议书的成功率较大。

(四)通过各级政府人事部门获取信息

1. 如何获取此类信息

为了适应毕业生就业制度改革的需要,每年教育部都要制定毕业生就业的有关方针、政策,各省、自治区、直辖市的主管部门也要相应地制定实施意见,国家教育部各地的毕业生就业指导机构,也要开展信息交流和咨询服务。

全国县级以上各级政府一般都设立了毕业生就业指导机构,许多行业的主管部门也设有专门机构负责人才的引进和毕业生的推荐工作。这些机构的主要职责,就是制定所辖区域的毕业生就业政策、交流毕业生和用人单位的供求信息,为毕业生提供各种信息交流、就业咨询、人事代理等服务。他们提供的就业信息广、可靠性强。因此,这也是获取就业信息的重要渠道。

2. 注意事项

这种信息的获取主要来自主管部门的主动公布,毕业生要留意用人所在地的媒体,及时捕捉相关信息。

(五)通过人才市场及就业洽谈会获取信息

1. 如何获取此类信息

随着社会主义市场经济建设的发展,我国人才市场应运而生。在那里不仅可以了解到各类不同的机构和职位的信息,而且为你提供了一次极好的锻炼面试技能和增强面试自信心的机会。

在各地人才市场和定期、不定期组织的人才交流会上,毕业生可以通过与用人单位直接见面,获取许多信息;有的还可以当场拍板,签订协议,比较简捷有效。同时,各地方、学校或用人单位举办的规模不等、形式多样的"双向选择""供需见面"活动或招聘会,尤其是以学校为主体举办的招聘活动,往往具有时间集中、信息量大、专业对口、针对性强、双方了解更直接的特点,是毕业生了解信息、成功择业难得的机会。

2. 注意事项

校内双选会涉及的面小、单位少,可挑选的余地自然不大。有些外地的或者临时有特殊困难的毕业生无法参加此类活动,导致通过此条渠道获得工作的可能性更小。在此我们鼓励高校毕业生勇敢地走出校门,敢于挑战来自不同学校甚至不同学历的应届大学生,因为工作中竞争的对象你无法选择。

(六)通过有关新闻媒介获取信息

1. 如何获取此类信息

每年大学生毕业就业之际,报纸杂志上一般都会刊登一些关于大学生就业的指导信息,信息从不同侧面和角度反映了当年大学生就业的需求情况。在传媒业高速发展的今天,广播、电视、报纸、杂志等新闻媒体受到了招聘机构和求职者们的共同青睐,如《中国经营报》《职场》《成功就业》《择业大市场》《大学生就业》《大江南人才》等每期都刊载有数量不等的招聘信息,除此以外,还辟出"择业指导"和"政策咨询"等专栏,为毕业生就业提供指导。

许多专业报纸和杂志还会介绍求职择业的方法技巧、相关的法规及注意事项等,建议广大毕业生朋友们充分利用好此类工具。从调查的情况看,很多毕业生获取的就业信息都来自这些传统的新闻媒体。这种信息传播面广、竞争性强、时效快、成功率较低,而且其内容往往比较笼统,如果选用还应做进一步的了解。毕业生也可以通过在媒体发布自己的求职信息,从而反向获取就业信息。

2. 注意事项

需要特别注意的是,在通过这种渠道搜集信息时,要特别留意报纸上的工商注册公告。进行注册公告的公司大都刚刚创业,还没有来得及发布招聘信息,而此时正是公司最缺人手的时候,此时前去自荐或寄去求职材料,非常有效。

（七）通过互联网获取信息

1. 如何获取此类信息

随着信息时代的到来,计算机网络的应用已经越来越普遍。通过网络求职是近年来兴起的人才交流方式,对许多求职者特别是高校应届毕业生来说十分熟悉。

网络人才交流,是通过先进的高科技手段,将求职信息及招聘信息上网公开,用人单位和求职者可以通过网络互相选择、直接交流。网络人才交流,最大的优势在于即使求职者身在异地也能获得大量招聘信息及就业机会。

网络人才交流,突破了人才信息与招聘信息沟通的种种限制,实现跨越时空界限、打破单向选择的传统人才交流格局。网络人才交流,讲究的是规模效应,因此其信息容量之大是其他人才交流方式所不能比拟的。

毕业生不仅可以自由地从互联网上取得各种职业信息,而且还能利用互联网把自己的简历放到网上。目前,基于互联网的毕业生就业服务和人才招聘市场逐步走向成熟,包括高校、企业在内的各级各类毕业生就业或人才招聘服务机构都已经在网上建立了自己的网站(如表 5-1 所示),向毕业生提供就业指导和就业信息服务,有的已经实现了网上招聘。

表 5-1　就业信息网推荐表

网 站 名 称	网　　　址
北京市人事局就业网	http://www.bjbys.com/
中国高校毕业生就业服务信息网	http://www.myjob.edu.cn/
中国招聘求职网	http://www.528.com.cn/
网大就业热线	http://www.job.netbjg.com/
中国国家人才网	http://www.newjob.con.cn/
中国大学生就业网	http://www.jiuye168.com/
高校毕业生求职中心	http://www.cgcc.net/
中国财经人才网	http://www.cjhr.net
前程无忧	http://www.51job.com/
中华英才网	http://www.chinahr.com
应届生	http://www.yingjiesheng.com
全国高校毕业生就业信息网	http://www.gradnet.edu.cn/
北京高校毕业生就业信息网	http://bjbys.net.cn/
中国大学生就业网	http://www.china－university.com/
中国校园网	http://www.54youth.com.cn/
中国人才网	http://www.chinatalent.com.cn/
北京人才网	http://www.bjrc.com/
上海人才交流信息网	http://www.51opportunity.com/
中关村科技园区海淀园数字园区	http://www.zhongguancun.com.cn/

2. 注意事项

计算机网络的信息点多、涉及面广,毕业生在获取信息时要注意筛选网络上用人单位的招聘信息,切忌"眉毛、胡子一把抓"。在就业高峰期,要养成天天上网查询信息的习惯。

(八)通过社会上的就业指导服务机构获取信息

1. 如何获取此类信息

目前,随着毕业生就业制度改革、国家人事分配制度改革以及国有企业改革的不断深入,社会上也出现了许多人才中介机构,如人力资源开发中心、猎头公司、再就业指导服务中心等,他们一方面为在职人员的人才流动服务;另一方面也为高校毕业生提供服务,他们的手上也有许多高校毕业生所需的就业信息,也可以成为高校毕业生获取信息的渠道之一。

2. 注意事项

由于管理体制、企业运作机制、服务对象等方面的原因,人才中介机构良莠不齐,毕业生对待这类信息要非常慎重。

(九)通过"自荐"获取信息

1. 如何获取此类信息

毕业生可以在国家就业方针和政策的指导下,在允许的择业范围内,通过信函、电话、登门拜访等"自荐"的方式与用人单位联系,有目的、有计划地获取自己想要的就业信息。例如,向你认为适合的用人单位写自荐信或求职信,然后通过电话预约,亲自登门拜访,这种"毛遂自荐"的方式不失为获取就业信息的途径之一。

但是此种获取就业信息的方法带有很大的盲目性和投机性,且需要花费的时间、精力甚至经济成本都比较大,因而命中率比较低。

2. 注意事项

高校毕业生在采取"自荐"方式时,应注意以下三点:一是打电话或写自荐信时,不要过于锋芒毕露,要实事求是地推荐自己;二是登门拜访时一定要预约,不可贸然造访;三是一定要对用人单位摸底后再自我推荐。

扩展阅读 5-1　应届生注意:同样是招聘,校招和社招区别大,求职要抓住时机

二、获取方法

就业信息传播的渠道多种多样,纷繁复杂,想要科学有效地获取所需要的信息绝非易事。这就要求高校毕业生不仅要了解获取就业信息的渠道,而且要掌握获取就业信息的方法,从各方面获取完备的就业信息,以保证信息对于毕业生择业发挥最大的效能。

下面介绍几种获取就业信息的方法以供参考。

1. "一网打尽"获取法

这种获取信息的方法充分保证了所获信息的全面性。采用这种方法获取信息时,可以将各种信息尽可能多地收集起来,先不考虑行业、地域和个人的志趣,然后按照一定的标准进行筛选。

2. "行业优先"获取法

信息收集注重行业特点,以倾向选择的行业为主,围绕选定的行业获取相关的企业信息、行业现状及发展前景等。

3. "地域优先"获取法

获取信息的方向注重地域特性。以自己所倾向就业的地域为主,进行信息的搜集,重点收集某地方的就业信息。毕业生可以从以下几个层面考虑:

(1)可以将地域粗略划分为诸如"东部""西部""沿海""内陆"等不同的区域。

(2)可以将地域划分得细一些,比如可以按照东北、西北、华北、华中、华南等地理区域进行划分,也可划分成江浙地区、京津地区等。

(3)可以把择业区域具体到省份或中心城市,比如有些毕业生在择业时就把自己的目标定位成"入沪""进京""援藏"等。

专家们指出,大学毕业生以大城市为目标单位的思路可能有些因循守旧的意味。比较理性的态度是看什么样的企业、什么样的单位适合自己,什么样的企业或单位给自己发展的机会。有些大企业、效益好的企业不一定在现在这些大城市,有相当多的成长性良好的企业恐怕不在这些大城市。到一个有发展潜力的单位去工作、学习,跟它一道成长,其实是最重要的。那种以大城市为目标的就业思路,不如以发展前途为目标的就业思路来得踏实、积极。

4. "志趣优先"获取法

毕业生获取信息的侧重点是以自己的特长和爱好等主观意志、关注自我感受为重点。毕业生在获取就业信息时充分考虑了自己的志趣,不以行业或地域为重。比如说,有的毕业生希望自己将来能够从事管理工作,有的毕业生希望自己将来能够创业经商,那么他们在获取就业信息时就会更加关注企业管理和市场营销等方面的信息。

5. "需求优先"获取法

不管收集什么样的信息,有一点必须把握,那就是收集到的信息必须能够满足毕业生就业择业的需要。

以上介绍的这五种获取就业信息的方法各有利弊,采用前三种方法获取信息时,针对性比较强,有可能利用有限的精力和时间获取到对自己有用的信息,但是存在信息面窄的缺点,难免有失偏颇。而采用后两种方法获取的信息广泛,但由于涉及面太广,分拣和甄别有用信息会很费时间和精力。若能将这五种方法有机地结合起来,互为补充,效果会更好,毕业生可根据自己的实际情况加以选用。

三、获取原则

高校毕业生通过各种渠道和方法所收集到的原始就业信息可能比较杂乱,因此应根据自己的实际情况和需求,对信息进行比较分析,去粗取精,去伪存真,有目的、有针对性地加以筛选处理,使获得的信息准确、全面、有效,从而更好地为自己的求职服务。信息处理得好,就能起到事半功倍的效果。在处理这些信息时应把握以下原则:

1. 适合自己原则

毕业生首先要充分认识自己,然后根据自己的专业、特长、能力、性格等方面的因素收集信息,避免范围过大。每个人的情况不一样,毕业生应选择适合自己的信息,认真考虑自己是否适合和愿意从事这个职业,并做出取舍。一旦确定之后,就要根据招聘信息的要求认真制订自己前去参与竞聘的具体方案。

2. 有利自身发展原则

判断就业信息是否适合,不应只看表面和眼前,还要放眼未来。或许现在你所求职的单位只是个名不见经传的小单位,但经过发展,以后可能会办得很成功。如果你现在独具慧眼,那么你将来的前途就可能无可限量。

3. 掌握重点原则

首先,对搜集来的信息进行必要的调查了解,逐条分析其优势和不足,选出有使用价值的重点信息,标明并注意留存,一般信息则仅作参考。其次,将自己选出来的重点信息再分别进行较为详细的调查分析,包括用人单位环境、条件、发展前景及对人员需求的情况、录用条件等。最后,要善于开拓信息,许多信息的价值往往不是直观的,要善于通过有限的招聘文字,了解其背后深层次的背景、文化和精神。

4. 注意信息的时效性原则

人才市场瞬息万变,用人单位发布需求信息后,随时都会收到毕业生的求职信息,及时与用人单位联系能体现出你积极的态度,为求职成功增加砝码。因此,收集到就业信息后,应适时使用,以免过期。否则,不光浪费时间精力和金钱,还可能错过好的就业机会。

但是毕业生求职时,也要进行逆向思维,不要盲目从众。很多学生认为几个月以前的招聘信息是过时的,往往不去关注,可是实际上,关注“过时”的信息有时会有更高的效果。一般单位招聘可能同时招聘几十人,一次招聘会后,这些职位不一定都招满,可能会剩余一两个空缺,可是单位不会为这少数的空缺再发布一次招聘信息。这种“职场剩余率”对正在找工作的学生来说是个富矿。如果你耐心够大,能够从“过时”的招聘信息中找到这样的空缺,那么你几乎没有竞争对手,你很可能是企业的唯一人选,就业概率会大大提高。

扩展阅读5-2 大学生别乱签“三方协议”,容易丢失应届生身份,以免自找麻烦

第三节　就业信息的应用

高校毕业生对于获取的就业信息应该具有一定的处理能力,结合自己的实际情况,加以筛选和处理,这样才能使获取的就业信息具有准确性、有效性,使之更好为毕业生所用。本节主要介绍就业信息的处理、筛选。

一、就业信息的具体内容

在高校大学生就业过程中,有一种现象令人匪夷所思,那就是大学生们看重择业,很费力地到处搜寻就业信息,却很少认真分析自己通过就业信息选定的将去应聘单位的情况,对应聘单位的了解大多是"皮毛"而已,这反映出高校大学生择业的"盲目""浮躁"或者说"急功近利"的心态。

事实上对应聘单位不了解,不仅影响择业的成功,而且更可能给未来的工作带来不可估计的负面效应。把自己"交付"给一家自己知之甚少的单位,与它风雨同舟,你是否觉得太"草率"? 事先收集好用人单位信息,对自己未来的工作做一番模拟,可以增添你应聘的信心,同时建立起与用人单位的良好沟通,准确地将对方需要的信息传递给对方。

需要了解的用人单位的信息大概包括以下方面:

(1) 用人单位的准确全称、性质及隶属关系。

(2) 用人单位的经营业务范围、产品或服务内容与类别。

(3) 用人单位的组织结构、规模(员工数量)与行政结构。

(4) 用人单位的发展历史与最新动态、客户类型与规模、竞争对手的类型与规模。

(5) 用人单位的文化背景、工作环境、单位领导的有关信息、员工的办事方式和思维方式。

(6) 用人单位的发展目标、实力(包括规模、效益)、远景规划,在整个行业中的排名或在整个社会经济结构中的地位。

(7) 用人单位的地点、总部及分支机构的业务范围与地理分布。

(8) 用人单位的财政状况及绩效考核体系、培训体系和薪酬体系(工资、福利、住房、奖金),以及为员工培训和发展所提供的空间等。

(9) 用人单位需要的专业、具体工作岗位及对所需人才的具体要求。

(10) 用人单位的联系办法,如人事部门联系人、电话、通信地址、邮政编码等。

每个用人单位都和人一样,有自己的个性,有着不同的理念和用人标准。例如,硅谷中很多小公司没有固定的上下班时间,员工可以穿着短裤、拖鞋在没有多少办公家具、乱糟糟的办公室里到处溜达。在这里,所有的传统都被轻蔑地唾弃,昨天的发明是明天的垃圾。在这里,创造力得到了最大限度的发挥。而世界上一些著名大公司员工崇尚的是职业素养、团队精神和努力工作,与之相伴的是穿着讲究、优雅舒适的生活方式。

因此,首先,大学生要了解用人单位的个性,可以使择业的目标更为清晰、更为准确,更能把握主动权。其次,了解用人单位的文化与个性,也有助于充分展示与这一单位择才标准吻合的优势和特长,做到扬长避短。最后,如果你能在谈话时自如地谈及到对该单位的了解，容易引起对方的亲切感和认同，同时也向对方展示了应聘该单位的诚意，成功的概率就会大大增加。

对一个用人单位一无所知就去应聘，是不可能有高的成功率的。因为无论什么样的毕业生都不可能适合所有的用人单位，所以毕业生应该事先确定自己的择业范围，然后尽一切可能去全面地收集上述用人单位的有关信息。等你在以后面试中取得成功后，你会发现花点时间了解一下用人单位是值得的。

总之，毕业生要学会全面了解就业信息的内容，合理使用有价值的就业信息。

二、就业信息的筛选

在信息处理过程中，要特别注重对信息真实性、可信性进行辨别和判断，要当心招聘单位发布的虚假信息，要警惕花样翻新的"就业骗局"。在就业实践中，经常碰到一些大学生兴高采烈地去面试，过后却大呼上当的情况，轻者求职未成，重者人财两空，错过就业黄金时段，造成难以弥补的损失。

1. 详细分析

研究用人单位的要求、具体职位、发展状况、待遇条件、地点等，依此对信息做筛选、排队。将获得的职业信息进行科学筛选排序，保留与自己兴趣或专长有关的部分。达到收集和筛选信息的目的。

2. 重点了解

对重要的信息要顺藤摸瓜、寻根究底，务求了解透彻，全面掌握情况，以便决策。

3. 对照衡量

避免盲目从众，不是所有信息都适合自己。不要好高骛远地去挑选不适合自己的工作岗位，不切实际地对号入座，会误导自己。

4. 核实可靠性

来自不同渠道、时间的信息，要在有效的时间内对信息进行可靠性核实。一般情况，从学校、主管部门和亲友处获取的信息较为准确可靠，应多予重视。

5. 核准实效性

信息及时用是财富，过期不用是垃圾。对收集到的信息分析处理后，应尽早向用人单位反馈信息，因为招工、应聘都是有一定时限的，录用指标是有限的。

6. 及时输出

有些信息对自己不一定有用，可是对他人十分有用，此时主动输出对他人有用的信息，不仅是对他人的帮助，也充分利用了那些可靠的信息，达到了千方百计收集和筛选信息的目的。

拓展阅读5-3　*新风向！企业热衷"技能人才"靶向招聘*

【实践课堂】

请你根据所学专业及自身特点拟定出未来自己所要从事的职业,并上网获取 3 条相关职业招聘信息。

【课后练习】

1. 就业信息的特点是什么?

2. 就业信息获取方法有哪些?

3. 就业信息如何筛选?

第六章

求职材料的准备

【学习目标】

1. 掌握个人简历的写作方法；
2. 熟习电子简历的制作要求；
3. 掌握求职信或自荐信的写作方法；
4. 学会使用英文简历求职。

引导案例

为何毕业生找工作难？大公司 HR 表示：多半是简历不够出彩

每年的毕业季都有一大批应届毕业生融入社会，这也是一个大的就业季，而且应届毕业生人数逐年走高，可想而知就业的压力也逐步攀升。找工作的人远不局限于应届毕业生，应届毕业生是在和原本就找工作的人一起去分一杯羹。

现在的企业大多比较看重学历，应聘的门槛至少是本科。有很多应届毕业生找不到工作，无奈回到家里。有些为了逃避工作，选择继续考公务员、事业编或者是研究生，这样也给家里增添了不少负担。如果说高学历的人找工作也很困难，那说明学历只是部分原因，到底问题出在哪里呢？资深 HR 表示：可能是简历不够出彩。

一名大公司的资深 HR 透露，他从事 HR 工作也有些年头了，积累了不少的经验。面试过的毕业生也有大几千，所以说对毕业生找工作这件事情多多少少还是比较了解的。HR 的工作就是要为公司挑选合适的人才，而对人才进行考核的首要一步，就是考察他们的简历。有一些毕业生甚至连面试通知都没有收到，很有可能是简历不够出彩。

其实 HR 在进行简历筛选的时候，一般分为三个步骤。首先看到的就是学历，看学历是否能够达到公司聘请的标准，其次看重个人的经历，最后看其他辅助信息。相对来说名牌大学生更容易通过筛选，但并不意味着就一定可以晋级，第二点、第三点也是公司尤为看重的。

如果毕业生在应聘的时候，首先简历没有做好，那很有可能与自己心仪的工作无缘。因为简历作为面试之前筛选的唯一标准，也是第一个门槛，没有准备好很容易就触碰到红线而被拒之门外。

资料来源：https://baijiahao.baidu.com/s?id=1711118946133158330&wfr=spider&for=pc.2021-09-17.

高校毕业生在获得有效就业信息后,开始准备与用人单位接触,行动之前,要做好求职准备。那么该准备些什么呢?一方面是做好求职择业的心理和精神准备;另一方面就是做好个人求职材料的准备。

所谓个人求职材料,就是作为应聘者准备提供给用人单位的个人书面材料,主要包括三类:个人简历、求职信或推荐信、附件材料。

第一节　个人简历

个人简历是高校毕业生根据求职目标,向用人单位提交的,简要介绍个人基本情况的书面材料。个人简历就像一张名片,毕业生通常用来向用人单位宣传推介自己;招聘单位通过个人简历了解毕业生的基本情况。个人简历作为连接用人单位与毕业生的一份非常重要的说明材料,其制作水平的高低直接影响求职者能否得到面试机会。

如引导案例所说,毕业生在简历制作上常有这样的通病,即注重简历的外观设计而忽视简历内容。在校园招聘会上,我们经常会看到一些厚如书册、包装精美华丽的简历。有的同学把简历变成了自传,前卫的女同学还把漂亮的生活照贴在个人简历上。

"在我们收到的大学生简历中,100 份里大约只有 10 份比较符合要求。"在"大学生职业生涯规划"活动的会场,远大集团人事资源部王经理的这句话,让在场的学子都发出了惊叹。那么,到底什么样的求职简历才是合适的,符合用人单位的要求呢?

制作个人简历的目的决定了简历的类型。毕业生一定要注意:制作个人简历的目的是为了获得企业招聘岗位,岗位都有任职条件,你的简历要能说明你有能力胜任企业招聘岗位的工作,这样的个人简历才会引起企业的注意。

一、个人简历的类型

不同的时间、场合,不同的个人经历,在简历的类型选择上有所区别。年代型简历以清晰的时间序列反映出求职者的个人经历,而功能型简历则突出强调求职者的专业技术水平。毕业生要根据个人情况,选择适合的简历类型。

这里介绍几种常见的简历类型。

(一)表格式简历

这是最普通最直接的简历类型,采用表格形式,简历清晰、简洁,便于招聘单位阅读。简历从你最近的经历开始,按由近到远的时间顺序逐条列举个人信息。一份按时间顺序排列的简历一般包括目的、经历、学历等部分,排列顺序一般是:工作(学习)的时间、职务、工作(学习)单位的名称和地址、职责概述、所需技能、对企业(学校)所做的主要贡献等。

其优点是容易掌握,招聘单位也比较喜欢。这种时间式简历清楚地显示你多年从事的工作经历,比较适合多年从事同一种类工作,并且还想在同一工作类型上发展的应聘者。不适合从事过许多不同类型的工作,或者频繁更换工作而且间断过工作的人。

表格式简历是应届毕业生常用的一种简历类型。毕业生一般没有过多的工作经验,如果能把大学期间的学业进步和在校期间的社会工作写清楚,证明自己的学习能力和承担社会工作得到的锻炼，也是一份不错的简历。

例文

表 格 式 简 历

王楠个人简历

姓　　名	王楠	性别	女	照片
出生日期	1987 年 11 月	籍贯	北京	
政治面貌	预备党员	专业	物流管理	
联系电话	159*********	E-mail：wangnan@126.com		
联系地址	北京市丰台区****	邮　　编	100073	
毕业院校	北京××职业学院			
专　　业	物流货运代理	学历	专科	
主修课程	国际物流与货运代理、国际贸易实物、报关操作实务、现代物流学、商品采购管理、物流实务操作与法律、仓储管理与包装、物流信息系统			
校外实践经历	2007 年 2 月　CRE 中铁快运股份有限公司北京分公司 工作内容：录入单据及材料、制单、电话追踪及沟通协调 2007 年 8 月　零点市场调研　调研员 2008 年 5 月至 9 月　北京奥运物流中心 工作内容：协助网通公司的工作人员进行数据录入、单据整理、拣货、备货、盘货数据灌装等			
校内社会活动	2007 年 9 月至 2008 年 9 月　物流系学生会　办公室主任 2006 年 9 月至 2007 年 7 月　院团委宣传部志愿者工作部　负责人			
奖励情况	2008 年第 29 届奥林匹克运动会赛会志愿者 2008 年获北京市第五届"挑战杯"首都大学生创业计划大赛　一等奖 2007—2008 学年度被评为奥运志愿先进工作个人 获 2006—2007 学年度学院优秀干事 获 2006—2007 学年和 2007—2008 学年学院二等奖学金			
证书情况	英语 A、B 级证书 通用管理能力水平等级证书 速记技能等级证书 全国计算机等级一级证书			
其他技能	1. 2008 年考取驾照(C 本) 2. 熟练应用 Office 软件，如 Word、Excel、PPT 等 3. 熟练应用五笔输入法			
自我评价	自信，做事认真、踏实，有较强的责任心和亲和力，为人友善，有良好的沟通和人际交往能力，能较快适应工作环境。			

（二）描述式简历

描述式简历注重介绍从前的工作情况，一般适用于特定职业的求职，对工作在特定领域的求职者较为有用，如教师、电脑工程师、律师等。有一定实习经历的毕业生也可以采用这种形式设计自己的简历。

🔍 **例文**

描 述 式 简 历

张杰个人简历

自我介绍

姓名：张杰　　性别：男　　出生日期：1982年6月　　居住地：北京　　3年工作经验

联系方式：136×××××××　E-mail：zhangjie86@126.com　　QQ：5998××××

自我评价

本人计算机网络及通信工程专业毕业，在软件方面，能够熟练掌握多种计算机语言。拥有后台数据库及前台应用程序开发经验。能够独立完成企业中小型网络的规划、施工组建及故障排除。熟悉IP网络知识、多种网络通信协议（如OSPF/BGP/RIP/STP/RSVP/MLT/RSMLT/IST/VRRP等）。熟练配置常见的网络设备（如CISCO，HUAWEI-3COM，NORTEL，RAISECOM，D-LINK，TP-LINK，BD）；熟悉广域网通信协议（PPP，DDN，FR，ATM，ISDN，PPPoE），熟练掌握VPN（IPSEC，L2TP，PPTP），以及微波通信技术（802.11A/B/G）。

拥有较强的分析能力、学习能力和团队合作精神，工作态度良好、学习能力强，具有一般英语阅读能力。在工作中，态度认真，保质保量按时完成领导交给的任务，并得到领导的一致好评。

工作经历

2007/08至今：××科技有限公司｜技术部｜网络工程师

工作内容：负责首都机场网络的日常监控、维护。对机场工程师进行技术支持。对NORTEL网络设备进行月度巡检。

2006/09—2007/08：北京××电信服务有限公司｜核心网络部｜电信网络工程师

工作内容：负责北京长宽商业用户城网的维护与改造，以及对北京商业用户的开通、技术支持与维护工作。熟练掌握BD2224、HW3026、HW3126、TL-SF3226P、WWP327、RAISECOM2828F、HW5200F、CISCO4006、CISCO6500。

2005/02—2006/08：××国际青年交流中心｜综合部｜网络管理

工作内容：计算机硬件及网络设备维护。管理21世纪饭店"饭店管理系统"的网络、硬件、操作系统及应用系统的维护。管理中心财务"用友财务管理系统"的网络硬件及操作系统的维护。管理为中心各部门提供上网服务的一条2M带宽的DDN专线。

项目经验

2007/07—2007/07：SOHU第三届博客大会

责任描述：负责博客大会光纤接入，设备调试，微波通信的架设、测试。

项目描述：临时成立工程小组，带领工程部、网络技术部人员，完成了从学院路到朝阳公园光纤的跳接、测试。

2006/10—2007/08：长宽企业用户城网改造

责任描述：负责网络的割接、方案编写、技术支持时间以及工作内容的分配。

项目描述：对商业环网进行了设备选型、设备测试、割接方案的编写，以及具体方案的实施。

教育经历

2007/06至今：北京邮电大学网络学院｜通信工程｜本科

2002/09—2005/07：北京××职业学院｜计算机网络｜大专

培训经历

　　2005/02—2006/07：华为 3COM

　　培训课程：华为 3COM 高级网络工程师培训

　　培训描述：构建企业级交换网络、路由网络、方案设计

所得证书

　　2007/01：CCNA　　　证书说明：思科认证网络工程师

　　2006/08：HCSE　　　证书说明：高级网络工程师认证

　　2006/01：HCNE　　　证书说明：中级网络工程师认证

（三）复合型简历

　　该型简历在形式上把叙述与表格结合运用。可以按时间顺序列举个人信息，同时刻意突出你的成绩与优势。一份复合型简历一般包括目的、概况、成绩、经历和学历等部分。

　　复合型简历能最直接地体现你的求职目的，它一般适用于：

　　（1）毕业生和初级求职者，这能使求职者强调自己的技能，而不是他们短暂的职业经历。

　　（2）拥有稳定的、持续的工作经历的工人，职业经历能使求职者的工作能力一目了然，所以雇主更容易看出应聘者和职位的相互匹配。

　　（3）改变行业的求职者，只有在你改行的跨度很大时，功能性履历才可能更有意义。

　　（4）重新进入职场的应聘者，此类简历能分散用人单位对你一段时间停止工作的事实的注意力。

　　（5）年长的工人，拥有长时间工作经历的工人需要推销他们最强的长处，包括职业经历在内的履历会引起用人单位的足够重视。

🔍 **例文**

复合型简历

刘鑫个人简历

　　姓名：刘鑫　　　性别：男　　　出生日期：1984 年 10 月 1 日

　　毕业学校：北京××职业学院　　　专业名称：计算机网络技术　　　学历：大学专科

　　联系方式：138********　　　电子信箱：liuxin999@sohu.com

　　求职意向　希望加入贵公司承担网络管理或网站维护部门工作。

个人能力

　　计算机方面：

　　熟练掌握各种服务器、防火墙、邮件服务器等；熟练掌握综合布线，有动手操作能力。

　　精通 DOS、Windows 2000、Windows 2003、Windows XP 各种操作系统。

　　掌握 C 编程语言、VB 等；掌握 3D Max 制作软件。

　　掌握 Access 和 SQL Server 2000 等数据库，有设计、管理数据库能力。

　　掌握 Dream weaver、Photoshop、Fireworks、Flash 等网页设计软件，结合数据库软件构建电子商务平台。

爱好专长:

熟悉计算机硬件,精通计算机网络,具有组建网络,管理网络的能力。

美术、海报(经常在学院团委宣传部书写和绘制海报);爱好运动,擅长足球、篮球、乒乓球等体育运动。

爱好文学、音乐。

主修课程

域服务器维护	配线架安装	ISA 安全策略建立	邮件服务器安装与设置
信息模块连接	城模式资源对象管理	ISA 防火墙安装、远程管理	交换机路由器安装互联
系统管理	网络设备静态路由配置	系统及软件升级、补丁	网络介质接头(RJ45)制作
数据库	操作系统和软件安装	邮件的接收与发送	账户和资源对象权限维护
网页设计	网络设备远程管理	网络设备—端口控制	组策略、资源对象、组织单

教育背景

2004 年 9 月—2007 年 7 月　　就读于北京××职业学院信息系

获奖情况

2005—2006　北京××职业学院二等奖学金

2004—2005　北京××职业学院院优秀团员

2004—2005　获得信息系"社会实践积极分子"

社会工作

2005—2006 学年　担任北京××职业学院团委宣传部副部长

2004—2005 学年　担任北京××职业学院信息系团总支宣传部干事

社会实践

2006 年　课余从事家教工作,积累了与人交流沟通等工作经验

2005 年　中复电讯做促销,锻炼了独立处理问题的能力

2004 年　多次参加学院"爱心之旅"活动,培养了团队合作能力和组织策划能力

个人特点

乐观向上,大方开朗,热情务实,诚实守信;善与人交流,人际关系良好,待人诚恳;工作认真负责,具有吃苦耐劳、艰苦奋斗的精神;遇事沉着冷静,理智稳重,适应能力强,具备良好的组织协调能力;专业知识扎实,具有很强的自学能力,勇于创新,敢于开拓。

尽管写简历的方法不少,但还是建议缺少工作经历的高校毕业生制作一份适合自己实际情况的简历,而不要生拉硬套某种类型的简历。因为没有足够多的与欲申请的工作相关的经验和经历,所以在制作简历时应该着重强调最近接受的教育与培训,尤其是与正在申请的工作最直接相关的课程、实践活动或资格证书。

即将毕业的高校学生应该重视自己在学校里完成的毕业实践和毕业设计,这些活动也同样要求高度自律的特性、完成不同任务的能力以及其他方面的个人素质,而这些素质也正是许多工作所需要的。

可以将你所了解和熟悉的工作领域的最新知识与工作技能写入简历,这些知识和技能应该对你未来的工作很有帮助。而且,因为你刚刚在学校里研究和学习了最新的知识

与技能,在适应新岗位的过程中你也有不小的优势。

二、电子简历

　　网络应聘已经是非常普遍的求职形式,许多毕业生通过网络渠道应聘成功。电子简历以其传递快捷、成本低廉、便于筛选等优势受到用人单位的欢迎。几乎所有大企业都接受电子简历,中小企业也开始接收电子简历进行人才招聘初级筛选,可以说电子简历已逐渐成为毕业生求职必备材料。

　　据统计,规模较大的企业一般每周要接收 500~1 000 份电子简历,但是人力资源部门指出,大部分电子简历不符合企业招聘要求。同学们在制作电子简历时要充分把握电子简历的注意事项,发挥出电子信息的优势。

(一) 电子简历的制作

　　同学们的简历基本上都是电子文档打印出来的,一般认为简历的电子稿就是电子简历了。这种认识只能说部分正确,因为电子简历与打印简历由于信息检索方式,读者浏览方式等不同而具有不同的特点。

　　1. 电子简历注重关键词

　　一些企业对电子简历进行关键词检索,不符合要求的简历,系统会自动删除。像专业、学历、技能证书等要求的关键词一定不能漏掉,否则会失掉面试机会。

　　2. 叙述要层次分明

　　学历、能力、实习及工作经历等,重点突出、扬长避短。简历中有这样几项内容是亮点:技能、特长、成绩、证书、荣誉、嘉奖,这是以你骄人的业绩打动招聘者、引发招聘者浏览兴趣的地方,要着重描述,描述时要运用数字、百分比或时间、获奖级别等强化和量化手段来突出成绩。

　　3. 格式设置要简明清晰

　　电子文档格式设置虽然很丰富,电子简历还是简洁明快为好。发送电子邮件时大多采用纯文本格式,为醒目,可以插入一些特别的符号,如"※""◎""＋"等。版式可以设计得较为活泼,但须避免杂乱,喧宾夺主。为方便阅读,字号设置不宜过小。

　　4. 一定要避免错别字

　　不要小看错别字,你可能认为是粗心,无碍大局。但是对于如此重要的个人材料,别人会认为是能力不够。

(二) 发送电子简历

　　电子简历是通过电子邮件发送的,在发送带有简历的电子邮件时要注意以下问题。

　　1. 邮件主题明确

　　作为求职简历,要在主题中注明应聘的具体职位。如果招聘企业已限制了邮件主题,务必要按照要求填写邮件主题。即使没有明确要求,也要在主题中明确标识要申请的职位,方便招聘人员选择信息。

2. 采用正文形式发送

由于电脑病毒等因素影响,企业一般不打开压缩附件,采用附件形式发送可能直接就被企业抛到了垃圾箱。简历写在邮件的正文部分是正常、合理的。

3. 简历前最好有自荐信

这是写在电子简历前进行自我介绍的材料,简单介绍要应聘的职位及个人胜任岗位的能力。

4. 发送后注意跟踪

发送的目的是要获得面试机会,发送完的简历要注意收集反馈信息,同时要给企业留有工作时间,两周后可以进行跟踪了解反馈情况。必要时,主动与企业联系,了解进展情况。漫无目的地发送简历而不注意跟踪反馈,会白白浪费掉毕业生许多宝贵的时间和精力。

三、简历写作注意事项

简历作为一份比较正式的毕业生推介材料,要反映出毕业生做事认真、严谨、耐心细致的态度,简历内容也要经得起推敲。撰写简历的时候要注意以下事项:

1. 篇幅不要太长

大学生的简历普遍都太长。有的简历长达十几页,其实简历内容过多反而会淹没一些有价值的闪光点。而且,每到招聘的时候,一些企业,尤其是大企业,会收到很多份简历,工作人员不可能每个都仔细研读,一份简历一般只用 1 分钟就看完了,再长的简历也超不过 3 分钟。

简历过长的一个重要原因是有的人把中学经历都写了上去,这完全没有必要,除非你中学时代有特殊成就,比如在奥林匹克竞赛中获过奖,一般来说,学习经历应该从大学开始写起。

另一个原因是很多学生的求职简历都附了厚厚一摞成绩单、荣誉证书的复印件,其实简历上可以不要这些东西,除非你是应聘广告设计等相关工作,需附上你的作品。否则,只需要在简历上列出所获得的比较重要的荣誉即可。如果招聘单位对此感兴趣,会要求你在面试时把这些东西带去。

所以,简历要尽量短,建议简历只要一页纸就足够了。

2. 内容一定要真实、客观

求职简历一定要按照实际情况填写,任何虚假的内容都不要写。即使有的人靠含有水分的简历得到了面试的机会,但面试时也会露出马脚。雅虎(中国)公司的负责人说,企业选人都非常慎重,她当年应聘雅虎时过了 9 道关,弄虚作假是过不了一轮轮面试关的。

3. 求职岗位一定要明确

求职简历上一定要注明求职的岗位。雀巢的招聘经理说,每份简历都要根据你所申请的职位来设计,突出你在这方面的优势,不能把自己说成是一个全才,任何职位都适合。

建议大家不要只准备一份简历,复印多份到处投递。应根据要应聘的职位性质来有侧重地表现自己。如果你认为一家单位有两个职位都适合你,可以向该单位同时投两份简历。

4. 用词要简洁直白

"我希望这样一个人生,它在经历了无数场风雨后成为一道最壮丽的彩虹……请用您的目光告诉我海的方向……"大学生的求职简历很多言辞过于华丽,形容词、修饰语过多,这样的简历一般不会打动招聘者,建议简历最好多用动宾结构的句子,简洁直白、语气诚恳。

5. 用语不要过分谦虚

简历中不要注水、不要过分介绍自己,有的同学在简历里特别注明自己某项能力不强,这就是过分谦虚了,实际上不写这些并不代表说假话。

有的求职学生在简历上写道:"我刚刚走入社会,没有工作经验,愿意从事贵公司任何基层工作。"这也是过分谦虚的表现,这会让招聘者认为你什么职位都适合,其实也就是什么职位都不适合。

6. 不要写上对薪水的要求

很多毕业生都对简历上该不该写对工资、待遇的要求存在疑惑,从一些公司的人力资源经理那反馈的信息,认为简历上写上对工资的要求会冒很大的风险,最好不写。如果薪水要求太高,会让招聘单位感觉雇不起你;如果要求太低,会让招聘单位觉得你无足轻重。

再有,简历的直接目的是争取面试和面谈的机会,所以,关于薪水问题如果觉得不得不谈的话,那么,也要等到面试或面谈的时候再说。

7. 简历的文字、排版、格式不要出现错误

用人单位最不能容忍的事是简历上出现错别字或是在格式、排版上有技术性错误,以及简历被折叠得皱皱巴巴、有污点,这会让用人单位认为你连自己求职这样的事都不用心,对工作也不会用心。

8. 制作不必太过花哨

现在求职的高校毕业生的简历普遍都讲究包装,做得很精致、华丽,有的连纸张都是五颜六色的。实际上,除非应聘美术设计、装潢、广告等相关工作,一般来说简历不必做得太花哨,用质量好一些的 A4 白纸就可以了。

简历过分标新立异有时反而会带来不好的效果,比如说,一份简历封面上赫然写着四个大字"通缉伯乐",给人的感觉就像是在威胁招聘单位。

9. 简历也可用手写

如今用电脑打印简历已很普遍,虽然整齐规范,但缺少生气和亲近感。如果在一堆电脑打印的简历中,有份手写的,一定会很醒目,若字又漂亮,那么被录用的概率会比电脑打印的高,因为从文字书写上也能了解一个人。

第二节 其他求职材料

因求职渠道不同,还会用到其他形式的求职材料,如求职信,自荐信,推荐信等。

一、求职信

有相当一部分求职者在求职时,忽略了求职信对于成功求职的重要作用,认为制作一份出色的简历才是最重要的。其实,简历有简历的功能,求职信有求职信的作用。在通常情况下,二者相互配合才更容易成功求职。这也是国际上非常通行的做法。

一般来说,简历的着眼点在于自己,强调自己有什么。求职信的着眼点在于对方,强调将给对方带来什么。有时,求职者有什么优势并不等于用人单位就能得到相应的益处。求职信的作用就在于告诉对方录用自己其将会得到什么益处,从而引起对方的注意、重视和好感,以期在成百上千的应征者中脱颖而出。

求职信的好坏会很大程度地影响个人简历的作用。一份好的求职信能为你赢得一个面试机会,但一份不好的求职信则会使你的个人简历形同虚设。

(一) 怎样写求职信

1. 求职信的内容

求职信最重要的在于它与个人简历起着不同作用,许多个人简历中的具体内容不应在求职信中重复。例如,工作经历、学历或是个人目标。个人简历告诉别人有关你个人、你的经历和你的技能。而求职信告诉别人"为什么你是这份工作的最佳人选"。

一份求职信应包括以下三个部分:

(1) 开头部分

求职信的首段要开宗明义讲清楚求什么职位。说明你为何寄个人简历,你对公司有兴趣并想担任他们单位某个空缺的职位。可以通过在求职信中提到你是看到某月某日的报纸上的招聘广告知道有这个职位的,或者你一直通过新闻媒体了解公司或者这个行业。这会表明求职者的诚心,而不是漫天撒网式的求职。这样做能给招聘经理留个好的第一印象。

如果你是由一位朋友或同事介绍给公司的,就在信中提起他们,因为招聘经理会感到有责任回复你的信(但是不要夸大其词,如果你对公司或者这行业情况叙述不正确,招聘者会一眼就能看穿的)。当你要求担任公司空缺时,要说得越具体越好。

(2) 正文部分

第二部分是求职信的核心内容,要先简短地叙述自己为什么希望获得这个职位,没有必要具体陈述自己的经历,因为个人简历将负责这些。

这部分你要在信中围绕该职位的应知、应会来写,包括与应聘的职位有关的训练或教育科目、工作经验或特殊的技能;如无实际经验,略述实习类似经验亦可。应着重强调你的才能和经验将会有益于公司的发展。尽可能地少用人称代词"我",要让人感到你想表达的是"我能为公司做些什么"。

(3) 结尾部分

求职信的结尾是希望并请求未来的雇主给予面谈的机会,因此,信中要表明可以面谈的时间。使用的句子要有特性,避免老生常谈的陈词滥调。而且不要让招聘者来决定,要自己采取行动。告诉招聘者怎样才能与你联络,打电话或者发 E-mail,但不要坐等电话。

要表明如果几天内等不到他们的电话,你会自己打电话确认招聘者已收到个人简历和求职信并安排面试。语气肯定但要有礼貌(一些应聘者会用一段话来解释个人简历中不清楚的地方,比如就业经历中没有工作的阶段)。

2. 求职信要点

（1）对不同的招聘单位和行业，你的求职信要量体裁衣，内容不要千篇一律。

（2）主要提出你能为未来的招聘单位做些什么，而不是他们为你做什么。

（3）集中笔墨于具体的职业目标，围绕所求职位的应知应会来写，不要写没有竞争实力的空话、套话。

（4）不要过分渲染自我。你当然认为自己有能力，够资格才要申请某一职位，但不要过分夸大自己的能力或表现出过分的信心，尤其不要说出与事实不符的能力或特性来。

（5）不要对你的求职情形或人生状况说任何消极的话。

（6）直奔主题，不要唠叨。

（7）留意底薪。有的招聘单位要你提到希望的待遇。你要做明智的判断，写出你觉得可行的底薪。开始就业的人应知道，与其寻得一份高薪的工作，倒不如找待遇尚可而有升迁机会的工作。

（8）内容不要超过一页，除非招聘单位索要进一步的信息。

3. 求职信的格式

求职信没有正式的格式，但在写信时要记住一些基本的规则。

（1）信的标题：居中写"求职信"，表明此信的性质和行文目的。

（2）信的左上角或者右上角要留出三行，用以填写家庭地址、城市、邮政编码和日期。

（3）称呼的后面要用冒号而不要用逗号，写称呼时要用正式的语气。要用具体的称呼（例如不要写"给有关负责人"）。设法知道谁将收到你的信。如果有必要，打电话询问公司。如果你还是不能确定具体的名字，就称呼"尊敬的招聘经理先生或女士""尊敬的人事部经理先生或女士"，或者就称"尊敬的先生或女士"。

（4）可以用表格和粗体线来组织求职信并强调其内容，使文章易读，但要慎用。

（5）结尾时应在姓名上方写上祝福的话，然后下面是印刷体的全名。在你的求职信中，名字与结尾之间一定要保留足够的空间。

大家都知道，写求职信的最后目的在于获得职位，不过，现在的公司老板很少是看信不看人就雇用求职的人。一封求职信无论如何文辞并茂、令人心动，招聘单位不见到求职信作者是不会给予工作机会的。因此，求职信的目的在于获得面谈的机会。只要能得到面试机会，你的求职信就是成功的。

（二）求职信的形式要点

很多公司的领导认为，注重小节的人对重大的事务也会谨慎行事。一个人做人做事是否谨慎可以从一封求职信中看出端倪来。别看轻了短短的一封信，一封求职信可以显露出一个人的嗜好、鉴别力、受教育程度以及人格特性。因此，写信人要格外留意。

1. 书写规整

如果要亲手写信，字体要写得清晰可辨，龙飞凤舞的字迹无疑是自寻绝路。如果字体不好，还是使用电脑把信打出来，这样看起来比较具有商业气息。

2. 注意语法

正确无误的语法、标点和文字使读信人感到舒畅，错误的语法或错别字则十分明显，一看即知,给招聘者留下坏印象。尤其要注意的是,绝不可把收信人的姓名或公司名称写错了。

3. 格式版面

信文要适当地排列在信纸中。版面要安排合理、大方、美观。

4. 信函礼仪

纸张最好使用品质优良、白色的信纸,信封要配合信纸的质料和颜色。信纸的折叠要适当,大小适合信封,信封上面的地址要完整,称谓要适当。

5. 慎用附件

求职信函通常不须附加推荐信,除非招聘广告有此要求。遇到这种情形,只须附上复印件即可。求职函内附加邮票或回址信封,强迫对方答复的做法不可取,除非对方有此要求。

最后发送之前先给其他人看一下,以便进一步改进。

(三)求职信例文

🔍 **例文**

求 职 信

尊敬的女士/先生:

您好!我从2020年3月15日的《××报》上见到贵公司的招聘启事,欲申请贵公司招聘的网络维护员职位。根据招聘条件,我符合贵公司的要求。

我是××学院一名即将毕业的高校学生,专业是计算机应用。通过三年的学习,我系统地掌握了网络设计及维护方面的技术,对当今网络的发展也有较为清晰的认识。

在大学期间,我两次获得二等奖学金,而且在院报上发表过一篇论文。我还担任过班长、团支书等职务,有很强的组织和协调能力。强烈的事业心和责任感使我敢于面对任何困难和挑战。

互联网促进了整个世界的发展,我相信互联网事业必定大有前途。我愿为贵公司的事业发展做出自己的贡献。

随信附有我的简历。如蒙慨允有机会与您面谈,我将十分感谢。

此致

敬礼!

张军

2020 年 3 月 18 日

🔍 **例文**

求 职 信

尊敬的女士/先生:

您好!请您打扰,我是××学院会计学专业的本科毕业生,从2020年2月13日的《××报》上见到贵公司的招聘启事,得知贵公司因业务发展需要招聘两名财务人员,特来应聘。

财务工作者在单位里起到管财、理财、向领导提供财务咨询的作用,是辅助领导管理财务的重要助手。忠于职守、忠于事业的高度责任感,是对财会人员思想品德的最高要求,也是我终生不渝的追求。

我热爱会计工作。在校期间,我不仅注重专业理论学习,而且重视实际操作,毕业前,在××会计事务所实习了半年,有一定的会计实践经验。

我正处于人生中精力充沛的时期,渴望在更广阔的天地里展露自己的才能。我不满足于现有的知识水平,期望在实践中得到锻炼和提高,因此我希望能够加入贵单位。我会踏踏实实地做好属于自己的一份工作,竭尽全力地在工作中取得好的成绩。我相信经过自己的勤奋和努力,一定会做出应有的贡献。

希望各位领导能够予以考虑,给予我一个面试的机会。三天后,我会在您方便的时间打电话确认您是否收到我的求职信和简历。谢谢! 我热切期盼你们的回音。

此致

敬礼!

李　晓
2020 年 2 月 15 日

二、自荐信

(一) 自荐信的写法

自荐信是自己推荐自己的信。有高校毕业生会问,都已经有求职信了,怎么又来个自荐信? 对求职有用吗? 实际上,这两种信在求职作用上并无实质的差别,都可以与简历一起帮助你找到理想的职位。

但是,区别不大,不等于没有区别。一般情况下,求职信重点在"求"字,而自荐信的重点在"荐"字;同时,像本单位的在职人员为获得本单位的另一个职务,只能写自荐信而不能写求职信。自荐信也是你进入理想单位的第一块"敲门砖",从求职的角度讲,自荐信是很重要的,得认真对待。

1. 自荐信的内容

自荐信是用来展示自我的,自荐信的写法与求职信写法相似,也是不要千篇一律,都采用一样的格式。但不管如何布局安排,都要层次分明、简捷明了、突出重点。通常情况下,多采用的是三部分的写作方式。

(1) 自我介绍和自荐的目的

在介绍自我部分,可以用一句话简单介绍一下自己,只要把最重要、与未来雇主最有关的信息写清楚就可以了。例如:"我是××大学大三的学生,将于五月毕业,专业是××。"

自荐目的,要写清楚自荐干什么,有的可自荐某岗位、某职务,有的可自荐承担什么工作。自荐的目的要明确、具体。例如:"很高兴得知贵公司目前在招聘××职位,我自信可以胜任。"

(2) 自我推荐

这部分是自荐信的主体内容。主要陈述个人的求职资格,展示自己具有的才能和特长,特别是那些能满足公司的需要,能为公司做出贡献的教育、技能和个性特征。让招聘单位了解你能为它做些什么。可以从下面两方面具体去谈:

① 专业

介绍自己所学的专业和业余所学的专业及特长;具体所学的课程等;自己所受教育的

阶段和教育背景的陈述，要突出与招聘工作密切相关的内容。

② 工作经历和能力

说明与求职目标相关的工作经历，一定要说出最主要、最有说服力的资历、能力和工作经历；说明的语气要肯定、积极、有力。例如，"我在××公司实习期间，两次因工作积极主动受到公司领导的表扬。"

（3）结尾部分

结尾部分主要包括两方面内容：向招聘单位致谢及提出希望招聘单位能予接纳的请求。还可以做一些补充，说明随信附有专家教授推荐信等内容。信的结尾要表明你的下一步计划，告诉招聘者怎样才能与你联络，打电话或者发 Email，但不要坐等电话。要表明如果几天内等不到他们的电话，你会自己打电话确认招聘者是否已收到简历和自荐信并安排面试。例如："我将在一周内与贵公司联系，以便安排时间与贵方讨论我的资历及贵公司的要求。"

2. 自荐信的格式

与求职信一样也没有正式的格式，一般分为四个部分。

（1）标题。在信纸上方正中部位书写"自荐信"三个字，表明此信的性质和行文目的。

（2）称呼。写法与求职信相同。这里不多赘述。

（3）正文。自荐信内容。内容完毕要有"此致敬礼""此致告安"等方面的祝颂语。

（4）落款。在信的末尾右下方写："自荐人：×××"，然后写上日期。

（二）写自荐信需注意的问题

1. 把握自我介绍的量与度

在自荐信中，自我推荐部分一定要实事求是、恰如其分，切忌夸夸其谈、自我炫耀，不实事求是，让对方反感。但也要防止过分谦虚，不敢肯定自己的成绩与才能，甚至有轻视自己的语气。这样做的结果，对方不仅不认为你是谦虚，反而感到你缺乏自信，没有信心或者能力很低，而不予录用。

另外，自荐信中也不可忽视突出自己的长处，例如你因某种原因获得上级组织的表彰奖励，或你曾组织过什么社团组织和大型活动等。这些长处哪怕是一两句话反映在信中，都可能收到良好的效果，都可能是你求职成功的关键性因素。

2. 内容简练且有针对性

冗长杂乱的自荐信是没有人愿意看的。当然，自荐信也不宜太短，寥寥数语，既说不清问题，又显得没有诚意，给人一种不认真、不严肃的感觉。总之，自荐信应该言简意赅、一目了然，一般以 1 000 字左右为宜。要用如此有限的篇幅去打动用人单位，关键在于突出重点，有针对性。应该在对用人单位有所了解的基础上，针对所需职位而写。

不能写适合所有单位、所有职位的自荐信，也不能将几十份通过复印的、内容千篇一律、完全没有针对性的自荐信向四处投寄，这样做是不会有什么结果的。

自荐信一定要用词准确、语句通顺；准确地表达你的意思。如果用词不当、语句不通、错别字连篇，用人单位就会因你的文字水平太差而拒绝录用你。尤其要注意的是，绝不可把收信人的姓名或公司名称写错了。

3. 版面简洁工整

一封成功的自荐信,应该字迹工整、美观、清洁,给人以美的感受,这样会给对方以办事认真负责和细心的好印象。如你写得一手好字,自荐信就应该用手写,并落款"×××亲笔敬上"的字样。

这样既显示了书法特长,又表明办事认真有诚意,可谓一举两得。许多单位愿意录用写字漂亮的人。如果你的字写得不好,也不要怕,只要认真去写,也会收到好的效果。打印体现了"现代味",如果用打印件,也会给用人单位留下好的印象。

4. 态度诚恳语气热情

自荐信的措词要得当,要让对方感到你自信而不自大,恭敬而不拍马,语气要热情、大方、谦虚,让人一看就感到你的真诚与实在。不要用强硬的语气,使对方觉得你在强迫别人接受你的愿望,如"请你务必在×月×日前给予答复为盼";不要以上压下,如"×××领导要我找你们……""×××总经理都同意了,请你们给予多多关照",等等。这些都可能引起对方的反感,并因此而失去被录用的机会。

5. 可以用多种语言文字书写

如果你是向中外合资、外资或外贸等单位求职,最好能用中文和外文各写一封自荐信,这样既能显示你的外语水平,又表现了你对外方的尊重,一定会增加用人单位对你的兴趣。

(三)自荐信例文

例文

自 荐 信

尊敬的人事部领导:

您好! 首先感谢您在百忙之中抽出时间给我一个展示自我的机会。我是××学院的一名应届高校毕业生。通过信息管理及计算机应用专业三年的学习,我已具备了扎实的专业基础知识功底。我有信心接受贵公司的任何面试与考核。

在校期间,我始终努力学习,成绩优异(获一等奖学金两次),掌握了 C 语言、数据结构、数据库原理、操作系统、微机系统等专业知识。同时,通过大量的上机操作,我熟练掌握了 Windows 操作系统,并对 Unix 有一定的了解,能够独立运用 Word、Photoshop、Excel 等应用软件,有一定的语言编程基础,具备了网络操作能力。

作为一名信息管理与计算机应用专业的学生,我认识到互联网将在未来经济中发挥巨大的作用,所以,业余时间我刻苦自学了很多网络知识,能够熟练运用搜索引擎快速、准确进行网上查询、下载所需信息。此外我还学习了 Html 语言和 Frontpage、Dreamweaver 等网页编辑软件,以及 Firework、Flash 等图形处理软件,可以自如地进行网页编辑。

一个高素质人才除了掌握扎实的专业知识,还应该具有丰富的人文知识。我从小热爱文学、博览群书,为我的写作能力奠定了坚实的基础。在大学期间,被特邀为校报记者,参赛文章多次获奖,还在报上发表过 2 篇作品。

未来社会需要的是理论和实践相结合的复合型人才。学习之余,我参加了大量的社会实践活动,做过家教,做过促销员,从而锻炼了自己吃苦耐劳、一丝不苟的工作作风。

鲜花和荣誉只能代表过去,未来的社会对我来说是一个陌生的世界,更是一个充满挑战的世界。年轻的我,有的是旺盛的精力和不服输的信念,但却缺乏锻炼自我、展示自我的机会。没有您伯乐的眼光,我将无法施展自己所学的知识。因此,我非常希望能够成为贵公司的一员。我将以更大的热情投入到新的工作环境中去,为公司的发展贡献自己的青春。

兹奉上个人简历、学校推荐表。如蒙约期面试,请惠告时间、地点,我当准时拜见。

此致

敬礼!

自荐人:×××

××年××月××日

🔍 **例文**

自　荐　信

尊敬的招聘主管:

您好!

我是××学院国际经济与贸易专业的学生,愿将所积累的学识贡献给贵单位,并尽自己最大所能为贵公司的进步与发展贡献自己的全部力量。

我深知,"机遇只垂青于有准备的人"。在校期间,我抓住一切机会学习各方面知识,锻炼自己各方面的能力,使自己朝着现代社会所需要的具有创新精神的复合型人才发展。我的英语水平达到公共英语三级、计算机通过国家等级考试二级VF,并连续两年获得奖学金。在努力学习专业知识的同时,我还广泛涉猎了法律、文学等领域的知识。

"在工作中学会工作,在学习中学会学习"。作为一名院学生会干部,我更注重自己能力的培养。乐观、执着、拼搏是我的航标。在险滩处扯起希望的风帆,在激流中突显勇敢的性格,是我人生的信条。由我创意并组织的学院"红五月文化节"活动得到了老师和同学们的认可,使我以更饱满的热情投入到新的挑战之中,向着更高的目标冲击。

为了更全面地锻炼自己的能力,我利用假期先后在政府机关、企事业单位进行了社会实践,我的实习论文被评为"优秀实习论文",这些经验为我走入社会、参与商业经营运作奠定了良好的基础,而且从中学到了如何与人相处。

在即将走上社会岗位的时候,我毛遂自荐,企盼着以满腔的真诚和热情加入贵公司。

此致

敬礼

自荐人:×××

××年××月××日

三、推荐信

高校毕业生在准备好个人简历、求职信或自荐信后,为了增加就业成功的砝码,可以请学校有一定名气或影响力的专家、教授,或者对你想去就业的公司有影响力的人给你写推荐信,让他们向招聘单位推荐你,有力的推荐是你被录取的重要条件之一。

(一) 推荐信的写法

1. 推荐信的内容

(1) 先介绍被推荐人的基本情况以及之所以要推荐的理由。

(2) 写明与被推荐者的认识时间(何时开始认识或认识多久),认识程度(偶尔见面或密切接触)及关系(师生关系、上下级关系、同事等)。

（3）对于被推荐者个人特质的评估，这是推荐信的核心。主要包括被推荐者的天赋、学习成绩、研究能力、工作经验、学习精神、组织能力、沟通能力、成熟度、抱负、领导能力、团队工作能力、品行及个性等方面。

（4）必须表明推荐人的态度，是极力推荐还是有保留地推荐。

2. 推荐信的格式

推荐信的格式与一般书信基本相同，有：信头，发信日期，收信人姓名、称呼，正文，信尾谦称，签名，推荐人姓名，职称及工作单位等部分。这里不多叙述。

（二）写推荐信需注意的问题

1. 推荐信要客观和公正

切忌流于形式、内容空洞，避免过度笼统和陈词滥调。要与被推荐人的其他材料如个人简历、求职信或自荐信等相符，而且要相互呼应。

2. 推荐信应注意格式和文法

一封漂亮有力的推荐信会让人联想到"名师出高徒"之说。

（三）求职者应注意的事项

1. 寻找推荐人选

好的推荐信应当由具备相当知名度，且与求职者熟识的人撰写。求职者的上级、同事，或学校里的老师是最佳人选。

2. 保持联系

你要做的是与各推荐人保持联系，提供必要的信息和看法，并且确认每封推荐信皆能如期完成。

3. 致谢

最后记得向每位推荐人致谢，感谢他们付出心力为你撰写推荐信。

（三）推荐信例文

例文

推　荐　信

王经理：

　　我是××学院的×××教授，长期以来一直担任我校××专业的教研室主任。在专业教学中，我了解到××同学在各方面一直表现得很优秀。该同学热爱学习，学习成绩优异，有很强的钻研能力；在学生会和班里一直担任干部，有很强的领导能力和沟通能力；组织策划过很多大型活动，组织能力、团队工作能力较强；该同学品行端正、为人正派。我想，该同学符合贵单位招聘要求，特此推荐。

　　此致

敬礼！

推荐人：×××
××年××月××日

第三节　英文求职材料

现代社会,随着社会经济的快速发展,国际交流的日益频繁,各用人单位对人才的要求也越来越高,英语作为一门国际性语言,目前已渗透到了社会的各个角落。因此,求职者在求职时寄上一份英文材料已成为一种趋势,这也是用人单位考核人才的一个标准。

有些单位,尤其像一些外企、合资企业以及英语水平要求高的单位,本身就会要求准备英文的应聘材料。作为一名高校毕业生,有必要写好一份英文求职材料,以便向用人单位展示你的英文水平。

下面介绍英文求职信和英文简历两种常见的英文求职信函的写法,供高校大学生参考。

一、英文求职信

英文求职信的结构一般包括八个部分:信封(Superscription)、信头(Heading)、信内地址(Inside Address)、称呼(Title)、信的正文(Body of letter)、结束语(Complimentary Close)、签名(Signature)和附件(Enclosure)。

(一) 求职信的内容

通常根据所欲谋求的工作性质而定。基本上可以包括下列几项。

1. 开头

开头部分主要表明写信的目的或动机。如果求职信是针对报纸上招聘广告而写的,信中应当提到何月何日的报纸。有时就业信息是从朋友或中介机构那获得的,有时是写信人不知某机构、公司有工作机会,毛遂自荐而写的信,不论是哪一种,求职信上一定要说明写信的缘起和目的。

2. 正文

此部分主要介绍个人情况。写明自己的年龄或出生年月、教育背景,尤其是和应征的职位有关的培训或教育科目、工作经验或特殊的技能。如无很多实际工作经验,略述实习、实践类经验亦可。

3. 结尾

求职信的结尾一般希望并请求未来的雇主允以面谈的机会,因此,信中要表明可以面谈的时间。

(二) 内容上应注意的问题

1. 英文应征函的第一段要说明写信的缘起目的

有关这方面的写法不宜用分词句子,例如下面所列作为开头第一句的句子,因为这类句子被人用得太多,显得陈腐,没有新意,失去突出的特性。例如:

(1) Replying to your advertisement...

(2) Answering your advertisement...

(3) Believing that there is an opportunity...

(4) Thinking that there is a vacancy in your company...

(5) Having read your advertisement...

而应多采用下列语句写作。

(1) Your advertisement in this morning's Journal for an secretary prompts me to offer you my qualifications for this position. 看到贵公司在今早报纸上招聘秘书的广告，我有意申请这一职位，现将我的相关资料提供给您。

(2) In your advertisement for an accountant, you indicated that you require the services of a competent person, with thorough training in the field of cost accounting. Please consider me an applicant for the position. Here are my reasons for believing I am qualified for this work. 贵公司招聘会计的广告中说明招聘条件为：能胜任此项工作，并且在成本会计领域受过全面培训的人员。请考虑我的申请。以下内容将使您相信我能胜任这份工作。

2. 求职的人应招聘单位的要求不得不提到希望待遇时，可用类似的句子

(1) I hesitate to state a definite salary, but, as long as you have requested me to, I should consider 2,500 Yuan a month satisfactory. 我对待遇总是迟迟无法定确切数目，但既然您要我说明，我认为月薪2 500就满意了。

(2) I feel it is presumptuous of me to state what my salary should be.... . My first consideration is to satisfy you completely. However, while I am serving my apprenticeship, I should consider_a month satisfactory compensation. 我不敢冒昧说出起薪多少。最初我仅想要如何工作得好，使您满意。在试用期间，月薪……即可。

下列句子不宜使用。

(1) As for salary, I do not know what to say. Would 2,500 Yuan a month be too much? 至于起薪，我不知怎么说，月薪2 500元会不会太多？

(2) Do you think I should be asking too much if I said 5 000 dollars a month? 若要求月薪5 000元，会不会太高？

(3) You know what my services are worth better than I do. All I want is a living wage. 对敝人工作的价值您比我更清楚。我仅想够糊口即可。

3. 求职信的结尾用语，要有特点、避免老生常谈的滥调

下列有几个句子，写作时最好不要采用。

(1) 软弱、羞怯的句子

If you think I can fill the position after you have read my letter, I shall be glad to talk with you. 读完此信后倘若您认为我可补缺，我愿和您一谈。

(2) 怀疑、不妥、不安全的句子

If you're interested, let me know immediately, as I'm sure and interview will convince you I'm the man for the job. 倘贵公司有兴趣，请即告知，我深信与您面谈可以使您相信，我适合担任此职。

（3）陈腐的句子

Hoping you will give me an interview, I am... （我希望您惠予面谈）Anticipating a favorable decision, I wait your... （等候您的佳音）

Trusting your reply will be satisfactory, I remain... （静候 满意的答复）

（4）祈求式的句子

不够完整（漏掉面谈时间）：Would you please give me the chance to interview your? I can be reached by calling××××××. 恳请惠予面谈，请打电话××××××。

（5）太过自信的句子

I am quite certain that an interview will substantiate my statements. Between two and five every afternoon except Tuesday you can reach me by telephoning××××××. 我深信面谈可以证实我的话。您可在每天下午二至五时（星期二例外）打××××××号电话通知我。

4. 求职信的结尾用语，可以采用下列句子

（1）If my application has convinced you of my ability to satisfy you, I should welcome the opportunity to talk with you, so that you may judge my personal qualifications further. 如果我的能力使您感到满意，希望能得到与您面谈的机会，以便使您对我的个人资格方面做出更深入的判断。

（2）May I have an interview? You can reach me by telephone ×××××× between the hours of 8-11 a. m and 1:30-9:30 p. m. 可否赐予面谈？ 您可在每天上午八至十一点，下午一点半至九点打电话××××××号。

（3）May I have the opportunity to discuss this matter further with you? My telephone is ××××××. You can reach me between nine and five o'clock during the day. 可否惠予面谈以便进一步商讨？ 我的电话是××××××。我从上午九时到下午五时都可接通。

5. 求职信的语气要发挥最大的效果

语气必须肯定、自信、有创意而不过分夸张，如能事先洞察招聘单位的喜好，或其他方面的特性，根据物以类聚的原理，求职信若能配合招聘单位的特性，求职的人一定可以比其他人占上风，获得面谈的机会。下列例句语气上都欠妥，第一句显得语气太弱，写信的人有点羞怯的样子。第二句太过自信，第三句表示谦虚。我们要避免选择不适当的句子。

（1）I think that I should probably make a good secretary for you. 我想我可能成为贵公司的好秘书。

（2）I recently completed a course in filing at the... School of business. I am competent not only to install a filing system that will fulfill the needs of your organization, but I am also well qualified to operate it efficiently. 最近我在……商业补习班读完一门档案处理的课程，我自信不仅可以设置一套符合您要求的档案系统，而且可以有效地操作。

下面这个例句语气方面比较合适，有风格：

（3）I am confident that my experience and references will show you that I can fulfill the particular requirements of your secretary position. 我相信我的经验和推荐信可以告诉您,我能够符合贵公司秘书一职的特定需要。

（三）其他注意事项

一封英文求职信和你的人的第一印象同样重要,要怎样填写一封求职信,有下列事项你不得不注意:

1. 选择信封、信纸

求职信的信封与信纸最好以清洁、大方、明朗为原则,颜色以白色和素色为最佳选择。

2. 最好用电脑打印内容

打字是写求职信最佳的选择,如果真需要用手写也必须用钢笔和原子笔,蓝色和黑色是最佳选择。

3. 内容简明、文笔顺畅

简明扼要的内容和通顺流畅的文笔,是求职信必要的原件,但最重要的要素,还是以正确的文法把你的有效信息,平实顺畅地表达出来。和一般中文求职信的表现方式稍有不同,就整体来说,一份能够积极展现个人特色、优点以及潜力的英文求职信是比较容易得到招聘者青睐的。

二、英文简历

（一）英文简历的写法

英语简历并无固定不变的写作形式,应聘者完全可以根据个人的具体情况来确定采用何种形式,灵活设计。一般来说,高校毕业生因为没有很多工作经历,相对而言不容易展现其实际能力。因此在这里要善于使用 successfully、effectively 等有冲击性的形容词来强调你对工作的热诚。

需要注意英文用字遣词,必须体现个人真正的能力。千万不要为了表现英文能力而硬挤出过于艰涩的文章。到面试的时候露出马脚,那可就糟了。

英文简历一般包括下列元素:

（1）personal data(个人资料):name(姓名)、address(通讯地址)、postal code(邮政编码)、phone number(电话号码)、birthday(出生日期)、birthplace(出生地点)、sex(性别)、height(身高)、weight(体重)、health(健康状况)、date of availability(可到职日期)、number of identification card(身份证号码)。

（2）job/career objective(应聘职位)。

（3）education(教育):就读学校及系科的名称、学位、始止时间、和应聘职位相关的课程与成绩、社会实践、课外活动、奖励等都应一一列出。

（4）special skill(特别技能)。

（5）hobbies/interests(业余爱好)。如果在教育项目的课外活动中已经注明,此项则不必重复。

(二)英文简历写作需注意的问题

1. 英文简历要体现个性

英文简历制作者必须衡量自身以及应聘职务需求,打造最能突显优势的内容,呈现方式可以自行设计,要勇于表现个人风格,不要拘泥于形式。写简历的时候,要注意是否有起承转合的整体感。为什么你要选择这间公司以及这个职务?你自己本身具有哪些能力?今后你想做些什么?你自己的卖点在哪里?照你自己的方式以及风格,将这些内容依次表达出来。

2. 文章最好按条例编排

招聘者每天可能要看的简历上百份,停留在一份简历的时间顶多不超过 10~20 秒。因此建议将文章内容以条例方式呈现,让招聘者在短时间内能马上抓住这份简历的重点。

3. 简历应精练

简历不要太长,尽量控制在一页之内,一份厚厚的简历对忙碌的招聘单位来说会是种负担。因此即使有再辉煌的事迹值得陈述,也不如多费一点心思设计你的版面,务必以不超过两张纸为原则。

4. 搭配求职信

求职信是英文简历不可或缺的搭档。有了它,你的简历将威力倍增。

5. 除非应征的公司有所要求,否则一般英文简历并不需要附上照片

6. 检查拼写及数字正确无误

拓展阅读 6-1　HR 筛选简历一般看中这几点

✎ 【实践课堂】

1. 请你制作一份中文个人求职简历,制作一份电子简历,所在班级进行简历大赛。
2. 练习英文个人求职简历。

📝 【课后练习】

1. 简历写作有哪些注意事项?
2. 推荐信包括哪些内容?
3. 英文简历写作需注意什么问题?

第七章

求职应聘技巧

【学习目标】

1. 面试注意事项和答题思路；
2. 笔试准备和注意事项；
3. 了解网络招聘优势及技巧。

引导案例

当面试官提出"妻子和母亲同时落水救谁"的问题时，应届生如何回答

恰逢毕业季，大量应届生涌入社会，使得原本就紧张的就业环境更是雪上加霜，来自各行各业的求职者的压力也是与日俱增。

赵茂最近结束了他的大学生涯，步入了社会，为了尽快适应社会环境，他开始找工作，在各大网站上投递简历，赵茂在校期间成绩偏上，很快就收到了一家公司的面试邀请，恰好这家公司经营方向和赵茂的工作意愿相近，他也十分希望能入职这家公司。

赵茂按照约定来到面试地点开始面试，刚开始面试官提出的问题比较常见，赵茂在面试前做足了功课，所以对他来说基本上都不是问题，甚至在面试官提出"是否可以接受加班"这个问题时，赵茂和面试官还就这个问题讨论的有来有回。

就在赵茂得意扬扬以为这份工作十拿九稳时，面试官冷不丁地又提出了一个问题："如果你的母亲和妻子同时落入水中，你会先救谁？"

赵茂听后心中一万个问号飘过，再三跟面试官确认，这真的是面试测试题吗？

在得到面试官十分笃定的答复后，赵茂开始思考这个问题，片刻过后，赵茂给了面试官一个答复："我刚毕业还没有妻子，我只有一个相恋多年的女朋友，很可能几年后会成为我妻子，最重要的是她会游泳，我相信她一定会把我的母亲救上来，我也会在一旁协助她们，尽快让她们脱离危险。"

面试官听完赵茂的答复很满意，当即宣布赵茂被录取，下周一就可以来上班。

在这个问题里，无论赵茂选择救助哪一方可能都不是最好的选择，失去任何一方都会给他造成终生的遗憾，但他巧妙地将选择权移交到妻子和母亲一方，自己协助他们来保证安全，这样会使得三方共同参与才能成功脱险，也是最理智的做法。面试官也正是看到了这一点，才会认定赵茂为合适的人选。

资料来源：https://view.inews.qq.com/a/20210918A0FY7Z00?refer＝wx_hot.2021-09-18.

在上一章,我们讨论了求职应聘前文字方面的准备工作。那么,有了这些文字材料,是否就可以去应聘了呢?回答是:不行。求职应聘前还应有所准备,那就是了解"面试"和"笔试"。这一章,将讨论面试和笔试的各种问题,最后还要探讨网络招聘的优势、网上求职应注意的事项及技巧。

第一节　面　　试

一、面试综述

面试是我们在求职过程中必须经过的一个关键环节。那么什么是面试呢? 面试是用人单位直接对应聘者面对面考核、录用的形式。它是通过招聘者与求职者双方面对面地观察、交谈等双向沟通方式来了解求职者的思想观念、气质类型、性格特点、能力水平等素质状况,以确定是否录用的一种人才选拔方式。

(一)用人单位面试的目的

用人单位通过面试,首先要了解求职者的动机与工作期望,其次要考核求职者仪表、性格、知识、能力、经验等特征,最后还要考核笔试中难以获得的其他信息。总而言之,通过面试选拔出所需的优秀人才是用人单位面试的根本目的。

(二)常见的面试方式

1. 模式化面试
由考官根据预先准备好的询问题目和有关细节,逐一发问,其目的是获得有关应试者全面、真实的材料,观察应试者的仪表、谈吐和行为等。

2. 问题式面试
由考官对应试者提出一个问题或一项计划,请应试者予以解决或完成。其目的是观察应试者在特殊情况下的表现,以判断其解决问题的能力。

3. 讨论式面试
由考官海阔天空地与应试者交谈,让应试者自由地发表言论,尽量活跃谈话气氛,在闲聊中观察应试者的能力、知识、谈吐和风度。

4. 压力式面试
由考官有意识地对应试者施加压力,针对某一问题做一连串的发问,不仅详细,而且追根问底,直至无法回答,甚至有意问些与面试无关的问题,看其在突如其来的压力下能否做出恰当的反应,以观察其机智程度和应变能力。

例如,某国际知名公司的人力资源部经理在问完有关专业问题后,突然问了一个问题:"请你说说,为什么马路上的井盖是圆的?"以考察应聘者的反应能力。

5. 综合式面试
由考官通过多种方式综合考察应试者多方面的才能。如用外语同应试者会话以考察其外语水平,让应试者写一段文字以考察其文字表达能力,让应试者讲一段课文以考察其演讲能力,也许还会要求应试者使用计算机或打字机等。

在实际面试过程中,考官可能只采取一种面试方式,也可能同时采用几种面试方式。

（三）面试的种类

根据面试时人数的多少,面试可以分为一对一面试、多对一面试、小组面试等。

1. 一对一面试

面试时只有一名主考官与一名应聘者。

2. 多对一面试

多对一面试,指的是两个或两个以上的主考官共同面试同一个应聘者。采取这种面试方法多是出于节省时间的考虑,招聘单位可以在很短的时间完成多项面试内容,几个面试考官一轮下来就可以对面试进行现场综合评定。

在这种情况下,你要注意谁是最主要的面试考官。当然面试者应该对最主要的面试考官有所重视,但也不能忽略其他人员,显得厚此薄彼。

3. 小组面试

应聘者分成小组开展某种活动或进行游戏,考官人数可多可少,他们同时考察一组人。这么做的目的通常有三个:一是可以横向比较面试者,统观全局,大致了解每个人的特色;二是考察小组成员的团队合作精神;三是节省时间,因为招聘工作时间紧,常常来不及一个个面试。

小 贴 士

如何在小组面试中脱颖而出?

小组面试,有的时候需要就给出的条件共同完成一个项目,或者就一个主题进行探讨,得出结论。

1. 放下包袱、大胆开口、抢先发言;
2. 逻辑严密、论证充分、辩驳有力;
3. 尊重队友观点、友善待人、不恶语相向;
4. 掏出纸笔、记录要点、做到与众不同;
5. 逐一点评、最后总结、充当引导者;
6. 上交讨论提纲、条理清晰、再露一手。

（四）面试的一般程序

1. 面试开始阶段

俗话说"先入为主"。与后两项程序相比,这是最重要的阶段,因为应聘者留给考官的第一印象很可能决定着你应聘成功与否。毕业生请记住:面试开始时要面带微笑,看着对方的眼睛,热情洋溢、充满信心。

2. 面试进行阶段

这段时间是面试双方互相了解情况,加深印象的过程。考官会在这段时间里对面试者做出以下评价:一是面试者的性格是否适合这项工作;二是如果面试者成为他们中的一员,能否有所贡献。

可以利用这段时间主动打听一些关于公司以及工作的情况,看看自己是不是真正喜欢它们。

3. 面试结束阶段

这段时间要展现面试者的风度与对应聘工作的兴趣,先对考官表示感谢,如果结果还没有确定下来,可以询问:"下一步我需要做什么? 我有希望被录用吗?"这些问题表达了你对这份职业的兴趣,能够加深用人单位对你的印象,增加你被聘用的可能。

(五)面试没有标准答案

面试的企业情况不同,人员构成不同。所有的提问涉及专业、社会等方方面面,提问目的不同,对答案的认可就不同。而且,关于社会问题的解答,也没有固定的答案。

比如,很多企业都问应聘者"你业余时间做什么?"这个问题。各企业的出发点、目的却不尽相同,有的是真想知道应聘者业余时间做了什么,有的却另有用意,想知道应聘者所答是随大流还是独有心得。

因此,企业提问的用意无从猜测,也不应猜测(应聘面试决非猜灯谜)。我们主张的是:回答问题不要丢掉做人、做事的基本原则。

二、面试准备

面试的准备从大学生进入大学后就应该开始了。大学生应当全面学好专业知识,提高专业技能,在此基础上,尽可能地扩大知识面,特别应注意语言表达能力的锻炼。多参加集体活动,课堂讨论大胆发言,这些都有助于语言的组织和讲话能力的提高。大学生还要有意识地多与不熟悉者交谈,养成与生人自如交谈的习惯。

"知己知彼,百战不殆。"机遇总是降临到那些有准备的人身上。在此,我们主要讨论在应聘面试前应做好哪些具体的准备工作。

(一)做好自我认知准备

要自信地应对面试,首先要对自己有清楚的认知。大学毕业生在面试前应对自己的能力、特长、个性、兴趣、爱好、长短处、人生目标、择业倾向做认真的分析。例如,写出几件自己认为可以称得上成功的事情,逐一分析这些成就;列出最主要的几项技能。

另外一定要针对应聘企业设计较为详细的个人职业发展计划,不要只考虑目标,不考虑达到目标的途径。这样当被问及"未来5年计划如何发展个人事业"时,就能从容展示对自己目前专业技能的评估,以及为胜任职业目标所拟订的粗线条的技能发展计划。

(二)做好资料准备

1. 准备个人资料

除了前一章所提到的自荐信、有关人士的推荐信、个人简历等,还要准备好学习成绩单、获奖证书、个人科研成果、论文、参加有关活动的证明等,以备考官在面试时翻阅、核查。

2. 收集用人单位的有关资料

面试前应对所应聘的公司做全方位、深入地了解。切记了解他人是推销自己的前提！谈论用人单位的优点,是你与单位领导快速消除陌生感、拉近距离的桥梁;用人单位某些方面的不足,是你提出建设性意见、让对方认知你的长处的切入点。

大学生应尽可能多地了解用人单位的历史、现状、领导层的风格,掌握该公司的业务方向、产品特色、发展前景等。必要时,连带将该行业也通盘了解一下,一是对自己的前程负责;二是以备应聘中的相关提问。

(三)做好模拟演练准备

在面试时,考官常常会问到一些常见的问题。如果能够事先了解这些问题,就可以使自己胸有成竹地回答这些问题,这是非常有益于面试成功的。不同的招聘面试会提出不同的问题,但有一些问题是比较常见的。其中两个问题是必考题,都需要在下面认真准备。

(1)请做一下自我介绍。

(2)你为什么选择本公司?

此外还要针对面试可能提出的其他问题进行必要的准备。这些问题可能涉及公司业务、公司文化、行业背景,如:"请你谈谈对本公司的了解。""你知道本公司在行业中的地位吗?"也可能涉及公司所需要的专业知识,如:"如果对公司某产品进行促销,请你设计一下促销方案。"有些还可能涉及应聘者个人的性格、兴趣爱好、对工作的态度、工作能力及对某些社会问题的看法等诸多方面。例如:"据某报纸报道,某公司上个月裁减 20 名员工,其中 12 人是应届大学生,请你谈谈对此事的看法。"这些问题的准备与前面资料的准备环环相扣。只有在全面了解面试单位、充分客观评价自我、关注社会热点问题的基础上,才能对答如流。

(四)做好语声准备

在面试中给考官留下良好的听觉印象是面试成功的关键因素之一,所以万万马虎不得。听觉印象主要是指说话时的语气、音调,甚至逻辑重音,这些都体现了一个人的教养。同学们要注意声音的清楚、悦耳,要显示出自信。

大家结合前两项准备工作,通过模拟面试,练习语音、语速,及时调整改善不足之处。首先要改掉不良的说话习惯,尤其要注意去掉不文明的口头禅。其次说话应该尽量说普通话。再次要注意语音表达,语音尖细或低粗都不好,语调平和、声音适中。最后要练习说话语速,保持中等语速(每分钟约 120 个字。类似收音机里播音员的语速,可多听)。

(五)做好服饰装扮准备

很多大学毕业生没有意识到,自己未被录用的重要原因是由于没有重视求职服饰,形象不佳。国内外有关调查表明,有近 1/3 求职者落选是因为他们的服装不合格、不修边幅或行为不雅。大学毕业生应聘时的着装,一定要讲究搭配合理、色调和谐。同学们在准备

服饰时要注意以下几点:

1. 根据体型选择服装

瘦高体型者,不宜选用竖条和质地较薄的服装,否则会夸大纤细的身形,给人缺乏韵味之感,而质感厚实点儿的衣料会使体瘦的人看上去精神抖擞;体型丰满者应选择厚度适宜的衣料,过厚过薄的服装都会暴露体型弱点;肥胖者切忌穿夸大体型的大花纹、横花纹、大方格图案的服装。

2. 着装正统大方

面试是求职的重要环节,同学们都会慎重对待,穿着正式能够显示出你对面试单位的重视。着装不必赶时髦,不必求流行,尤其不能浓妆艳抹,打扮得花枝招展,因为许多人心理上都认为过分追时髦的人往往是不求上进的人。

在服装选择上,男生适合选用西服,显得稳重、干练;女同学则应选择简单、明快且质感较佳的服饰,在整洁典雅中可透射些许活泼美丽,佩饰要少而精。

发型在人的外观上占有重要地位。男同学过长的头发,女同学过于夸张、染色的头发或头发蓬乱,往往会产生不利效果。女生整理发型应以整洁、清纯、大方为原则,如果不是短发,最好把两侧长发放在耳后,并且用发卡夹好。

对于银行业、机械行业、食品业等单位而言,由于员工经常与客人或设备接触,为保持清洁或出于礼节考虑,这些单位一般不允许女生留长发。即使允许留长发,一般也要求将长发扎起来。所以应聘窗口行业的女生在面试时要特别注意发型。

3. 服饰要适合应聘工作的需要

根据所应聘的工作性质和类型,确定自己的穿着,这是一个较稳妥的做法。如果应聘工作的性质比较严谨,同学们需要一套正规的服装,建议选择端庄、柔和的颜色,黑色虽然缺乏创意,但是给人精干利落的印象,肤色白皙的女生可以选择;如果应聘工作比较讲究创意,那同学们可以穿得稍微休闲一点,力求显出自己的创造力,但是要达到顺眼、耐看的视觉效果,而不要表现得另类、超前。

(六) 做好身心准备

健康的身体是参加面试的前提,良好的精神状态是面试成功的重要保证。同学们一定要注意身心准备工作。

1. 要加强身体锻炼,保证睡眠,保持充沛的体力

应聘前的几天内,不做过于劳累辛苦的事情,也不从事过于紧张、刺激的活动,保持心理稳定与愉悦。

2. 要克服消极的心理紧张

临场前过度紧张和焦虑,临场时呆板和木讷,是应试的大忌。求职者应注意调整好临场前的心理状态,自然而又精神饱满地参与面试中的竞争。

3. 要充满必胜的信念

应聘成功取决于自己平常养成的内在特质,如高尚的品德、良好的习惯、健康的人生态度、自觉的人际亲和力和学已有成的业务技能。既然我已准备好了,那么,我一定成功。

三、面试时的注意事项

（一）注意提前赴约

任何一个单位都希望自己的员工有严格的时间观念。迟到是求职面试的一大忌讳，它会使考官怀疑你的工作效率，不利于求职的成功。据有关专家统计，求职面试迟到获得录用的可能性只相当于准时到达者的1/2。因此，毕业生一定要提前到达面试单位。

提前到达既可以有充分的时间来观察该公司，又可以思考一下准备回答的重点问题，稳定自己的情绪。一般来讲，面试时留出20分钟的富余时间，可以应付一些意外情况。如果路途遇到预想不到的麻烦事，一定要采取措施，比如给招聘单位打电话解释清楚原因等。但是也不要早于20分钟以上到达面试地点。这会使人认为你过分着急。

（二）注意细微之处

走路、进门、握手、坐姿这些细节问题可以反映出一个人的内在修养，都不可过于随意。

1. 注意通报细节

到达面试地点后，不可贸然进入，一定要先敲门，不论门是否开着。经允许后轻轻推开门进入。如果需要关门，则请轻轻关门。

2. 注意握手礼节

若非考官先伸手，面试同学切勿向前伸手与对方握手。握手的一般规则是上级可对下级主动，长辈可对晚辈主动，女士可对男士主动。

3. 注意坐姿形象

在未得到考官的邀请前，请勿直接坐下。当对方叫面试者坐下时，应道声"谢谢"。正确的坐姿：后背自然伸直，双腿不能叉开，男生双膝应与两肩齐，女生双膝并拢。双手自然放置大腿上或双手相叠放在桌上，不要有挠头、抓耳、掏兜、弹动手指、抖动双腿或跷"二郎腿"等不雅动作。

有些考官特别注重应聘者在简历之外给人的一种感受，例如，给应聘者的水杯特意用普通水杯，看看他放杯子时发出的声响，看他是否会盖上杯盖等。

关注细节对同学们面试成功有重要影响。用人单位除了通过细节观察面试者个人修养之外，有时细节还可能暗扣考题。比如，正式面试时问你："对抽烟怎样看？"你的回答一般会遵循着社会公众思路说抽烟有害健康，然而，刚才在该公司休息室，有人却观察到你迫不及待连抽了两支烟。显然你言不由衷、言行不一，应聘必然失败。

有时在你未到面试现场前，用人单位已安排了试题。比如，在你路过之处放一把碍脚的笤帚，看你是否扶起它，把它放置妥当；故意不设烟灰缸，看你往哪里弹烟灰；在你座椅附近置几团废纸，看你是否收拾起来等。总之对个人日常习惯的考察，最有效的就是这些不经意的"小事"。而小事却看出大问题。所以毕业生一定要重视细节问题。

（三）注意面试言谈举止

言谈举止不仅可以看出一个人的个性、修养，也可以看出其成长环境及家教状况。大学生在求职面试过程中言谈举止文明有礼，对顺利通过面试具有重要作用。

1. 注意交谈表情

面带微笑进入面试场所能让你消除紧张情绪,同时也能让考官心情愉悦。面试时要正视前方考官。如果考官有二三位,则看着首席或中间的一位,表情要轻松、柔和、自然、大方。

2. 恰当使用身体语言

面谈中,身体稍向前倾,以示对谈话的兴趣。及时用眼神、头部动作或"噢""对"等简短应答语言对考官的讲话做出相应的反应,切不可分散注意力、左顾右盼,更不能有打呵欠、看手表等失礼的表现。思索问题时切勿眼球乱转、翻眼、死盯天花板的毛病。大学毕业生在面试时常犯的错误:回答问题时低头不看人,或者回答问题时不敢直视面试官。想克服这个毛病,大学生平时要多进行即兴问答方面的训练。

3. 应答问题时的注意事项

(1)态度诚恳热情

回答问题应诚恳热情、口齿清晰、语速适中、语言朴实。不要过分显摆自己,也不要贬低其他应聘者或其他招聘单位。

(2)语言简明扼要

回答要动脑筋,搞清对方发问的目的、要求,尽力做到有理有节,不可随意答复或敷衍搪塞。对于简单问题的回答,可能就是一句话,千万不要嫌一句话太少,总想多说几句,要抑制说话的欲望。对于复杂问题的回答,应先说结论,再简述理由。

回答时间限定在1分钟内。记住:说话时间决不能长。应聘不一定要面面俱到,但一定要打造你使人动心的"亮点"。这就好比吃饭,只有你把肉放在米饭的上面,才能激发别人的食欲;如果埋在饭中,不可能达到这样的效果。应聘中,精华一定要列出来重点谈。

(3)回答实话实说

对于回答不上的问题切勿信口开河、装腔作势、胡乱卖弄,更不能流露不满意、不耐烦情绪。

(4)答案具备独创性

郑鸣是某财经学院管理学系的高才生,虽然相貌欠佳,但对自己的能力充满信心。她参加一家化妆品公司的面试时,面对老总,从一些国际知名化妆品公司的成功之道说到国产品牌的推销妙招,侃侃道来、顺理成章、逻辑缜密。

这位老总很兴奋,亲切地说:"小姐,恕我直言,化妆品广告很大程度上是美人的广告——外观很重要。"郑鸣迎着老总的目光大胆进言:"美人可以说这张脸是用了你们的面霜的结果,丑女则可以说这张脸是没有用你们的面霜所致,殊途同归,表达效果不是一样吗?"结果,她成功了。

4. 面试中的言谈礼仪

(1)注意谈话方式

不要打断考官的话题,注意倾听对方的谈话内容,对重复的问题不要表示出不耐烦。

如果对考官的话没听懂或没听清,应等考官把话说完再提出:"很抱歉!刚才您说的是……吗?""你刚才这句话我没有听清,能否再重复一遍。"

(2)注意运用规范的语言

忌用"口头禅"、方言、土语等不为他人理解的语言,更不能油腔滑调。

（3）及时告辞致谢

考官说："今天辛苦你了!"即意味着结束。你应从容站起,面带微笑说:"谢谢!"走至门口,回身说:"再见!"出门要随手轻轻关门。切记,无论有无录用的希望,都应向对方表示衷心感谢,这最能体现你的真诚和修养。面试结束前不要忘记表态:"非常感谢贵单位给我的面试机会。""我非常愿意成为贵单位的一员,请领导考虑。"

（四）了解面试禁忌事项

大学毕业生在求职面试前,应当了解面试有关禁忌事项,并从中吸取经验,避免在以后面试时犯同样的错误,可以提高求职成功率。

1. 过于想博得好感

由于过于想博得好感,以至于不切实际地赞颂或奉承该企业,甚至中伤该企业的竞争对手。在正规的企业中,或是在具备专业素养的考官面前,这种行为是非常忌讳的。

2. 过分谦卑

谦虚是美德,但是如果把握不好度,容易出现语言沉闷、底气不足,或者行为过于拘谨,使得用人单位没有信心录用你。

3. 过分自夸

应试者大谈个人成就、特长、技能时,却没有实例相应证,容易招致招聘考官反感。此外言谈过于自信,说话滔滔不绝,会使年轻的考官产生危机感。

4. 过于外向

情绪变化太快,情感极易流露,动不动就大笑或流泪,会使考官认为你不成熟。

5. 过于世故

想方设法与考官"套近乎",缺乏大学生应有的单纯、明朗,容易影响考官对你人品的判断。

6. 过于随便

自称没拿这次面试当回事,只是想锻炼锻炼自己;或者有好几家企业还等着呢,这些都过于随便的表现。

扩展阅读 7-1　公务员面试"对答如流"仍被淘汰,考生不能接受,考官说出实情

四、面试问题分析及答题思路

（一）面试经典问题分析

1. 你希望与什么样的上级共事?

通过面试者对上级的"希望"可以判断出面试者对自我要求的意识,这既是一个陷阱,又是一次机会。面试者要回避对上级具体的希望,多谈对自己的要求,如:"作为刚步入社会的新人,我应该多要求自己尽快熟悉环境、适应环境,而不应该对环境提出什么要求,只要能发挥我的专长就可以了。"

2. 你最崇拜谁?

这是近两年用人单位经常考的一道题。面试者回答时,不宜说自己谁都不崇拜,或者说崇拜自己,也最好不要说崇拜一个虚幻的,或者不知名的人,更不能崇拜一个明显具有负面形象的人。面试者所崇拜的人最好与自己所应聘的工作能"搭"上关系,说明自己所崇拜的人的哪些品质、哪些思想激励着自己、鼓舞着自己。

3. 除本单位外,你曾应聘过其他单位吗?

据实回答。无论该单位是不是你的首家应聘单位,我们建议不妨这样回答:"应聘过,但根据我个人的专业及性格特点,我认为现在我所应聘的工作岗位,最能发挥我的专业和个人特长,也最有可能为公司做出较大贡献。"要让考官感觉你加盟其团队的决心是坚定的,选择是有诚意的。

4. 你对琐碎的工作是喜欢还是讨厌,为什么?

这个问题是个两难问题,考官目的在考察你的"工作态度"。

可以这样表述:"琐碎的事情在绝大多数工作岗位上都是不可避免的,如果我的工作中有琐碎事情需要做,我会认真、耐心、细致地把它做好。"这句话既委婉地表达了大多数人的普遍心理——不喜欢琐碎工作,又强调了自己对琐碎工作的态度与敬业精神——认真、耐心、细致。既真实可信,又符合考官的用人心理。

(二)面试常见问题答题思路

1. 浅层问题

所谓浅层问题,是针对后面的问题比较而言的。它们比较简单,没有涉及复杂社会层面或深刻的内心层面。回答这类问题,需简单明了。

(1)工作对你来说有什么重要意义?

思路:不应说收入、薪水、家庭,而应说工作的挑战性、成就感。

(2)你为什么到本公司来工作?

思路:强调用人单位的前景、名望,社会上很多人对该公司的归属感、向往感。

(3)如果录用你,你可以干多久?(两年以后你希望在哪里?)

思路:他想考察你的稳定性。任何公司都不愿录用朝秦暮楚之人。可以回答:只要职位适合自己,使学有所用,工作有长进,愿意长期干下去。

(4)你最突出的特长是什么?

思路:强调团队合作精神、办事效率及用人单位所需的主要职业素养。

(5)你最突出的弱点是什么?

思路:不能直接回答自己的弱点,比如"我懒惰。"而是化腐朽为神奇。例如:"我对自己要求过于严格。""我办事讲究完美。""我脾气较好。"

(6)请你作一下自我介绍,好吗?

思路:一般来说,考官想通过我们的自我介绍,了解我们的个性特点,及这些特点是否适合目前应聘的岗位。因此,在自我介绍的时候,要很巧妙地在自己的特色与所应征的工作之间找到结合点、相关性,并将其突出出来。

(7)你业余时间干什么?

思路:强调自己的社会适应性。例如,参与社会活动、社交活动,参加某某协会,某种社会实践等。

(8)你对本公司有什么问题要问?

思路:说明该公司已有了录用你的意向。你不应放弃这个表达自己兴趣和热情的机会。你应就公司或岗位的前景提问。

2. 深层问题

所谓深层问题,是说这类问题牵涉面广,比较特殊、少见,回答难度较大,而且答案往往不固定,需根据当时情景灵活作答。

(1)给你一部小轿车,限一星期,有把握学会驾驶吗?

思路:考的是信心,实际上不可能这样做。因此一定回答"能够学会"。

(2)当国家利益和本公司利益发生冲突时,你怎么办?

思路:考的是协调意向。在管理工作中,少有非此即彼的对立策略,多是在矛盾中协调。因此,决不能采取"一边倒"策略,说什么"我要维护本公司利益"或"我应维护国家利益"。而应当说:"我会全力使冲突消除,使矛盾淡化,让双方利益都不受损失。"

类似的问题还有很多,比如:"公司晚上要加班,你却接到家里电话,去火车站接亲戚,你怎么办?"回答思路同上。

(3)你有什么与众不同之处?

思路:考察自信,特别考察是否自负。你的回答应先平和再现出棱角。

可以回答:"在日常工作中,我与他人一样努力工作;可是一旦遇上困难、挫折,我的特点是越战越勇。"

(4)你是一个顾家的人吗?

思路:很难确定考官到底喜欢还是讨厌顾家的人。如果你遇上的考官是个儒家风范的老者,那么当然选择回答顾家;可惜现今的考官大多是比你大不了几岁的年轻人,实干家,实用主义者,那么多半要回答不顾家。

保险的回答是:"我顾家,但我更顾工作;家是后方,工作是前方,相辅相成。"

(5)你是应届毕业生,缺乏经验,如何能胜任这项工作?

思路:此题的回答应体现出面试者的诚恳、机智、果敢及敬业,如:"作为应届毕业生,在工作经验方面的确会有所欠缺,因此在读书期间我一直利用各种机会在这个行业里做兼职。"

(6)你喜欢什么样的领导人?

思路:不能将之描述成高大全的领导干部形象,那样你在考官眼里是个浪漫主义者。应当实际一些,拣领导人最重要的描述,如:"他可以有很多缺点,比如爱发脾气。但是,他应当热爱工作,关心下属,对我而言,他应当支持和帮助我。"或者"我喜欢民主型、开放型的上司,但实际上,我的适应能力很强,我会适应各种各样的领导。"

3. 其他问题

所谓其他问题,是指在上述问题之外,还会出现的比较难应对的特别的问题。

（1）你对待遇有什么要求？

思路：有些年轻人错误地接受了西方发达国家的思维，以为说低了工资是没有自信、贬低自身价值的表现。在中国企业内，聘用一般员工，均倾向于"物美价廉"，人好用，付给他的薪水不要高。应聘者可以适当提出薪金要求，从两方面提出待遇：一是要求同岗同酬，薪水不低于同类工作人员；二是表示将来我用我的才干和业绩来改善我的待遇。

（2）如果公司安排的岗位与你应聘的职位不同，行不行？

思路：一般来说不会真那样让你调换岗位，它只是个问题，考察你能否应变。因此不能贸然问考官那是什么岗位。应从两方面回答：一是希望应聘原岗位，表现你不是为了有个工作，什么岗位都无所谓；二是表示如果变更的岗位能发挥才干、学以致用，也在考虑范围内。

（3）如果单凭兴趣，你会选择什么职业？

思路：决非想知道你的兴趣，而是想考察你对理想与现实关系的处理。每个人都有理想的职业，而如今的选择都有些无可奈何。你的回答决不能顺着原题说。而是要说："我选择职业首先考虑建功立业，兴趣只是儿童时代的想象。"

（4）如果把你安排到本公司的驻外地（一般都明确说明陕西、甘肃等边远地区）办事处行吗？

思路：没有公司会把新来的、不熟悉工作的人员安排到外地去。驻外人员都是精干人员。这里纯粹是考察你的艰苦奋斗的决心。可以这样回答："我能吃苦，适应性也强，只要岗位能发挥我的才干，我就去。"

（5）你走进我们公司，有什么印象、感觉？

思路：决不说吹捧话，如"特有气势"。而是先谈企业文化标识，如颜色、厂徽；再偏重谈人文气氛，如安静、有秩序、有礼貌；最后确认"这里是我建功立业的地方"。

第二节　笔　　试

笔试是招聘单位利用书面形式对求职者的各类知识和技能进行的综合性考查。主要适用于应试人数较多，需要考核的知识面较广或需要重点考核文字能力的情况，大企业、国家机关选聘公务员，往往采用此种考核形式。

笔试的题目，有相对的标准答案，答卷可以设计得科学、全面、重点突出，而且有案可查、相对公平。因而越来越多的招聘单位喜欢采用笔试方式，与面试配合选拔人才。因此，求职者不可小视笔试，必须认真对待和重视笔试。

一、笔试的作用与种类

（一）笔试的作用

（1）笔试是用人单位测试求职者的重要砝码，通过笔试用人单位能够对求职者的基本知识、专业知识、文字表达能力等综合能力进行较为客观的判断。

（2）笔试的试卷是决定求职者去留的最科学的法律文本。它既可以防止任人唯亲等不正之风,也可以作为求职者能力的留档记录。

(3)由于笔试的结果是根据一定的标准答案评定出来的,它弥补了面试结果往往是根据个人爱好、感情用事评分的缺陷。笔试得出的分数往往可靠、真实且排名简易。

因此,笔试对求职者来说是一次公平的竞争,对用人单位来说是检查和核实求职者真才实学的好办法。

(二)笔试的种类

参加笔试之前,应了解笔试的种类,以便做好准备,充分发挥出自己的水平,争取好的成绩,取得应聘的成功。笔试可分为文化考试、专业考试、技能考试和心理测试4种。

1. 文化考试

文化考试的目的是为了检验毕业生的文化程度和综合能力。毕业生虽然有学校出具的学习成绩单,用人单位为了直接掌握毕业生的文化素质,往往采取笔试的方法进行。

题目类型以活题较多,如要求学生运用某一原理,或某一历史知识,分析某一问题,以考查毕业生文化基础是否扎实,文字表达能力、分析和观察问题能力、综合归纳能力、思维反映能力等。其特点是涉及面广,知识的综合性强,题目往往较灵活,考试形式往往是作文或论文写作。

(1)作文

作文即给出特定范围或特定要求,甚至给出明确题目,当场作文,以此考查求职者的思维能力和语言表达能力的考查形式。一般不做记叙文、议论文,而是与公司、行业或专业结合起来,写应用文,如书信、专业文书(请柬、贺信等)。

(2)论文写作

形式是给一道或几道题(任选一道),在2小时乃至数小时之内交卷。

内容可以是人文素质方面的,也可以是专业领域的。如美国科内尔公司招聘高级白领,论文题目就是"论莎士比亚"。

2. 专业考试

专业考试是分专业类别进行的着重考查职业活动所必需的专门知识的考试,此类考试的题目专业性很强。如外资企业招聘雇员要考外语;公检法机关录用干部要考法律知识;国家机关招聘公务员要考行政管理方面的知识等。用以考查求职者的专业知识、专业技能。考查知识面广,但深度、难度并不高。

国家公务员考试是近年来较受毕业生重视的专业考试,它是录用非领导职务的一般公务员,实行面对社会的公开竞争性考试。按性质和权责的不同分为A、B两类。

A类职位主要包括在中央、国家机关和中央国家行政机关派驻机构与中央垂直管理系统所属机构中,从事政策、法律法规、规划等的研究起草工作和其实施中的指导、监督检查工作,以及从事机关内部综合性管理工作的职位(如国家发改委综合司从事经济形势分析和政策研究的职位)。

B类职位主要包括在中央、国家机关和中央行政机关派驻机构与中央垂直管理系统所属机构中,从事机关内的专业技术工作、对机关的业务工作提供专业技术支持的职位(如某些机关内部的财务会计职位);实行中央垂直管理的行政机关中直接将各项具体规定施于公民、法人和其他组织的行政执法职位(如基层海关中从事海上缉私或现场查验工作的职位)。

A类笔试公共科目为《行政职业能力测验》(A)和《申论》两科。

B类笔试公共科目为《行政职业能力测验》(B)一科。

3. 技能考试

这种考试主要测试应聘人员处理问题的速度和效果,检验对知识和智力运用的程度和能力,以检验求职者的实际业务能力或技术能力,往往采用实际情境模拟法或典型技术问题处理法。

例如,往往将考试放在特定的工作环境中给出几个条件,要求求职者自编一份申请报告、会议通知或准备工作流程等;或者安排考生听取 5 个人的发言,然后写一份评价报告等。

4. 心理测试

心理测试是用标准化量表或问卷测试应聘者,根据卷面完成的数量和质量来判定其个性、态度、兴趣、动机、智力、意志等心理素质构成的综合评定方式。心理测试往往事先设计好若干道问题来提问,提问并不直接涉及心理。如,"你喜欢什么颜色?"从中判定你的个性。回答蓝色,可能趋向内倾性格;回答红色,可能趋向外倾性格。而一般不会直接提问:"你是什么性格?"

(三) 常见的笔试方法及试题类型

求职考试不同于大学生所熟悉的课程结业考试和招生考试。前者属于人事考试,而后者属于教育考试。与教育考试相比,求职考试涉及知识面更广但深度较低,综合性更强但难度不高,和实际工作配合更密切但大都是有关知识的简单应用。求职者应该注意求职考试的这些特点。笔试的方法很多,但常见的有以下四种。

1. 测试法

测试法是运用最多的笔试方法。常见的测试方法也是四种。

(1) 填充法。也称填空法,主要是往缺少词语的句子里填充词语。做法有简有繁。

(2) 是非法。也称订正法或正误判断法,是要求判断内容正误的方法。

(3) 选择法。即对某一词句或问题提出若干容易混淆的解释,要求肯定其中一种正确的解释作为答案。一般要求用"○"或"√"作标记,肯定一种答案。

(4) 问答法。要求考生对提出的问题做出回答,大都是要求用简单的词语回答简单的问题。

2. 论文法

这种方法在我国已有较长的历史,在招聘选拔人才的笔试中曾被普遍采用过。这种方法与测验法明显不同的是,它可以使受试者做出自己的答案。如果说测验法是封闭性考试或识别性考试的话,那么论文法则是开放性考试或表达性考试。

论文测验的内容,主要是让应聘者对职业选择的具体问题做出评价,对某种现象做出分析或写出感想。如试用马克思主义的基本观点说明一两个具体问题;你对当前改革有何见解;谈谈你对目前国际形势的看法。事故分析、对公司或经理的评价、读后感等都属于论文测验性质。

论文测验远比简单的测验题更能判断一个人的水平,其缺点是评分难以制定出切实的标准答案,容易渗入主观因素。同时,论文测验题多属于理解性的,在解答这类题型时应该读透题意,解释全面。

3. 作文法

作文笔试法是我国的传统考试方法,与上述论文法相比,作文法关注的是应聘学生的应用表达能力,而前者更注重理论水平和逻辑结构。作文法有两种。

(1)限制性的作文

供给条件的作文,就是让应聘者根据考试者提供的一定条件,在一定的范围内作文。比如先让考生阅读一封他们考前不易猜测到内容的信,然后根据信里提出的问题写回信。这样既可避免押题,又利于考出真实成绩,考试时又利于被试者思想迅速集中,循着一定的思路作文。

(2)公文类

如某公司销售部门打算买一台计算机,请你写出一份请示报告;某市准备召开高校精神文明建设经验交流会,请写出一份会议通知等。

4. 实操法

主要用在技能测试上,考试的环境一般是真实的办公场地。例如,让应试者参加一次主题讨论会,讨论:怎样增强国家宏观调控的能力? 经济体制改革如何深化? 然后应试者就本次讨论会写出一份会议纪要和英文提要,并用计算机打印出来。又如,设定某外商要来本公司洽谈合作事宜,来电话告知有关日程安排的场景,要求应试者用相应语种接听电话,并打印出电话记录呈报有关领导。阅读数篇群众来信,并结合秘书工作的特点写出一份情况汇报,打印上报等。

二、笔试准备

良好的求职考试成绩来自于平时的努力学习。在大学学习期间刻苦学习,将所学专业知识及基础知识弄懂学会,这样在考试时就能信心十足、得心应手。求职者参加考试应做好以下的准备。

(一)要做好应试的准备

应试前了解考试的范围和具体方针,有针对性地进行必要的准备。特别要注意那些在学校没有讲授过的知识的学习和早已遗忘的有关课程的复习。

一般来说,这种备考应以扩充知识量为主,而不必花费大量的精力去思考有难度的问题。同时,笔试都有个大体的范围,可围绕这个范围翻阅一些有关的资料。

(二)要适当复习专业知识

复习专业知识应做到以下五点:

1. 提高解决实际问题的能力

现在外企公司的笔试越来越多地强调学以致用,用学过的知识解决实际问题。比如,用数学求解交通拥堵;十字路口的红绿灯多长时间变颜色最合理等。国内的各公司也都转向大量采用这类实用题型。因此,要多加练习。

2. 系统复习基础知识

笔试题不可能铺天盖地,最可能出的顺序为:科技知识(包括数理化、科普)、文史知识、经济知识、政法知识。这些知识,不是高精尖的,而是基础性的。

3. 多练习

现在市面上流通着很多求职应聘题,特别是著名外企公司的应聘题。可选择一部分题作训练用。练习时注意做到:"眼到心也到"——不能光"看"(浏览),而是有选择地拿来做练习。每练一道题,应思考该道题的出题思路和解题关键,争取举一反三,归纳出类型,以后再遇见同类型题目就会做。不能指望参考答案。

4. 熟悉企业或机关应用文格式

选择比较规范、比较权威的应用文写作工具书,熟读乃至记住重点应用文格式。优先熟读乃至记忆的应用文:通知、报告、请示、函、备忘录、申请书。

5. 模拟写作练习

草拟一两篇论文(比如人文方向的一篇,专业技术方向的一篇),并请老师指导。

三、笔试的注意事项

求职考试的主要内容是基础知识和专业技能知识,其次是同专业有关和同招聘单位有关的某种知识。用人单位对毕业生进行笔试考核,不仅仅考查文化、专业知识,往往还包括:考核心理素质、办事效率、工作态度、修辞水平、思维方法等。

所以毕业生在参加笔试时,要注意掌握"三要,三注意",认真审题,将自己的认识水平、知识水平和能力水平通过笔试较好地显示出来。

(一)笔试"三要"

1. 要做好充分准备

提前熟悉考场环境,掌握注意事项,有利于消除应试时的紧张心理。除携带必备的证件外,一些考试必备的文具也要准备齐全。考试前要有充分的睡眠,以保证考试时有充沛的精力和良好的竞技状态。

2. 要了解考试的规则和具体要求

考试时切不可违反规则,否则不但被取消录用资格,还会使人怀疑你的品格,以致影响其他单位的录用。

3. 要掌握科学的答卷方法

拿到试卷后,首先应通览一遍,了解题目的多少和难易程度,以便掌握答题的深度和速度。其次要按照先易后难的原则排出答题顺序,先答相对简单的题,最后再攻难题。

答题时要掌握好主次之分。有时毕业生见简答题是自己准备较充分的,洋洋洒洒写了上千字,而对论述题目则准备不够,就随便写了几十个字。这样功夫没用到点上,成绩当然会受到影响。所以毕业生要在统揽全卷的基础上,抓住重点题目下功夫,认真答写,充分显示自己的知识水平。

要尽可能留出时间对易出错的地方进行复查,特别注意不要漏题。要注意卷面清洁,字迹应力求清晰,书写不要过于潦草,字迹难于辨认会影响考试成绩,不要做大面积的涂改。认真的答题态度、细致的书写作风,会大大增加被录用的可能性。

(二)笔试"三注意"

1．注意把握复习重点

不要把复习重点放在难点、怪题上,要把基础知识掌握好,在实际运用上下功夫。

2．注意不要浪费时间

有时笔试出题量较大,其用意一方面考察知识掌握程度,一方面考察应试者的应试能力。所以考生在浏览卷面后,要迅速答较容易的题目,余下的时间再认真推敲其他题目。不要死抠几道题,浪费时间。

3．注意克服紧张情绪

情绪紧张往往会导致怯场,怯场就会影响考试成绩。客观地对自己进行正确评估,有助于克服紧张情绪和自卑心理,增强自信心。求职笔试同高考不同,高考是"一锤定音",而求职考试则有多次机会。

大家都知道,要在求职考试中胜出,主要是依靠平时的努力学习和不断积累,因此打好基础、积极准备、沉着应对才是考试过关的关键。

第三节　网络应聘

网络招聘,一个并不新鲜的名词,排除了时间、地点、金钱的限制,网络招聘获得了更多的受众。上海人才热线最新资料显示,近期网络招聘单位和个人求职者的数量都以超过 70％以上的速度直线上升。

其中应届毕业生的增长速度尤为明显,以超过 75％的数量急剧猛增。国外某家具公司驻华办事机构招聘木质家具质量监督员、成品沙发/沙发套质量监督员等职位,岗位专业性强,综合要求高,信息在浙江人才网上发布不到 3 天,就有 1 375 人次的点击量。

一、网络应聘的优势

网络招聘之所以发展迅速,和传统招聘相比,具有以下优势:

1．信息多

与应聘职位相同相近的职位非常多,少则几十条,多则上百条、上千条可供选择。

2．用时少

传统招聘会大都需要大半天时间,且旅途劳顿;网络招聘则可以足不出户,不必风吹日晒,就能及时浏览到大量最新的职位需求信息,从而快速做出反应。

3．范围广

网络招聘不仅可以查找到申请人所在城市的职位,而且可以跨地域寻找其他城市的工作岗位,非常方便。

4．成本低

传统招聘方式需要制作简历、打印简历，如果再加上照片、门票、来回交通费用，一场下来至少要几十元甚至上百元。网络招聘则大大节约了成本，只需一点电费，扫描一张照片（甚至不用扫描），几元钱就能搞定。

5．应变快

网络上的招聘信息每天都有新动向，可以根据自己选中的公司和职位，对网络简历做快速改动，避免了招聘会上对不同职位无法做相应变动的尴尬和遗憾。

二、网络应聘前的准备工作

（1）拥有一台电脑或者上网方便的场所，这是最基本的条件。

（2）要掌握基本的网络知识，包括如何进入并顺利地浏览网页，如何使用网络搜索工具，还要学会理解网页上的语言等。

（3）准备电子版照片一到两张。如果没有数码照片，请事先把纸版照片进行扫描，照片应该选择生活照，不能是艺术照。

（4）各种学历证书、职业资格证书以及所获奖励的有关材料要准备齐全。

（5）要把近期学习阶段所学课程进行一个总结，比如把大学期间所学专业课程、在校期间接受的各种培训等方面内容归纳一下。

三、网络应聘成功六要素

毫无疑问，网络招聘已成为大部分企业的首要招聘方式；而网上求职也已经成为大部分求职者的最重要求职手段。与此同时我们又看到招聘经理们为堆积如山的简历发愁——虽然收到的简历很多，但真正适合的人才却很少；求职者为网络求职的盲目和可怜的反馈而发愁——怎么就没有能给自己面试机会的企业？！

那么，对于如何才能在网络时代让自己的求职更高效更快速更成功呢？网上求职有其特殊性，只有尊重其客观规律才能获得成功。网上求职的规律主要表现为六个方面：

1．要有针对性

不管是递交书面简历还是电子简历，针对性都应该是简历投递的第一要素。针对性体现在三个方面：针对自己的职业定位与生涯规划选择真正适合的岗位；针对特定的岗位设计有针对性的简历；根据岗位性质使用针对性的语言。其中最重要的是准确的职业定位，很多人无法充分表达"针对性"，其根本原因就是职业定位不清。

在此还要特别提醒：不要同时在一家公司应征数个职位，因为对公司来说，重复阅读相同的简历不仅浪费时间，而且很容易让他们觉得应聘者其实根本不知道自己到底想做什么。

2．用准关键词

随着智能化技术在招聘中的应用，关键词的设置显得越来越重要了。越来越多的企业，特别是一些大公司，通常都会用智能化的搜索器来进行简历筛选。很显然，从企业的角度这会大大降低招聘成本，而对于求职者，无疑降低了求职的成功率。

所以，如何分析所应聘的岗位可能需要的一些关键词信息就显得很重要。有些信息是必需的,如高校名称、行业类别、特定的知识/技能(比如,知识管理、助理会计师、Photoshop 等)。

3. 讲求诚信

不讲诚信给社会造成了很多损失,也给企业招聘造成了大量成本的浪费。确切地说,企业人事经理很讨厌应聘过程中的造假行为。有就是有,没有就是没有,即便欺骗过了第一轮,也通不过后期审查。

4. 不断更新

勤快地刷新简历至少有两个好处。一是表明你现在正在求职,而不是让人感觉你是找了很长时间工作找不到的。二是当招聘人员在搜索人才时,符合条件的简历通常都是先按刷新的时间顺序排列的,而他们一般只会看前面一两页。

很多求职者其实并不知道刷新简历可以获得更多求职机会,因此每次登录,最好都刷新简历,刷新以后,就能排在前面,更容易被找到!

5. 简历要易读

招聘负责人不会有太多的时间停留在你的简历上,更重要的是,你不能让招聘经理看了你的简历后感到烦,所以让你的简历易读就显得很重要,而不是轻易地被删掉!

6. 准备一份求职信

求职信集个人介绍、自我推销和下一步行动建议于一身,它总结归纳了履历表,并重点突出求职者的背景材料中与未来雇主最有关系的内容。一份好的求职信能体现求职者清晰的思路和良好的表达能力,也就是说,它体现了求职者的沟通交际能力和性格特征。

如果想通过应聘资料使招聘单位进一步感受到你"鲜活"的形象,想让未来的雇主知道你适合这份工作的理由,可以在应聘资料中增加一份"求职信"。

四、网络应聘注意事项

针对涉世未深、急于求职的大学毕业生,网络应聘是一种便捷的求职方式,但是任何事物都有利有弊,由于网络的安全性还无法控制,个人或企业在网络上输入的信息有可能被他人窃取利用,同学们也要充分了解网络应聘的弊端,以防给自己带来麻烦甚至危害。

(一)网络招聘的弊端

1. 信息虚假

虚拟的网络世界给少数虚假信息提供了可乘之机,对求职者和招聘者双方来说,都存在对虚假信息的担忧。

2. 无效信息多

有些网站为了提高点击率,便将一些过时的招聘信息也发布在网上,使得求职者常常看到大量过时失效信息,劳而无获。

3. 资料泄露带来麻烦

不少求职者会突然接到一些自己从来没投过简历的保险公司或传销公司的电话,还有些人发现,自己用来求职的照片被放在了不法网站上。

(二)典型的网络招聘陷阱

骗子惯用的伎俩通常是先在网上公布一些薪酬诱人的"招聘信息",利用求职者急于找到工作的心理,要求求职者汇款到指定的可以全国通存通兑的账号,钱一到账立刻就被取走,公安部门难以追查。

近年来,北京、上海、西安一些高校的毕业生在网上求职就遇到了"雇主"以录用后需要进行职位培训、要求购买培训教材为由,被骗去钱财,而此后"雇主"就再也没有任何消息了。

扩展阅读 7-2　网上求职者注意了！怎么找工作才不会被传销骗？

(三)如何防范网络招聘陷阱

法律专家提醒,由于我国相关法律还不健全,遇到网络诈骗很难提取证据,维权困难。所以要防患于未然。那我们如何来做呢?

1. 要有针对性地选取正规、知名的网站

因为正规网站在发布人才需求信息时,都会仔细验证招聘单位的真实性,要求招聘单位提供单位营业执照、办理人员的身份证件以及加盖公章的单位证明等,信息来源比较可靠。求职者在登记电子简历时,虽然要保证资料的真实性,但要注意对某些资料的保密,不要随意将自己的生活照、艺术照发到网上,必须用照片时最好用标准两寸照。

2. 尽早进行真实接触

大学毕业生要选择适合自己的职位,对自己投递简历的公司要多了解。求职者根据自己的求职意向,有针对性地访问一些公司网站进行查询,或致电相关部门确认,核实用人单位的真假。同时,尽快进入供求双方的真实接触阶段,增加招聘的可信度。

3. 捂紧口袋,决不掏钱

在任何情况下,都不要向任何网上"雇主"发送自己的社会保险账号、信用卡号及银行账号。女生不要在没有了解该公司真实情况的前提下去单独面试。无论哪种形式的面试或预约,在出门前,一定要给家人或亲朋好友留下要去的招聘单位的详细地址和联系电话(包括固定电话),以备查用。

拓展阅读 7-3　前程无忧发布《2020 中国优秀大学毕业生需求和求职报告》

【实践课堂】

请班委会在本班组织一次模拟面试。面试流程、面试题目及评分标准均由同学们自己设计,面试考官可以由老师和学生共同组成。大家一起查找面试中存在的问题并加以改正。

【课后练习】

1. 面试的注意事项有哪些?
2. 笔试的注意事项有哪些?

第八章

择业与就业权益保障

【学习目标】

1. 了解毕业生的就业权利;
2. 懂得在求职应聘中如何保护自己的权益;
3. 掌握走上工作岗位后保障自己权利的方法。

引导案例

北京:出台政策 保障"平台网约劳动者"权益

北京市就业工作领导小组日前印发《关于促进新就业形态发展的若干措施》(以下简称《若干措施》),明确平台企业新就业形态劳动者划分标准,补齐平台网约劳动者权益保障的制度短板,试点建立职业伤害保障制度,切实维护劳动保障权益。

这是北京市首部规范、培育、发展新就业形态的政策文件。《若干措施》依据新就业形态所反映的特征、关系等,将新就业形态劳动者划分为三类:与平台企业不完全符合确立劳动关系情形但平台企业进行劳动管理的"平台网约劳动者",与平台企业或合作企业形成劳动关系的"平台单位就业员工",以及依托平台从事经营、劳务等的"平台个人灵活就业人员"。

针对不同劳动者就业中面临的不同问题,按照促进就业、稳定就业、提高就业质量的要求,从规范和支持两方面,提出政策举措。

《若干措施》着力补齐"平台网约劳动者"权益保障的制度短板,明确"平台网约劳动者"享有平等就业和选择职业、取得劳动报酬、享受社会保险、获得劳动安全卫生保护和休息休假等基本劳动权利,规定平台企业及用工合作企业要承担维护"平台网约劳动者"劳动保障权益的相应责任和义务。

平台企业直接涉及劳动保障权益的制度规则、平台算法、考核指标和奖惩要素等要依法依规制定、修订,避免劳动者超强度工作或造成安全伤害等问题。"平台网约劳动者"纳入最低工资制度保障范围,不得克扣或故意拖欠工资。

《若干措施》强调,将逐步完善灵活就业社会保险制度,稳定长期在京实际就业的"平台网约劳动者"和"平台个人灵活就业人员",可以按规定参加北京市职工基本养老、基本医疗和失业保险,也可以选择在户籍地参加社会保险。

北京市还将以出行、外卖、即时配送、同城货运等行业的平台企业为重点,试点建立职业伤害保障制度,保障"平台网约劳动者"获得医疗救治和经济补偿。

资料来源:http://www.mohrss.gov.cn/SYrlzyhshbzb/dongtaixinwen/dfdt/202109/t20210926_423945.html.

第一节　应聘择业中的权益保障

近几年,毕业生就业过程中人身财产权利受损的多起案例引起社会、学校、学生对毕业生就业权益保障问题的关注。毕业生究竟有哪些就业权利? 如何来保护自己的权利? 毕业生在择业和就业阶段权益保障的重点有哪些不同? 下面将从择业阶段和就业阶段,分别向毕业生进行介绍。

一、毕业生就业权利概述

毕业生作为就业群体的一个重要主体,享有多方面的权益,根据目前我国《宪法》《就业促进法》《劳动法》《劳动合同法》(注意:2008 年 1 月 1 日开始实施的《劳动合同法》是对原来的《劳动法》关于劳动合同的详细规定,并没有取代《劳动法》)的有关规定,毕业生主要享有以下几方面的权益。

(一)毕业生享有平等就业权

我国《宪法》规定,中华人民共和国公民有劳动的权利和义务。《劳动法》进一步明确规定:"劳动者享有平等就业和选择职业的权利。"平等就业权是公民最重要的劳动权,是其他劳动权利存在的前提,没有就业权,公民不可能进入劳动力市场,与劳动用人单位形成劳动关系,继而享有其他一系列的劳动权。

除了一些特殊行业必须对性别、身高等条件有硬性要求外,如果用人单位把一些与工作无关的要素如相貌、性别、年龄、户口甚至民族作为必要条件,从而使求职者不能平等就业,就是就业歧视。毕业生遇到的就业歧视主要有以下三种:

1. 学历歧视

一些公司招聘员工动辄要求博士生、研究生学历毕业,根本不考虑招聘岗位对学历的实际需求。许多本科求职者在诸如"博士生学历""硕士以上"的招聘条件前黯然止步。选拔人才设置过多限制,其实不是真正的竞争,是一种自我封闭,是堵塞人才成长之路,其危害不可小觑。

事实上一些公司的老总也承认,有些岗位根本不需要硕士、博士学历,他们在这些岗位上也不安心,频繁辞职,给用人单位带来了不稳定因素。中共中央提出要不拘一格降人才,就是要打破人才身份的歧视,打破学历类别的歧视。因而,看学历,但不唯学历,重能力,是大势所趋,是历史的必然选择。

2. 性别歧视

在每年的大学毕业生双向选择招聘会上,许多用人单位明确声明"不招女生"。郝捷是某本科院校计算机科学专业毕业生,连续三年获得学院"优秀学生干部"称号,还拿到中级电子商务师的资格证书。但在学校组织的人才交流会以及一些社会上举办的大型人才招聘会上,多次求职仍没有找到工作。她说,一些招聘单位一看是女生,连面谈的机会都不给。

不久前,江苏省妇联对《妇女权益保障法》实施情况进行了专题调研,下发 1 300 份调查问卷,在回馈的 1 100 多份问卷中,有 80% 的女大学生表示自己曾在求职过程中遭遇过性别歧视,有 34.3% 的女生有过多次被拒的经历。在同等条件下,女生签约率明显低出男生 8 个百分点。

一项对 5 所高校大学生择业的调查也表明,多数女大学生在求职过程中曾因性别原因遭到用人单位的"婉拒"。某职业院校从事就业工作的李老师深有感触地说:"别看有些男生在学校里学习成绩、各方面表现不如女生,但是毕业时,倒比女生容易推荐。性别歧视太打击女生的学习积极性了!"

3. 相貌歧视

以貌取人,古已有之。一些公司招聘员工好似选美,完全不看是否有真才实学。2013年 12 月,某院校财会类专业学生王某应聘某银行柜员,因脸上长痘,不符合条件未被录用。无独有偶,因身高不足 1.50 米,毕业于某师范院校的小李也与教师职业失之交臂。

随着劳动力市场竞争的加剧,就业歧视日趋严重,还出现了前文提到的健康歧视以及残疾歧视、姓氏歧视、血型歧视等现象。但不管是哪种就业歧视,都是对毕业生就业权益的严重侵害,都将使劳动力市场的正常运行机制发生严重的扭曲和损害。任何单位或个人对毕业生进行无理的歧视或是严重的不平等对待,我们都有权利提出异议。

(二)毕业生享有知情权

知情权是毕业生择业成功的前提和关键,只有在充分了解就业政策、占有信息的基础上,毕业生才能结合自身情况选择适合自身发展的用人单位。毕业生的知情权表现在有权了解与就业有关的政策、信息,包括就业工作的程序,时间安排,政府、学校的政策,用人单位的各种人才需求信息,还有学生自己的各种资料、档案等。

各高校就业部门必须及时、全面地公开各类信息,各用人单位必须保证招聘信息的真实性,以保障毕业生的知情权。

1. 高校应及时全面公开就业信息

目前,各省市已建立高校毕业生需求信息登记制度,凡需录用高校毕业生的用人单位,须到有关高校毕业生就业指导中心办理信息登记,由高校毕业生就业指导中心通过各种渠道向全校毕业生发布用人需求信息。各高校职能部门应当全面、及时、有效地将信息传递给全体毕业生,任何人不得隐瞒、截留需求信息。

2. 用人单位应如实提供招聘信息

毕业生有全面了解用人单位真实情况的权利,有权向用人单位详细了解用工意图、工作环境、劳动报酬和发展前景等各方面的情况。用人单位应本着对学生负责、对学校负责的态度向毕业生提供真实的招聘信息。

专场招聘会是许多大公司常用的招聘手段,深受大学生的欢迎。但是有不少企业利用到高校举行招聘专场会,进行产品推介或企业宣传,毕业生浪费了时间、精力,一无所获。有些用人单位自我介绍言过其实,夸大薪金待遇,误导毕业生,这些行为都侵害了毕业生的知情权。

3. 毕业生享有接受就业指导权

毕业生有权从学校接受就业指导。学校应成立专门机构,安排专门人员对毕业生进行就业指导,包括:向毕业生宣传国家关于毕业生就业的有关方针、政策;对毕业生进行择业技巧的指导;引导毕业生根据国家、社会需要,结合个人实际情况进行择业。

就业指导包括集体辅导和个别咨询,现在大部分高校的就业指导属于集体指导,主要通过就业指导课、就业动员会、就业讲座等方式进行。毕业生通过接受就业指导,能够对自己准确定位,进行合理择业。随着毕业生就业市场化的发展,毕业生也将由单方面从学校接受就业指导而转为主动寻求具有就业指导资质的社会机构的就业指导。

4. 毕业生享有被推荐权

学校在就业工作中的一个重要职责就是向用人单位推荐毕业生。历年工作经验证明,学校的推荐往往在很大程度上影响到用人单位对毕业生的取舍。学校应在公正、公开的基础上,根据毕业生本人的实际情况向用人单位进行实事求是的介绍、推荐,保证毕业生的被推荐权。

5. 毕业生享有自主选择职业权

自主选择职业权是指毕业生在符合国家就业方针、政策的前提下,根据自身素质、所学专长、个人意愿和就业市场各种信息,选择职业和用人单位的权利。自主选择职业权有利于毕业生在正确认识自我的基础上,充分发挥个人的特长,促进社会生产力的发展,是社会进步的体现。

毕业生自主选择职业权表现为:有选择就业或选择升学的权利;有选择及时就业或选择延迟就业的权利;有选择固定职业或选择自由职业的权利;有选择进国家机关的权利,也有选择自主创业的权利。对于毕业生的这种权利,任何单位或是个人不得干涉。任何将个人意志强加给毕业生、强令毕业生到或不到某用人单位都是侵犯毕业生自主选择职业权的行为。

6. 公平待遇权

用人单位在录用毕业生的过程中,也应公正、公平,一视同仁。但在当前,毕业生的公平待遇权受到很大的冲击,也最为毕业生所担忧。

由于各项配套措施滞后,完全开放公平的就业市场尚未真正形成,用人单位录用毕业生还不同程度存在不公平、不公正的现象,学校推荐工作中也存在不足。公平享受录用权是毕业生最为迫切需要得到维护的权益。

7. 违约求偿权

毕业生、用人单位签订协议后,任何一方不得擅自毁约。如果用人单位无故要求解约,毕业生有权要求对方严格履行就业协议,否则用人单位应对毕业生承担违约责任,支付违约金,毕业生有权利要求用人单位进行经济补偿。

二、毕业生如何正确行使就业权利

法律、法规和有关政策规定了毕业生享有多项就业权利,但是毕业生不能滥用权利,必须正确行使这些权利。

(一) 毕业生要有履行相应义务的意识

毕业生应当树立责、权、利统一的思想,形成权利义务一致的观念。在就业阶段应该履行以下义务。

1. 回报国家服务社会的义务

我国《宪法》规定,劳动对于公民来说,既是权利也是义务,是权利和义务的结合和统一。对于毕业生而言,国家和社会乃至家庭为其成才和发展提供了相当优厚的条件和待遇,这是其他青年群体所无法比拟的。

按照"得之于社会、还之于社会、报之于社会"的原则,毕业生理应积极地、有责任地以自己的职业行为,回报国家、社会和家庭,承担起自己应尽的义务。但是有许多毕业生看不起经济落后地区,只想在大城市或沿海地区找工作。

此外,许多毕业生一出校门就梦想得到高薪、高待遇的工作,看不起小企业、小单位,这就与回报祖国、服务社会的义务相差甚远。目前广大基层特别是西部地区、边远地区和艰苦行业还存在人才匮乏的状况,需要大批人才特别是高校毕业生到这些地方建功立业。21世纪的大学生,肩负着民族的希望,历史的重任,应当志存高远、不畏艰辛,到边远地区去,到艰苦行业去,到基层去,到生产、服务第一线去。

2. 如实介绍自己情况的义务

毕业生在求职择业过程中如实向用人单位介绍自己的情况,是诚信做人的基本要求,也是自己应尽的义务。毕业生在填写推荐表、撰写自荐信、向用人单位介绍自己时,必须实事求是,不得弄虚作假,讲优点不要夸张,谈缺点不能回避,有过失不可隐瞒,说成绩不能虚假,以诚相见,只有如实介绍自己的情况,才能获得用人单位的信任。

某财经类院校学生张某,从一入学就写了入党申请书,经过努力被系党总支列为发展对象。但是没有开发展大会。张某认为在毕业前肯定会被发展为预备党员,为了增加应聘筹码,他在自荐信中说自己是预备党员。

在人才招聘会上,一家国有企业对张某很感兴趣,当场约定面试时间。面试中,财务经理对张某的专业知识、业务能力非常满意。当单位向张某所在系进行调查核实时发现他还未被发展为预备党员,便取消了张某的录用资格。财务经理的一番话值得我们深思:"其实我们并不一定非要聘用党员从事财务工作,但是从事财务工作的人一定要讲诚信,这是财务人员最基本的职业素质。"

3. 遵守就业协议的义务

就业协议是明确毕业生、用人单位和学校在毕业生就业工作中权利和义务的书面表现形式,属意向性协议。就业协议一经毕业生签字,用人单位签字盖章后即具有法律效力,任何一方都不得擅自解除。否则,违约方应向另一方支付协议条款所约定的违约金。

但是从实际情况来看,违约多见于毕业生。毕业生违约,往往会产生诸多不良的后果,主要表现在三个方面。

(1) 损害了签约单位利益

用人单位为录用一名毕业生需要做大量工作,有的单位甚至对录用毕业生的工作岗位都做了具体安排,一旦毕业生违约,不仅使用人单位为录用该毕业生所做的一切工作付诸东流,而且会因延误时机,增加用人单位继续选择其他毕业生的难度,这样势必影响用人单位的招人计划。

（2）影响了学校信誉

毕业生的违约往往会被用人单位归咎于学校管理不严、教育无方,从而影响学校与用人单位的长期合作关系。从实际情况来看,一旦毕业生违约,该用人单位连续几年都不会到学校来挑选毕业生。

面对激烈的就业竞争,用人单位的需求就是毕业生择业成功的前提,毕业生的随意违约势必影响学校的毕业生就业工作。

（3）影响了其他毕业生顺利就业

用人单位到学校挑选毕业生,往往有许多毕业生竞相应聘。用人单位一旦与毕业生A签约,其他同学便没有与该单位签约的机会了。如果A违约,用人单位因时间关系无法补缺,就会造成就业信息的浪费,也使其他毕业生丧失了一次可能的就业机会。

"一言既出,驷马难追。"慎待诺言、表里如一、言行一致是做人的基本准则,讲信誉是毕业生应尽的义务。如果违约,不仅影响学校正常的就业秩序,而且会损害用人单位、学校、其他同学等各方面的利益。因此,毕业生必须增强信用意识。

4. 按时到工作单位报到的义务

《普通高等学校毕业生就业工作暂行规定》要求,毕业生办理完离校手续后,应持《报到证》按时到用人单位报到。如果自离校之日起,无正当理由超过3个月不去就业单位报到的,由学校报地方主管毕业生调配部门批准,不再负责其就业。

在其向学校缴纳全部培养费或奖（助）学金后,由学校将其户粮关系和档案转至家庭所在地,按社会待业人员处理。

（二）要有正确行使权利的方法

1. 不要滥用权利

毕业生在行使与就业有关的权利时,不得滥用权利,不得有损他人利益。所谓权利的滥用,是指权利享有者在行使权利的过程中,故意超越权利的界线,造成他人权利的损害,造成国家、社会、集体的利益损害,以满足自身超越权利范围的行为。

王强是应届毕业生,今年3月他开始搜索各类媒体的招聘广告,不管专业是否吻合,只要是国有企业,一律投放简历。不久他接到部分企业的面试通知。他并不加选择,而是抱着积累面试经验的想法,去参加每一家企业的面试。

从表面看王强在行使自主选择权,可以自主选择参加任何一家企业的面试,但是实质上他并没有正确行使权利,因为他浪费了自己的时间,也增加了面试单位的招聘成本。所以,只有在筛选求职信息的基础上认真做出选择,才是正确行使权利的表现。

2. 不要盲目行使权利

大学生在行使自己的权利之前,必须对自己所享有的权利有一个全面而清醒的认识,以客观、理智的心态对待权利的广泛性,而不能主观地将自己的就业权利进行盲目的膨胀和扩张。李冰是一名普通的本科学生,他同宿舍的好友张启是一名班干部。今年3月,学校发布了几家大型超市的用工需求。他俩都向佳家乐超市投了简历。不久,张启得到面试通知，而李冰没有。李冰认为自己的学习成绩、平时表现不比张启差，不应该没有面试机会。

经了解，因名额有限，系里重点推荐了张启。6 月份，张启到佳家乐超市上班实习，而李冰仍然没找到合适的工作。李冰及其父母认为学校侵犯了他的公平待遇权，多次找学院领导要求解决李冰就业问题。

众所周知，用人单位愿意优先聘用学生干部，系里向用人单位重点推荐学生干部无可厚非。李冰没有找到合适的单位原因很多，不能就此认定是系里的责任。他认为系里重点推荐张启是侵犯其公平待遇权，要求学院解决的做法就是一种盲目行使权利的行为。

三、毕业生如何保障权利

毕业生在正式就业之前，通常在两个阶段最易遭受权益侵害。

一是在求职应聘时，这一阶段最容易受到侵犯的权利主要是财产权。

二是签署就业协议时，这一阶段容易受到侵害的是就业权利。只要在这两个阶段做好防范措施，就能很好地维护自己的财产权利。

（一）如何在求职应聘中保护自己的权益

严峻的就业形势刺激了人才市场的火爆，在供需严重不平衡的现实面前，各种骗子乘虚而入，盯上了涉世未深的高校毕业生。据《北京娱乐信报》联合某专业人力资源机构就职场陷阱问题进行的调查显示，70% 求职者遭遇过职场陷阱。

其中，职场中最大的骗局当属收取保证金、押金，其比例占到了 28.16%；遭遇过"虚假职位信息"的占 17.37%；遭遇过"利用试用期骗取廉价劳力"的占 14.21%。本书在第五章已详细列举了这些招聘陷阱，下面简单说一下如何防范和保护自己的权益。

1. 早做心理防范

本书前几章提到的招聘中的各种骗术，究其原因，无非就是利用毕业生的"三种心态"。

第一是自负心态。觉得自己能力强、身价高，高薪聘任才能体现自己的价值，结果往往落入"高薪"的陷阱。

第二是着急心态。毕业生急于找工作的心理让一些不法之徒找到了借机骗财的机会，这些人以报名费、服装费、培训费、证件费等各种名义收取应聘者的费用后便人去楼空。

第三是糊涂心态。大学生心地单纯，对社会的复杂了解不多，认识不深，警惕性不强。

扩展阅读 8-1　48 人遭遇求职陷阱

所以，毕业生一定要在求职应聘时做好足够的心理防范准备，注意做到三点：一要戒心贪,不要让"高薪"蒙了自己的双眼;二要戒心急,要仔细考虑各种收费是否合理;三要戒心粗,要利用多种方式了解就业市场中种种不规范行为,提高警惕,遇事能够理智分析、做出正确判断。

2. 要对用人单位做全面考察

一些不法分子为蒙蔽毕业生,使毕业生放松警惕,往往会将自己或公司包装得非常气派,他们会在大厦、宾馆临时租赁办公室,进行虚假招聘,并把招聘的程序搞得很正规,然后行使各种诈骗手段。那么如何了解用人单位的资信呢? 可以借用中医的"望闻问切"来谈这个问题。

"望"就是眼观四路,观察用人单位所在地的环境和单位人员的基本素质,查看有无营业执照等。例如,进入某公司后,要在其办公室观察有无营业执照、营业执照上所列的主要经营业务是哪些、营业执照办理的时间,如果没有看到,则要留心,可以从侧面打听或直接索要复印件。"闻"是通过资讯手段了解该单位的经营发展概况及运营状况。例如,在应聘前通过网络、报刊了解招聘单位的基本情况。在应聘面试时,找机会与员工聊天,询问单位的设立时间、主要业务、经营状况等,做到心中有数;"问"就是通过自己的亲友、同学、师长等关系网,核实招聘单位所言是否真实。要尽量索取单位的一些书面资料(公司宣传资料),向资料中提到的客户、评奖单位、工商部门等进行核实,有时直接向大厦工作人员打听就能一目了然。例如,这家公司入住大厦多久,若是新公司则要留心些。"切"即是直接交手试探虚实,在应聘中直接向主考官了解公司的各种情况,看看与自己了解的是否一致。综合上述信息,对用人单位的资信作出基本判断。

3. 不要轻易缴纳各类费用

各位毕业生要掌握一个概念:你去用人单位是展示你的能力的,而不是去交钱的。国家法律明文规定,用人单位在招工中不得收取保证金、抵押金,所以当听到用人单位要收取这些费用时,你可以转身就走,因为从这便能看出该单位不规范,以后到此上班,也会有许多麻烦。

此外像招聘费、管理费、报名费等都是企业为引进人才、增强竞争力必须花费的成本,怎能让竞聘者承担? 正所谓行骗的伎俩可能形形色色,而行骗的原理却几乎大同小异。

针对"招聘陷阱"中的押金骗术,毕业生在应聘时一定要牢记,招聘单位要招人,而不是招钱。所以要保持头脑清醒,捂紧自己的钱袋子,不要被人"牵着鼻子走"。

4. 获取招聘信息的渠道一定要正确

搜集招聘信息时要看是不是在正规的媒体或是网站发布的。不要依靠短信、QQ、E-mail寻求不明的信息。对网上的信息要有理性的认识和分析。

目前,国内有许多网站由于技术能力的限制无法做到对每条个人信息的真伪一一辨别,个人可随意填写个人信息,同时注册多个网站,随时能够"打一枪换一个地方"。还有一些"黑网"打着招聘的旗帜来蒙骗一些人,通过网上"付款"获得收益后也就"人间蒸发"了。

5. 不要轻易提供家庭电话

许多学生找工作心切,生怕联系不畅,单位录用通知无法传达,就将能找到自己的联系方式统统填写,殊不知会让不法分子钻空子。信息时代,通信技术非常发达,每个毕业生都要有保护个人私有空间的意识。

一般来讲,应聘时只要留下自己的手机、电子邮箱就足以方便联系了。当对方要求你提供奇怪的证明材料时一定要多留个心眼,在任何情况下都不能向只有一知半解的招聘单位透露有关你的隐私信息,千万不要轻易提供家庭电话。

(二)签署就业协议的注意事项

毕业生经过双向选择找到意向单位后,在签订就业协议书前,要认真考虑,注意以下事项。

1. 认真了解国家就业政策和规定

毕业生在择业签约前要认真全面地掌握国家关于高等学校毕业生就业的相关政策和规定。高校毕业生就业政策和规定是指导和规范毕业生求职活动的行为准则,是保障毕业生顺利就业的政策依据。

2. 认真研究协议书中条款内容

毕业生在与用人单位签约前,要认真仔细阅读就业协议书中的全部条款,力求了解条款的内容和含义,如有不清楚的,应向用人单位询问,切忌草率签约。教育部统一格式就业协议书考虑得极其周详,前后8项条款将大学生和用人单位的权利、义务罗列得清清楚楚。

协议书的第3项条款是关于见习期、薪金等重要内容,但在第3项条款的起始处,有着一段文字的补充:"如果甲乙双方已有约定,可以不填写以下栏目,并另附约定条款。"毕业生一定要留意此处,尽可能不留"空白"。

一位目前就业于某外企的小李说,去年就是听了公司的花言巧语没填协议书的第3项,结果临到工作时,才发现岗位和薪金都"相差千里",再想换其他单位时间已来不及,只好自认倒霉。毕业生在签订就业协议书时,对以下事项要特别留心:

(1)岗位待遇

要明确就业的具体工作部门或岗位,明确工作条件和生活条件。约定最好以文字形式体现,不要仅仅在口头上达成一致。

(2)继续深造、调离

在协议书上应予以明确,工作以后是否能继续升学及调离的条件,以及考取公务员的处理办法等。

(3)用人单位的人事权

要了解用人单位有无人事权以及用人单位的隶属关系。无人事权的单位,除了用人单位需在协议书上签字盖章,还必须加盖用人单位上级主管部门的公章,以示同意录用。否则学校将无法将该生列入就业派遣方案。

3. 注意违约条款的合理性及本人的承受能力

毕业生在与用人单位签订就业协议书时,许多内容要靠毕业生与用人单位约定,并且经常会有另附约定条款加以补充的情况。所以毕业生在与用人单位进行约定时还要注意以下问题。

（1）约定条款是否合理

例如，有的单位在协议中写道，毕业生在单位中要服务多少年，如果毕业生违反约定将赔偿多少；但是却没有写明如果单位违反约定，将赔偿给毕业生多少。这是显失公平的条款。

（2）约定条款能否承受

例如，对于违约问题，有的用人单位约定的违约金少则几千元，多则上万元。这时应当考虑能否承受，必须慎重签约。

（3）是否有签字盖章

毕业生与用人单位的约定条款，必须要有双方的签字盖章，否则当日后发生争议时，由于没有双方签字盖章，导致约定条款没有法律效力。

（4）要把握签订就业协议的时机

在就业洽谈会上，通过双向选择，毕业生确定了用人单位，对方也明确表示录用意愿后，就要抓紧与用人单位签订就业协议书。要避免在自荐洽谈时积极主动，而在签约时左顾右盼、瞻前顾后、犹豫不决而使用人单位心存疑虑。

毕业生一旦与某一用人单位签订协议，即应停止与其他单位继续洽谈，并应及时给对方反馈信息，说明情况以便对方另觅合适人选。不要因"脚踏两只船"而丧失签约的最佳时机。如果毕业生有意的某一单位在洽谈会上暂时无法签约，可先达成意向，回头再继续联系洽谈，以便最终签约。

总之，毕业生应本着对自己、对用人单位和学校负责的态度，慎重签订就业协议书。

（三）保护权利的途径

当就业过程中出现一些侵害毕业生权益的行为，毕业生可通过以下途径对自身权益实施保护。

1. 行政部门的保护

当毕业生遇到就业权利受到侵犯时，可找就业主管部门。就业主管部门通过相应的行政行为来确定毕业生的权益，并对侵犯毕业生权益的行为予以抵制或处理。

当毕业生的合法权益（如遇到各项不合理的收费时）受到侵害时，应该及时向当地行政部门（如劳动监察部门）投诉，以维护自己的合法权利，或者直接向主管用人单位的行政机关，如工商管理局投诉或举报。此外还可以向新闻机构反映情况。

2. 学校的保护

学校对毕业生权益的保护最为直接。学校可通过制定各项措施来规范毕业生就业指导和就业推荐，对于用人单位在录用毕业生过程中的不公平、不公正行为，学校有权予以抵制以维护毕业生的就业权益。

高等学校在毕业生签订就业协议过程中应进行监督和指导，对于用人单位与毕业生签订不符合国家有关政策规定的就业协议，学校有权拒签，未经学校审核同意的就业协议不能作为编制就业方案的依据。

3. 毕业生自我保护

（1）毕业生要有法律常识

毕业生应了解目前国家关于毕业生就业的有关方针、政策和规则，熟悉毕业生在就业过程中的权利和义务，这是毕业生权益自我保护的前提。

（2）毕业生应有自律意识

毕业生要自觉遵循有关就业规则，接受其制约，保证自己的就业行为不违反就业规则，不侵犯其他毕业生和用人单位的合法权益。

（3）毕业生要有维权意识

毕业生应学会动用法律手段维护自身的合法权益。据调查发现，面对骗局，向工商、公安和劳动管理部门投诉的只有15.26%，40%的人会采取更传统的方式广而告之亲朋好友，愤慨之余到论坛里揭露的占8.95%，找平面媒体揭发的占3.16%，而多达32.63%的求职者自认倒霉、不了了之。

正是求职者一次次的忍耐姑息，让骗子更加肆意妄为。所以为使自己的权利不受侵害，让不法分子不再加害其他求职者，毕业生一定要拿起法律武器，维护自己的权利。

（4）自我保护的途径

针对侵犯自身就业权益的行为，毕业生应该首先与有关用人单位协商解决。例如，为避免被用人单位以聘用考试为名侵占自己的劳动成果，毕业生可以与用人单位事先讲明版权归属问题（最好是书面约定），一旦发现用人单位有此行为，就要拿出依据与对方据理力争，争取圆满解决；若协商不成的，可向签订协议所在地的毕业生就业工作主管部门申请调解；也可依法向有关部门申请仲裁或直接向人民法院提起诉讼。

依照我国法律、法规的规定，被害人对侵犯其人身、财产权利的事实，根据情况不同，可以向公安机关、人民检察院报案或者向人民法院起诉。例如，因招聘导致财产被骗，损失较大的，或者遭遇传销陷阱被非法拘禁的，可以向公安机关报案以挽回损失。

扩展阅读8-2　美团将试点为骑手缴社保，成灵活就业权益保障"先锋"

第二节　就业后的权益保障

"我被录用了。"当你向父母、朋友传递你找到第一份工作的欣喜时，年轻的你是否想过，即将踏入的工作旅途并不是平坦大道。据教育部统计，2013届大学生的一年解聘率达到了23%，由公司单方面解约的占到42%，其中，有近一半是公司对劳动合同的单方面解释做出的。这就是我们通常所说的劳动合同陷阱。由于社会阅历浅，又不了解相关的法律知识，大学生往往成为劳动合同陷阱的"常客"。

与出现后果再补救相比，防患于未然才是明智的选择，大学生们在找工作之前一定要了解一些必要的法律知识,特别是《劳动法》的相关内容,为顺利就业、更好地保障自己的权益做好准备。

一、劳动合同概述

(一)劳动合同的概念

劳动合同,也称劳动契约、劳动协议,是指劳动者同企业、事业、机关单位等用人单位为确立劳动关系,明确双方责任、权利和义务的协议。劳动合同是处理劳动者与用人单位双方争议的重要依据,也是稳定劳动关系、强化用人单位劳动管理的重要保证。

(二)签订劳动合同的必要性

1. 明确双方的权利义务
劳动合同的签订在法律上确立了劳动者与用人单位之间的劳动关系。劳动者依据劳动合同在用人单位内担任一定的职务或工种的工作,遵守劳动法律法规和用人单位的规章制度,完成劳动合同约定的生产(工作)任务;用人单位则依据劳动合同的约定,为劳动者提供符合国家规定的劳动保护和劳动条件,督促劳动者履行劳动义务,按照劳动者的劳动数量和质量支付劳动报酬。

2. 解决劳动纠纷的重要证据
签订劳动合同是很必要的,在发生劳动争议时,劳动合同是解决纠纷的重要证据。

3. 充分发挥用人单位和个人选择自主性
签订劳动合同有利于用人单位自主用人,也有利于劳动者自主选择职业。通过劳动合同期限的约束,用人单位可以按照生产、工作的实际需要合理配置劳动力;劳动者可以根据自己的专长和志趣选择职业和岗位。

(三)劳动合同与就业协议的区别

就业协议是高校毕业生与用人单位签订的初次工作协议,其主要意义在于将毕业生与用人单位双方互相选择的关系确定下来,一般并没有详细规定双方具体的权利与义务。

毕业生与用人单位签订了就业协议不能等同于签订了劳动合同。毕业生与用人单位在签订就业协议之后,还必须签订劳动合同,以保护自己的合法权益。目前的实际情况是,通常毕业生到单位工作后,双方才签订劳动合同。

就业协议与劳动合同都是用人单位录用毕业生时所订立的书面协议,但两者分处两个相互联系的不同阶段,具有使用目的不同、内容不同等区别。

1. 使用目的不同
就业协议是毕业生和用人单位关于将来就业意向的初步约定,对于双方的基本条件以及即将签订劳动合同的部分的基本内容大体认可,并经用人单位的上级主管部门和高校就业部门同意和鉴证,一经毕业生、用人单位、高校、用人单位主管部门签字盖章,即具有一定的法律效力,是编制毕业生就业计划、完成毕业生派遣任务的主要依据。

劳动合同是毕业生与用人单位明确劳动关系中权利义务关系的协议,学校不是劳动合同的主体,也不是劳动合同的鉴证方。劳动合同是上岗毕业生从事何种岗位、享受何种待遇等权利和义务的依据。

2. 协议内容不同

毕业生就业协议的内容主要是毕业生如实介绍自身情况,并表示愿意到用人单位就业,用人单位表示愿意接收毕业生,学校同意推荐毕业生并列入就业计划进行派遣。劳动合同的内容涉及劳动报酬、劳动保护、工作内容、劳动纪律等方方面面,内容更为具体,劳动权利、义务关系更为明确。

3. 签订时间不同

一般来说就业协议签订在前,劳动合同订立在后,如果毕业生与用人单位就工资待遇、住房等有事先约定,亦可在就业协议备注条款中予以注明,日后订立劳动合同对此内容应予认可。

(四) 毕业生对劳动合同的认识误区

劳动合同非常重要,但是毕业生却不重视劳动合同的签订。主要是因为对劳动合同存在错误的认识。

1. 怕付违约金而不敢签合同

张强学的是计算机与网络技术应用专业,2013年毕业后去一家网络公司担任网络编辑。由于网络公司的成立、发展、运行瞬息万变,张强想如果签约就等于束缚了自己,一旦要跳槽,就得交违约金,因此不想和单位签订劳动合同。

实际上法律规定,劳动合同对劳动者的违约行为设违约金的,仅限于两种特殊情况:"违反服务期约定的"和"违反保守商业秘密约定的"。即劳动合同中要设违约金条款,首先要有服务期约定,或者要有保密约定。没有这其中任何一条作为前提,都不能设立违约金条款,即使有也属无效条款,对劳动者没有约束力。

像张强这种情况,可以签订短期劳动合同,例如签订一年。这样既有利于保护自己的权利,又便于自主选择。

2. 想做自由人而不愿签合同

出于人生规划的考虑,很多大学生不习惯与用人单位签订较长期的劳动合同。但是某些企业,特别是国有大中型企业和一些特殊行业,考虑到培养成本,用人单位往往不能对较长的合同期限轻易松口。所以就有一些学生采取了不签合同也不离职的做法,但是这种做法存在很多弊端,刚从学校毕业的大学生如果一直不与用人单位签订劳动合同,即使工作了,但还是职场中的"黑户",社会保险费无从缴纳,相关的权益也无法得到保障。这种情况下,要综合利弊、权衡得失、学会取舍。

一般说来,正规单位在大学毕业生报到后,都会及时与他们签订劳动合同。但是有些单位法律意识不强或是因为其他不良动机,拖延劳动合同的签订,毕业生应该学会依法维护自身的合法权益,到单位报到后应当及时提出签订劳动合同,如果单位执意不签,你可以向单位所在地的区、县劳动局的劳动监察科投诉;如果单位就此或以后因此而辞退你,你可以向区、县劳动争议仲裁委员会提请仲裁,要求公司赔偿损失。

二、如何签订劳动合同

（一）劳动合同的形式

劳动合同的形式是指订立劳动合同的方式。劳动合同的形式一般有书面形式和口头形式两种。书面合同是由双方当事人达成协议后，将协议的内容用文字形式固定下来，并经双方签字，作为凭证的合同。口头合同是双方当事人口头承诺即告成立，不必用文字写成书面形式的合同。我国《劳动法》规定，劳动合同应当以书面形式订立。

法律之所以这样规定，其目的在于用书面形式明确劳动合同当事人双方的权利与义务，以及有关劳动条件、工资福利待遇等事项，便于履行和监督检查，在发生劳动争议时，便于当事人举证，也便于有关部门处理。

（二）签订劳动合同的原则

签订劳动合同的原则，就是指在劳动合同订立过程中的双方当事人应当遵循的法律准则。

1. 平等自愿的原则

平等，是指订立劳动合同的双方当事人具有相同的法律地位。在订立劳动合同时，双方当事人是以劳动关系平等主体资格出现的，有着平等的利益要求和权利，不存在命令与服从的关系。

自愿，是指劳动合同的订立完全是出于双方当事人自己的真实意愿，是在充分表达各自意见的基础上，经过平等协商而达成的协议。当事人一方不得强制或者欺骗对方，也不能采取其他诱导方式使对方违背自己的真实意愿而接受对方的条件。劳动合同的期限、内容的确定，必须完全与双方当事人的真实意思相符合。

2. 协商一致的原则

协商一致，是指劳动合同的内容，必须由当事人双方在法律、法规允许的范围共同协商讨论，取得完全一致后确定。协商一致的原则是维护双方当事人合法权益的基础。

3. 合法原则

合法，即劳动合同的签订不得违反法律、行政法规的规定。这条原则是劳动合同有效并受国家法律保护的前提条件，它的基本内涵有以下三点：

（1）订立劳动合同的主体必须合法

所谓主体合法，是指双方当事人必须具备订立劳动合同的主体资格。用人单位应当依法成立，必须有被批准的经营范围和履行能力，能够依法支付工资、缴纳社会保险费、提供劳动保护条件，并能够承担相应的民事责任。

（2）该劳动合同的内容必须合法

所谓内容合法，是指双方当事人在劳动合同中订立的具体劳动权利与义务条款必须符合法律、法规和政策的规定，不得从事非法工作。劳动合同涉及国家的用工、工资分配、社会保险、职业培训、工作时间和休息时间以及劳动安全卫生等多方面内容，用人单位在约定这些内容时，必须在法律和行政法规的范围内确定。

（3）订立劳动合同的程序与形式必须合法

一般要经过要约和承诺两个步骤,具体方式是先起草劳动合同书草案,然后由双方当事人平等协商,协商一致后签约。劳动合同应以书面形式订立。

(三)劳动合同的基本内容

劳动合同的内容,是指双方当事人在劳动合同中必须明确各自的权利、义务及其他问题。依照我国《宪法》及《劳动法》的有关规定,劳动者具有平等就业和选择职业的权利、取得劳动报酬的权利、休息休假的权利、获得劳动安全卫生保护的权利、接受职业技能培训的权利、享受社会保险和福利的权利、提请劳动争议处理的权利以及法律规定的其他劳动权利。

权利与义务是一致的,劳动者在享有权利的同时,还要履行相关义务。劳动法对劳动合同规定了九项法定内容。

1. 用人单位的名称、住所和法定代表人或者主要负责人

2. 劳动者的姓名、住址和居民身份证或者其他有效身份证件号码

3. 劳动合同期限

劳动合同期限分为有固定期限、无固定期限和以完成一定的工作为期限三种情况。毕业生在签订劳动合同时,应该根据自身的业务能力、特长、兴趣和今后发展等方面,权衡确定劳动合同期限。一般来说,刚毕业的学生选择固定期限比较合适,同无固定期限相比,比较有保障,期限结束后,可以另行选择单位或岗位,又有一定的自由度。

4. 工作内容和工作地点

工作内容包括劳动者从事劳动的工种、岗位以及在生产或工作上应当达到的数量和质量或应当完成的任务。工作内容可以规定劳动者从事某一项或者几项具体的工作,也可以是某一类或者几类工作。毕业生此时主要需注意工作职责或要求是否明确、具体,是否有可能遇到难以完成工作任务的陷阱。

5. 工作时间和休息休假

国家实行劳动者每日工作时间不超过 8 小时、平均每周工作时间不超过 44 小时的工时制度。用人单位应当保证劳动者每周至少休息一日,同时用人单位应在国家法定假日期间依法安排劳动者休假。

6. 劳动报酬

劳动报酬是劳动者劳动的成果返还和劳动者履行劳动义务后必须享受的劳动权利。从另一方面讲,则是用人单位依据法律、法规以及劳动合同的约定支付给劳动者的工资、资金、津贴等。劳动关系双方在约定劳动报酬时,一定要明确数额或计酬方式。

（1）最低工资

一般而言,各地区对有关工种都规定了最低工资。最低工资不包括 4 项内容,即企业延长法定工作时间的工资报酬(加班工资);中班、夜班、高温、低温、井下、有毒有害等特殊工作环境津贴;个人缴纳的养老、医疗、失业保险费和住房公积金;伙食补贴(饭贴)、上下班交通费补贴、住房补贴。

（2）超时工作与加班费

据悉,某些民营企业尤其计件制单位,经常加大生产指标迫使劳动者工作 10 小时甚至更长时间。对此,《劳动法》有专门的规定:"用人单位因生产经营需要,经与工会和劳动者协商后可以延长工作时间,一般每日不超过 1 小时;因特殊原因需要延长工作时间的,在保障劳动者身体健康的条件下延长工作时间每日不超过 3 小时,但是每月不超过 36 小时。"也就是说,对企业违反法律、法规强迫劳动者延长工作时间的,劳动者有权拒绝。

另外,如果劳动者同意延长工作时间,用人单位必须依法向其支付不低于工资 150% 的劳动报酬(休息日支付不低于工资 200% 的劳动报酬,法定休假日则须支付不低于工资 300% 的劳动报酬)。

对拒不支付劳动者延长工作时间工资报酬的用人单位,劳动行政部门可责令其支付劳动者工资报酬、经济补偿,并支付赔偿金。

7. 社会保险

社会保险金是基本养老保险金、基本医疗保险金、失业保险金的统称,加上住房公积金,就是人们通常所说的"四金"。"四金"是法律、法规强制性规定的,并不是劳动者和企业能在劳动合同中所能协商的。

按《社会保险费征缴暂行条例》的规定,国有企业、城镇集体企业、外商投资企业、城镇私营企业和其他城镇企业及其职工,都是基本养老保险金、基本医疗保险金和失业保险金的征缴范围。费用的计算方法如下:

养老保险金 = 工资 × 6%(个人交纳比例) + 工资 × 25.5%(单位交纳比例)

医疗保险金 = 工资 × 1%(个人交纳比例) + 工资 × 5.5%(单位交纳比例)

失业保险金 = 工资 × 1%(个人交纳比例) + 工资 × 1%(单位交纳比例)

另外,按照国家《住房公积金管理条例》规定:国家机关、国有企业、城镇集体企业、外商投资企业、城镇私营企业及其他城镇企业、事业单位及其在职职工都应缴职工住房公积金。其计算方法如下:

住房公积金 = 工资 × 8%(个人交纳比例) + 工资 × 8%(单位交纳比例)

(注:工资为职工本人上一年度月平均工资数。公积金缴纳比例各地区规定不尽相同,即使在同一地区,经济效益不同,单位适用缴存的比例也不相同,例如北京规定公积金缴存比例最高可达 12%,而杭州公积金缴存比例最高为 15%。)

8. 劳动保护、劳动条件和职业危害防护

在新通过的《劳动合同法》中,职业危害防护列为劳动合同的必备条款。强调职业危害防护条款,则要求用人单位必须将工作过程中可能产生的职业病危害、防护措施等在劳动合同中写明,不得隐瞒或欺骗。这更倾向于保护劳动者的合法利益。

对于企业而言,有职业危害的工作在劳动合同必备条款中要告知劳动者,而告知的方法和对危害的严重性的估测可以根据实际情况做适当的调节。

9. 法律、法规规定应当纳入劳动合同的其他事项

根据《劳动合同法》的相关规定,用人单位与劳动者签订劳动合同时,除订立上述 8 项必备条款外,可以协商约定其他内容。《劳动合同法》第 23 条规定,劳动合同当事人可以在劳动合同中约定保守用人单位商业秘密和知识产权的有关事项,劳动者如果"违反劳动

合同中约定的保密事项,对用人单位造成经济损失的,应当依法承担赔偿责任"。

保密条款或保密协议起到了"丑话说在前"的作用,一旦劳动者发生侵犯商业秘密的违约行为,只需举证合同即可,用人单位维护自身权益就显得十分方便。

当前我国人才流动比较频繁,为防止不正当竞争,用人单位一般与高级职员在劳动合同中约定,劳动者在终止或解除劳动合同后的一定期限内,负有保密义务。或者约定不能到生产同类产品或经营同类业务,且有直接竞争关系的其他单位任职,这就是劳动合同中的竞业禁止条款。

竞业限制的人员仅适用于用人单位的高级管理人员、高级技术人员和其他负有保密义务的人员。竞业限制的范围、地域、期限由用人单位与劳动者约定,竞业限制的约定不得违反法律、法规的规定。

在解除或者终止劳动合同后,前款规定的人员到与本单位生产或者经营同类产品、从事同类业务的有竞争关系的其他用人单位,或者自己开业生产或者经营同类产品、从事同类业务的竞业限制期限,不得超过两年。

(四) 劳动合同的履行

劳动合同的履行,是指劳动合同在依法订立生效之后,双方当事人按照劳动合同规定的条款,完成劳动合同规定的义务,实现劳动合同规定的权利的活动。

三、签订劳动合同的注意事项

大学生在签订劳动合同时,要特别注意以下五点:

1. 尽快与用人单位签订正式的劳动合同

为了保障个人的利益,求职者在正式进入用人单位工作时,一定要与用人单位签订正式的用工合同,以便明确双方的权利和义务关系。

2. 没有签订劳动合同仍然受劳动法的保护

有些企业认为只要不与劳动者签订劳动合同,就可以不受劳动法律的约束,在辞退劳动者时较为便利,并且不必支付经济补偿。实际上这种观点是错误的。即使用人单位不与劳动者签订劳动合同,劳动者依然受劳动法律的保护。

根据《劳动合同法》第 82 条规定:"用人单位自用工之日起超过一个月不满一年未与劳动者订立书面劳动合同的,应当向劳动者每月支付二倍的工资。"

3. 注意细节保护自己

为使用人单位无隙可乘,当劳动合同涉及数字时,一定要用大写汉字;另外要注意合同生效的必要条件和附加条件(如是否要鉴证、登记);合同至少一式两份,双方各执一份,妥善保管;毕业生在签订时要认真阅读内容,一份正式的合同应该条款齐全。如名称、地点、时间、劳动规则、具体工作内容和标准、劳动报酬、合同期限、违约责任、解决争议方式、签名盖章等。要对文本仔细推敲,发现条款表述不清、概念模糊的,及时要求用人单位进行说明或修订。

如果对合同条款有任何疑问,一定要确定后再签字,不要怕提出合同条款不妥而失去工作,否则可能给日后留下隐患。如无异议,再当面同单位负责人签字盖章,以防某些单位负责人利用签字时间不同而在劳动合同上做手脚。

4. 慎签英文合同

我国《劳动合同法》规定,劳动合同应以书面形式订立。《劳动合同法》和《外商投资企业劳动管理规定》中对外资企业与中方雇员签订的书面合同应该采用何种文字虽然都没有明文规定,但由于我国《宪法》赋予公民有使用本民族语言文字的自由,因此,要求签订中文文本合同完全是正当合理的。所以大学生如果到外企工作,不要发怵英文水平,可以要求签订中文合同。

5. 注意格式合同

为了提高签订劳动合同效率和节省签约劳动量,实践中较为常用的是用人单位事先拟好劳动合同,由劳动者做出是否签约的决定,不允许改变合同内容,也就是签订格式合同。虽然格式合同中单方面限制劳动者主要权利和免除用人单位主要义务的条款因违反公平和诚实信用原则而归于无效,但劳动者签约时仍然应当注意完全理解格式合同的条款内容,并对其中的不合理部分提出异议。

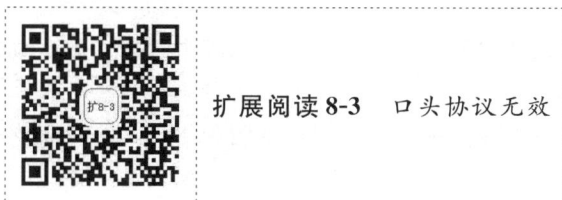

扩展阅读8-3　口头协议无效

四、劳务派遣简介

2008年1月1日开始实施的《劳动合同法》规定了劳务派遣的内容。从近几年大学学生的就业情况来看,签订劳务派遣合同的学生呈增长趋势,在此我们就简要介绍一下这种较为独特的劳动关系。

(一)劳务派遣的定义

劳务派遣又称劳动派遣、劳动力租赁,是指由派遣机构与被派遣人(例如高校毕业生)订立劳动合同,由被派遣员工向用工单位给付劳务,劳动合同关系存在于派遣机构与派遣员工之间,但劳动力给付的事实则发生于派遣劳工与要派企业之间。简单地说,甲公司是劳动派遣公司,乙公司是用人单位,小王是被派遣人,他与甲公司签订劳动合同,但是去乙公司上班。

劳动派遣的最显著特点就是劳动力的雇用和使用相分离。劳动派遣机构已经不同于职业介绍机构,它成为与劳动者签订劳动合同的一方当事人。

(二)劳务派遣的种类

一般而言,我们可以将常见的劳务派遣分为以下几种:

1. 完全派遣

由派遣公司承担一整套员工派遣服务工作,包括人才招募、选拔、培训、绩效评价、报酬和福利、安全和健康等。

2．转移派遣

由劳务派遣需要的企业自行招募、选拔、培训人员，再由派遣公司与员工签订劳动合同，并由派遣公司负责员工的报酬、福利、绩效评估、处理劳动纠纷等事务。

3．减员派遣

企业对自行招募或者已雇用的员工，将其雇主身份转移至派遣公司。企业支付派遣公司员工派遣费用，由派遣公司代付所有可能发生的费用，包括工资、资金、福利、各类社保基金以及承担所有雇主应承担的社会和法律责任。其目的是减少企业固定员工，增强企业面对风险时的组织应变能力和人力资源的弹性。

4．试用派遣

这是一种新的派遣方式，用人单位在试用期间将新员工转至派遣公司，然后以派遣的形式试用，其目的是使用人单位在准确选才方面更具保障，免去了由于选拔和测试时产生的误差风险，有效降低了人事成本。

5．短期派遣

用人单位与劳务派遣机构共同约定一个时间段来聘用和落实被派遣的人才。

6．项目派遣

企事业单位为了一个生产或科研项目而专门聘用相关的专业技术人才。

7．钟点派遣

以每小时为基本计价单位派遣特种人员。

8．双休日派遣

以周六、周日为基本计价单位派遣人员。

9．国有企事业单位通过劳务派遣机构把闲置的人员部分或整体地派遣给第三方

(三) 劳动派遣的作用

劳务派遣对促进派遣员工就业、提高派遣员工的职业技能和执业能力、保障派遣员工的合法权益、解决派遣员工的后顾之忧等发挥着非常重要的作用，主要体现在以下几个方面：

1．有利于保障员工合法权益，提高员工职业素质

劳务派遣建立起新型的劳动关系，有助于保障派遣员工的合法权益；充分利用劳动部门的就业平台和资源优势，为派遣员工提供更多的就业机会和更为广阔的职业选择；重视派遣员工的教育培训工作，有效提升派遣员工的职业素质和职业技能，提高派遣员工的职业选择能力。

2．有利于提高员工工资水平

劳务派遣不仅保证了派遣员工的工资收入水平，而且还可以利用内部的岗位空间和岗位调整，提高派遣员工的工资收入。

3．有利于节省用人单位费用

实行劳务派遣可以节省用人单位劳动力使用和管理成本；用人单位可根据生产经营需要，随时要求派遣机构增减派员，有利于用人单位用人的灵活性；也可使用人单位从繁杂的劳动保障事务中解脱出来,有利于用人单位集中精力抓好生产经营。

第三节　试用期内的权益保障

《劳动法》第 17 条规定:用人单位可以和劳动者约定试用期。该条款具体包括以下两层含义。其一,用人单位和劳动者对在劳动合同中是否设立试用期条款具有自主性和自愿性。即试用期条款的设立与否,完全取决于双方是否事先约定。其二,只有形成双方的合意才能认定存在试用期条款。即试用期条款的设定必须在平等自愿基础上,由劳资双方协商确定。

一、试用期概述

1. 试用期的概念

试用期是指用人单位对新招收的职工进行思想品德、劳动态度、实际工作能力、身体情况等进行进一步考察的时间期限。适用于初次就业或再次就业时改变劳动岗位或工种的劳动者。用人单位与劳动者订立劳动合同时依法协商约定的试用期满后,不得以任何理由再延长试用期。

2. 试用期的期间

试用期并不是法定的,而是由用人单位和劳动者共同约定。但是约定的期间不得违反法律规定。

《劳动合同法》第 19 条规定:"劳动合同期限三个月以上不满一年的,试用期不得超过一个月;劳动合同期限一年以上不满三年的,试用期不得超过二个月;三年以上固定期限和无固定期限的劳动合同,试用期不得超过六个月。"

各省、自治区、直辖市又分别对试用期做了更细的规定。同学们可以自己有针对性地查询。

3. 试用期与劳动合同期限的关系

试用期与劳动合同期限既有联系又有区别。首先,试用期应包含在劳动合同期限之内,是劳动合同期限的一部分。其次,仅约定试用期的,试用期不成立,该期限即为劳动合同期限。

有的企业错误地认为试用期对企业很有利,与员工仅仅就试用期订立所谓的试用期合同、临时合同等,这些其实都是不合法的,按照上述提到的法律规定,该期限被推定为正式合同期。

二、试用期内劳动合同双方的权利义务

1. 试用期内劳动权利义务的一般规定

小陈 2021 年 7 月毕业于某本科学校,专业为计算机科学。毕业前,他成功应聘了一家知名的网络公司。签约时,公司要求小陈签一份由他们提供的格式合同。该合同中有"试用期满,不符合要求,公司有权解聘"的字样,因为公司的薪水和福利都使他感到满意,而工作又不容易找,他也就没敢细问。工作后,小陈一直兢兢业业,但三个月的试用期满

后,公司以小陈工作不符合要求将其辞退。

长期以来,无论求职者还是招聘单位一直存在着这样的认识误区:劳动者和用人单位在试用期内,不需要有任何理由,均有权随时与对方解除劳动合同。

根据《劳动法》和《劳动合同法》的规定,在试用期内,劳动者可随时通知用人单位解除劳动合同,而无须任何理由。这是法律赋予劳动者的权利,是《劳动法》基本原则的体现。这种形式上的不平等保证了司法上和实践中实质上的平等。

但是用人单位无权随时在试用期内单方解除劳动合同。用人单位只有证明劳动者不符合其录用条件以后,才可以单方解除劳动合同。如果员工对企业在试用期内解除劳动合同有不同意见,企业必须向该员工说明理由,并且举出"员工不符合录用条件"的证据。如果不能举证,用人单位就不得单方面解除劳动合同。

上述案例中,小陈可以要求公司对自己不符合工作要求的具体表现进行举证。如果公司举不出证据,就不能解聘小陈。

2. 试用期内劳动权利义务的特别规定

按照《劳动合同法》的规定,劳动合同对劳动报酬和劳动条件等标准约定不明确,引发争议的,用人单位与劳动者可以重新协商;协商不成的,适用集体合同规定;没有集体合同或者集体合同未规定劳动报酬的,实行同工同酬;没有集体合同或者集体合同未规定劳动条件等标准的,适用国家有关规定。

根据《劳动部办公厅关于试用期解除劳动合同处理依据问题的复函》第三条规定:"用人单位出资(指有支付货币凭证的情况)对职工进行各类技术培训,职工提出与单位解除劳动关系的,如果在试用期内,则用人单位不得要求劳动者支付该项培训费用。"所以从这个意义上来说,试用期的约定,有助于对劳动者的倾斜性保护。

三、与试用期容易混淆的几个概念

刚刚走出校门的大学毕业生们陆续开始踏上工作岗位,拥有了自己人生的第一份劳动合同。要迈好在职在岗的第一步,保护自己的正当权益,搞清楚劳动合同中的试用期与见习期、学徒期和服务期三个概念的区别十分重要。

1. 见习期

见习期是我国针对应届高校毕业生进行业务适应及考核的一种制度,适用于用人单位招收应届毕业生的情况。见习期满如果合格,则对职工办理转正手续,为其评定专业职称;见习期满,如果达不到见习要求的,可延长见习期半年到一年或者降低工资标准,表现特别不好的,用人单位可予以辞退。

根据原劳动部的有关规定,大中专、技校毕业生新分配到用人单位工作的,执行为期一年的见习期制度,见习期内可以约定不超过半年的试用期。但对于试用期的特殊权利不能适用于见习期。

2. 学徒期

学徒期实际上类似于见习期,只是针对的人群不一样,主要是指工厂在招收工人时进行岗前培训这个阶段。根据原劳动部 1996 年制定的有关规定,学徒期是对进入某些工作岗位的新招工人熟悉业务、提高工作技能的一种培训方式,在实行劳动合同制度后,这一培训方式仍应继续采用,并按照技术等级标准规定的期限执行。试用期和学徒期包含在劳动合同期限内,试用期和学徒期可以同时约定。

3. 服务期

服务期是用人单位在招收或使用劳动者的过程中提供特殊待遇后,与劳动者协商确定的一个附属期限。所谓特殊待遇应具有两个特征:首先,这种待遇不是法律规定的待遇;其次,不是用人单位为本单位所有劳动者提供的普遍待遇,而是只提供给特定的劳动者。

《上海市劳动合同条例》罗列了 3 种情形:

一是用人单位出资招用新员工,如用人单位为原本户口在外地的新员工出钱办理户口进沪;

二是用人单位为员工出资培训;

三是用人单位给员工有特殊待遇,如提供一套房子、一辆车子等。

在服务期内,劳动者应遵循诚实信用原则,不得任意跳槽,否则,将根据《上海市劳动合同条例》承担赔偿违约金的责任。

第四节　劳动争议中的权益保障

当前,劳动争议案件日益增多,如何正确解决这类纠纷,以维护劳资双方的合法权益,是当代大学毕业生必须了解的内容,只有这样才能正确对待和处理劳动争议中的权益保障。

一、劳动争议的范围

《劳动法》中的劳动争议,是指中国境内的企业与职工之间的下列劳动争议:一是因企业开除、除名、辞退职工和职工辞职、自动离职发生的争议;二是因执行国家有关工资、保险、福利、培训、劳动保护的规定发生的争议;三是因履行劳动合同发生的争议;四是法律、法规规定应当依照"企业劳动争议处理条例"处理的其他劳动争议。

二、劳动争议的处理方法

劳动争议发生后,当事人可向本单位劳动争议调解委员会申请调解;调解不成,当事人一方要求仲裁的,可向当地劳动争议仲裁委员会申请仲裁。当事人一方也可在 60 日内直接向劳动争议仲裁委员会申请仲裁。对仲裁裁决不服的,可以向人民法院提起诉讼。

如果超过了法定期限 60 日内怎么办?当事人仍可向仲裁委员会申请仲裁,待仲裁委员会做出"驳回"的裁决后,再凭这个"驳回"裁决,向人民法院提起诉讼。

三、劳动争议的举证责任

1. 解除劳动合同的举证责任

因用人单位做出的开除、除名、辞退、解除劳动合同等决定而发生的劳动争议,用人单位负举证责任,举证不能或不充分的,人民法院或劳动争议仲裁机构可予撤销用人单位的决定,用人单位应赔偿劳动者损失。

2. 其他争议的举证责任

谁主张,谁举证。如果劳动者与劳动单位发生劳动争议,应就自己的主张自行提交相应的证据。

拓展阅读 8-4 *新就业形态下劳动者权益的保障*

【实践课堂】

王刚是某高校的毕业生。经过几个月的奔波、努力,他与一家公司签了就业协议,协议中规定了 5 000 元的违约金。7 月份他办完毕业手续来公司报到上班,公司与他签订劳动合同,合同期限为 5 年,违约金为 20 万元。

王刚不想签 5 年的劳动合同,觉得违约金太高。但是不签是不是就要交付 5 000 元的违约金呢? 请你运用所学的知识帮助王刚。

【课后练习】

1. 毕业生就业权利有哪些?
2. 毕业生如何正确行使就业权利?

第九章

转变角色　走向成功

【学习目标】

1. 了解实习期的作用；
2. 理解从基层做起的重要意义；
3. 懂得转变角色、更快适应职场的原则和方法；
4. 了解创业的素质要求和基本流程。

引导案例

"毕业生"到"职场人"的角色转变

小张是刚刚毕业的大学生，毕业前他在一家国企实习，实习期结束，企业也愿意留用小张，本来这是个好消息，但是小张却认为这份工作很枯燥，每天就做着一些简单、重复的工作，觉得自身各项能力没有得到发挥，心理落差较大。同时在这段时间，他自己也在备考公务员，因此和同事之间很少沟通，偶然一次在工作中出现疏忽，有其他同事就和领导去反映他工作不认真，他得知后觉得领导不重视他，周围同事不好相处，最后他辞去了这份工作。辞去工作后，小张心里很是苦闷，最终找到了职业指导人员寻求帮助。

刚走出校园的大学生们，大都有着"天高任鸟飞，海阔凭鱼跃"的宏伟抱负。但是，随着高等教育的普及，每年大学毕业人数激增，就业竞争压力也随之增大。从大学毕业到进入社会、参加工作，对于每一位毕业生来说都需要经历比较大的角色转变。因此，大学毕业生们应先调整心态，正视、接纳现实，恰当地评价自己，放低姿态，一切从零开始。

资料来源：https://baijiahao.baidu.com/s?id=1711713982185072397&wfr=spider&for=pc. 2021-09-24.

第一节　认真把握实习期

每年 4 月，春暖花开，也是毕业生完成学业准备答辩的时期。2021 年 4 月中旬，某职业学院金融学系开始毕业设计答辩。好几个月不见，同学们聊得最多的自然是自己的实习单位和实习情况。

有的同学说："我们单位领导可厉害了，请假必须提前两天，当天请假的要扣 150 元，我一个礼拜的工资呢！"有的同学说："你还有工资，不错了，我们单位只提供午餐，连工资也没有。"还有的学生对单位制度没有人情味表示不满。甚至有的同学为自己是实习学生却要给正式职工"随份子"倍感烦恼。总之,意见五花八门,得出的结论是:还是学校好,如果能永远待在学校该多好啊!

这就是即将踏上工作岗位的大学毕业生的真实心态。人作为社会动物,走向社会是必然的。在校学习阶段仅仅是人生的一个驿站,是我们开始工作、走向社会的准备阶段,它总会有结束的时候,这是我们每个大学毕业生必须要面对的现实。我们与其为留不住校园时光而哀叹,倒不如为如何在社会上更好地生存去尝试、去积累。实习阶段就是从学生到社会人的必不可少的积累阶段。

本科院校培养的是应用型、管理型人才,在教学计划中有近一半的课时为包括校内实训、顶岗实习(毕业实习)在内的实践课。顶岗实习一般安排在最后一学期,实习期间为3~6 个月。实习单位既有学校联系的,也有学生自己找的,这些单位往往会有一些用工需求。

实习对学生而言,有助于他们了解社会,增长工作经验,既是在实践中增强技能的好机会,也是一个考察实习单位、确定就业方向或目标的良好时机。对单位而言,可以在实习学生中选拔人才,减少用工培训成本。不少同学就是因为在企业实习中表现突出,被单位直接留用的。

同学们要高度重视实习,利用实习期做好转换角色的准备,抓紧进行职业适应性调适,为自己更顺利地找到工作、做优秀员工打下基础。

一、树立良好的第一印象

大学生初到一个实习单位,其外在形象、谈吐、接人待物的方式都会给单位领导和同事留下第一印象。第一印象的好坏对今后事业的发展有着重要意义,大学毕业生切莫忽视。那么如何树立良好的第一印象呢?

(一)仪表举止大方

仪表是个人形象的基本外在特征,端庄大方的仪表会给人留下良好的第一印象。

1. 装饰得体

初到实习单位,要注意衣着打扮。衣服不一定要讲究高档、时髦,追求名牌,只要符合自己的经济状况和实习生身份即可。男生切忌穿得太随意(如穿着短裤、背心甚至拖鞋),女生不要穿得过于暴露。

女生在化妆问题上应注意避免两个极端:一是化妆太过浓艳;二是素面朝天,学生味十足。有些商业服务业在妆容上有要求,例如银行柜员、商场收银员等都要适当化淡妆,实习生也要遵守此项规定,该化妆时就得化妆。

2. 面带微笑

西方有句谚语:The only way to have a friend is smile.(交友的唯一方法是面带微笑。)到一个新的环境,如何更快地融入?我们不能被动等待别人来关心,而是要主动去交往,最好的方法就是面带微笑地向同事问好。此外微笑还是亲和力的标志,要想在一个团队人际和谐、心情愉快,就要微笑面对一切。如果你不善微笑,那么从现在起,每天对着镜子笑 50 次吧!

3. 举止文明

要保持积极向上的精神面貌,不要哈欠连天,一副睡不醒的样子。要注意在同事、领导面前说话落落大方,女生不要有吐舌头、扭身子等小气、扭捏的动作,男生不要嬉皮笑脸、大大咧咧,显得过于松散。做事要注意细节,例如,当部门领导向他人介绍自己时,一定要起身微微鞠躬:"请您多多指教,请您关照。"最好不要在单位抽烟,如果忍不住,就去室外吸烟区抽烟。

(二)工作踏实勤奋

大学毕业生到实习单位后,领导分配的工作不一定与专业有关,即使与专业有关,作为实习生也可能不会马上上手操作。那么在工作中我们要注意什么呢?

1. 要主动找活

实习生到单位,首先要做的是眼里有活。主动承担扫地打水、清洁桌面、擦拭窗台等细小的工作,不要自以为是。正像上面案例所说的,有时领导没有给你安排工作或者安排一些算不上活的小活,就是在考察你是否有主动的工作意识,你一定要一丝不苟地做好小活,并主动询问领导需要你做些什么。

2. 要甘做小事

到了实习岗位,每个学生都想多学点,最好和自己的专业直接挂钩。但是我们一定要避免好高骛远的想法,把一件小事做得尽善尽美,就是最大的收获。例如,有的学生是学财会的,总想到实习单位学一些会计业务。但是单位的会计数据是商业秘密,没有经过一定的考察,哪个领导敢将实习生放在会计岗?很多人必须从最外围的财会业务做起,例如,在店内收银,或者跑银行、去税务工商送报表。

我们就要踏实地做好类似于这样的小事,尽快适应工作环境,认清工作性质,熟悉工作程序。最好能够运用所学知识,提高办理小事的业务能力(例如优化流程,提高速度),以求做出工作成绩。这是赢得同事赞美和领导信任的基本条件。

3. 尽快熟悉工作环境

实习的第一天要大致了解一下办公的环境,本部门、本单位的同事。领导给安排具体工作的,要清楚自己的职责范围、工作内容,尽快进入工作角色。

要尽量寻找机会参加单位的团体活动,不要仅仅局限于与一个部门的同事打交道,多利用单位团体活动的机会,认识不同部门的同事,既可以拓展人际关系,也可以了解其他部门的职能与角色,这样不仅不会遇到问题时抓瞎,而且可以获得别人的有力外援。

再就是利用午餐时间。午餐时,同事间的话题比较随意,你可以了解同事间、同事和上级相处的模式;公司中人际关系是如何构成的;公司有哪些约定俗成的规则;公司的组织架构是什么等。

4. 要及时汇报

领导、师傅交代的事,一定要及时反馈完成情况,这既是工作要求,也是沟通技巧。遇到不会做的事,及时求助同事。当天的事当天办不完,原因有很多:场地没有联系好,该找的人没有找到……要及时向交办人汇报、沟通,让他了解你存在的困难和问题,帮你协调和解决。

(三) 敢于承担责任

许多同学在实习时,还是习惯拿自己当学生看,总是自己原谅自己,以至于会抱怨单位的规定没有人情味。小孙在一家大型国有商场实习,商场 10:00 营业,早班的员工应当 9:30 到岗。2021 年 1 月中旬,北京下了一场大雪,小孙刚好在大雪的第二天上早班。大雪导致交通堵塞,平时花费 1 个多小时就能到单位,那天她用了 2 个小时,结果 9:50 到单位,迟到了,不仅受到批评,还被扣 50 元。

小孙觉得非常委屈,她找到单位领导,强调下雪是不可抗力,自己是在商场开门前到达的,没有影响工作,而且作为实习生,不能按照正式员工处罚。领导告诉她:实习生遵守实习单位的规矩是毋庸置疑的,在上班的第一周培训中,我们已将工作纪律、处罚规定明确地告诉了大家,你违反了规定,就要承担责任,这没什么好商量的。而且考虑到实习生的实习工资低,我们的处罚也低,正式员工迟到了,要扣 100 元。

许多单位对于员工违反规定,都有类似的处罚措施,只要该规定不违反《劳动法》,单位是可以按照规定处罚员工的,包括实习生。小孙的想法在实习生中是很典型的,原因是没有正确的自我定位。我们经常说:"一人做事一人当",说的就是承担责任的道理。一个人不管年龄多大,都要对自己的行为负责,只不过承担责任的方式和程度不同而已。

同样,一个单位,也负有社会责任,接纳实习生、严格要求他们,让学生树立责任意识、自律意识,具有强烈的纪律观念,也是其承担社会责任的一种方式。从这个角度来说,小孙应该感谢实习单位,单位的帮助教育将使她走上工作岗位后严格要求自己,避免付出更大的代价。

所以,当大学生踏上实习岗位时,一定要遵守单位的各项规章制度,服从单位的管理,把在实习单位的经历看成是学习进步的过程。有失败、有教训不足为奇,关键在于长记性,在以后的职业发展中不再犯同样的错误。

总而言之,良好的第一印象是在自己的内在品质和相应的工作技巧共同作用下树立的。尽管它具有暂时性和浅表性的特征,但是它有利于培养大学生的职业意识,有利于强化自己的工作纪律和职业道德。当然,我们不能仅仅满足于良好的第一印象,更不能以伪装的第一印象来骗取别人的好感。"路遥知马力,日久见人心。"大学毕业生更应当通过长期的不懈努力,以自己良好的内在气质,正直的为人和出色的工作成绩去建立更高层次的长期的良好印象。

二、建立和谐的人际关系

人在社会活动的一切领域都不可避免地会发生个体之间的相互作用和联系,这种在社会活动中所形成的建立在个人情感基础上的相互联系就是人际关系。事实上,人际关系渗透到了所有的社会关系之中,人际关系无处不在,它对于人各方面的发展都具有非常重要的意义。那么如何在实习单位建立和谐的人际关系呢?

1. 尊重他人、虚心请教

尊重他人是建立良好人际关系的前提。尽管人们的分工有不同,贡献有大小,但在人格上都是平等的。初到实习单位,应当把每一个人当作自己的老师,不管他的职务尊卑、收入多少、年龄大小和文化高低。此外,还要注意一个细节:要按照单位约定俗成的习惯去称呼领导和同事,不要让人产生你是局外人的感觉。

2. 平等待人、不卑不亢

大学毕业生要平等对待每个同事,不要厚此薄彼,切忌以貌取人或以个人好恶为标准,把同事分成几个等级,亲近一部分人而疏远另一部分人。不要卷入是非矛盾、拉帮结派之中,而应该尽力与所有同事发展平等互助的友好关系。不要认为某人对自己有用就打得火热,而对他人不理不睬。

3. 正直善良、乐于助人

待人处世要做到公平正直、不偏不倚。同事间的相互帮助,有时可以锦上添花,有时是雪中送炭。当同事在工作、生活上遇到困难时,应给予同情,用感情上的安慰和行动上的帮助来促使同事克服困难、消除烦恼,以促进同事间的友好关系。只有热心帮助别人的人才会得到别人的帮助,也只有乐于助人的人才会得到人们的认可与赞扬。

4. 诚实守信、理智行事

真诚与信任是建立良好人际关系的基础。在与同事的交往中要恪守信用、言行一致,说到做到,不言过其实。当工作中发生一些纠葛、摩擦甚至冲突时,不要马上找领导告状,或者哭哭啼啼,要冷静对待、妥善处理。

5. 服从上级、注意沟通

作为下级的大学毕业生,要自觉服从工作安排,力争圆满完成领导交办的任务。对于确实难以完成的任务,要注意维护领导的权威,不要当面顶撞,可以在私下与领导单独交流。这样就会得到领导的肯定,处理好与领导的关系。

工作中,对领导既要尊重、坦诚、实事求是,又要注意分寸、交往得当,不能为了一己私利而对领导曲意奉承、讨好献媚,将关系庸俗化。只要坚持以把工作做好为出发点,在工作方面与领导形成共识,也就有了与领导建立良好关系的基本条件。

许多大学生进入实习单位后,不敢主动找上级沟通。但是不沟通,上级就不了解你的工作,不知道你干得如何。所以要认真思考工作以来的收获、困惑,以及对自己工作职责的理解,主动找上级沟通,让他知道你很重视这份工作,并在用心地做好。

另外,在开会时要适当发言,让你的上级尽快注意你。切忌老是坐在角落处,一言不发。如果你有好的建议或设想要敢于拿出来,当然也要乐于接受前辈们的批评。

三、认真考察实习单位

实习期对大学生的重要性在于:它是大学生进入职业生活的序曲,是大学生判断自我能力的基础,是大学生增长工作经验的好时机,是大学生确定工作目标的思考期。大学生除了认真工作、踏实做事、展现才华之外,还要好好利用几个月的实习期考察实习单位。对实习单位的考察可以从以下三个方面进行。

1. 观察单位的人气是否旺盛

单位的发展主要依靠管理层的领导,因此先要观察领导者。看单位领导是否有远大的理想及踏实的工作态度,能使员工最大限度地自觉发挥才干,单位领导对待工作是否热情、勤勉,是否公正、公平地对待工作及下属,对单位的发展是否有脚踏实地的计划,有没有凝聚力,职位安排上是否任人唯亲等;看员工是积极工作还是消极散漫,团队是否团结一心、乐于帮助新人,同事之间是否关系和睦;看工作内容能否发挥自己的才干,企业的内部管理制度是否明确并被严格遵守,晋升通道或学习培训的机会是否平等;工作环境是否稳定,待遇是否令人满意等。

2. 了解单位员工对单位的评价

可以从不同方面了解不同的同事对领导、对工作、对工资待遇等方面的评价。同事们工作久了,对单位了解更深刻,他们的评价会体现单位的价值观,是非常有用的资讯参考。同时,还要听听其他渠道反馈的信息,包括单位的客户、竞争对手、关联单位等。一个有魅力、有价值的单位是值得它的竞争对手尊敬的。

3. 考虑个人的价值取向是否与单位文化相融

在你忙着做实习工作时,你也在一点一滴地了解企业的历史、价值观与发展目标。在实习期结束之前,你一定要仔细分析自己的价值观、成才观是什么,是否与单位的企业文化相融。还要客观分析自己的兴趣爱好是否适合目前从事的工作。另外要考虑该单位是否符合自己的职业规划,是否能提供公平的晋升空间,自己是否真的适合在该单位工作。

通过以上几个步骤的考察和自己的深思熟虑,你就可以确定是否值得留在该单位工作了。如果决定留下,那就要及时向学校、系里表达你的想法,同时向单位的人力资源部门了解今年的进人计划,进行毛遂自荐,向单位表示愿意把无限的热情投入到单位事业发展中去;如果觉得自己不适合该单位,那就认真总结在实习期间的经验教训,使自己学有所获,为下一步求职应聘打下基础。

大学生的实习,是人生道路上一次重要的选择,可能决定自己的首次就业。但第一次就业并不一定就是终身的职业选择。随着社会需求的变化,已经就业的大学生还可以根据自身的实际条件,适时调整职业方向,把握好重新选择的机会,在社会中找到更能发挥自己聪明才智的岗位。

扩展阅读 9-1 　曾国藩:这三种底层思维,阻碍你成功,不改变难成大器

第二节　从基层做起,夯实工作第一块基石

大学生面向基层就业有利于青年人才的健康成长和改善基层人才队伍的结构,有利于促进城乡和区域经济的协调发展,有利于构建社会主义和谐社会和巩固党的执政地位,是解决毕业生就业结构性矛盾的根本途径。

基层工作就是大学生走向工作的第一块处女地,是大学生职业发展的重要基础,也是个人事业发展的必经阶段,同时又是实现阶段性就业的基本要求。

一、基层工作是成就事业的重要基础

什么是基层呢? 我们要从广义上理解"基层"。从地域上讲,基层既包括广大农村,也包括城市街道社区;如果按照组织性质划分,既涵盖县级以下党政机关、企事业单位和社会团体组织,也包括非公有制组织和中小企业。

此外按照是否直接就业为标准,基层包括到城市基层或农村工作的直接就业,也包括到农村去做村干部,去城市社区做志愿者,到广大农村进行"支农、支教、支医、扶贫"(三支一扶)等非直接性就业。基层是吸纳毕业生就业的最大空间。

1. 基层是建功立业之地

有的同学认为,在基层从事平凡的工作做不出伟大的事业,这种认识是不正确的。让我们来看看中国当代青年知识分子的优秀代表,原共青团湖南省委书记吴奇修的事例。

扩展阅读 9-2　从清洁工到技术骨干,这个崇明女子让人敬佩!

大学生要想成就一番事业,实现自己的职业理想,也应该树立行行建功、处处立业的观念,踊跃到基层锻炼,踏踏实实地从小事做起。老子说过:"图难于其易,为大于其细。"就是说,大事是由细小的事情构成的,只有小事做好了,做成功了,才能做成大事。小事做不了、做不好,何以能成就大业?

2. 到基层工作是大势所趋

目前,就业形势依然严峻,劳动力供大于求的格局长期存在。我国每年新增加劳动力1 000多万名,失业人员 800多万名,下岗职工 600多万名。每年提供就业岗位 1 100 万名,缺口达 1 300 万名。"十二五"期间还出现了"三碰头"的现象:全国高校毕业生达2 700 万名,下岗职工达 1 000 多万名,农民工 1.5 亿名,这些现象加剧了就业市场的竞争。

客观环境要求大学生一定要把眼界放宽、把期望值放低、将心态放平。从低位进入,在基层工作岗位做出贡献。

3. 基层需要大学毕业生

很多企业喜欢聘用本科生,认为本科生吃苦耐劳、虚心好学、动手能力强,与博士、硕士生相比具有不可替代的优势。人社部、教育部、公安部等联合印发《关于做好当前形势下高校毕业生就业创业工作的通知》,要求各地落实就业优先政策,把高校毕业生就业作为重中之重。

其中,通知要求积极拓宽就业领域,鼓励高校毕业生到基层就业。对于大学生来讲,基层则是一片新天地。而具有现代民生意识的青年大学生,只要肯在基层中脚踏实地地锤炼自己,就能实现个人的价值。

二、基层工作是发展事业的必经阶段

岗位是成才的舞台,是一个人奉献社会、施展才华,取得成就的场所。有少数大学毕业生,总是"这山望着那山高",对应聘的单位这不满意那不满意,不能一心扑在工作上。有的大学生自视清高,认为自己学的是高技能,看不起基层工作,认为从事基层的工作是大材小用。事实上他们大事做不了,小事不愿做。

温家宝总理在2009年2月与南开大学学生座谈时,用自己的成长经历告诉大学生为什么要去基层锻炼。他说:我是学地质的,在大学毕业以后,我就决心到西藏去。当时就有一种理想,那地方山多,适合我这个专业。我甚至写了一份血书。后来学校要我做研究生,我就做了研究生。做完研究生毕业以后,我还有留在学校的机会,但是我还是到西北去了。我认为西北是我应该工作的地方。

现在回过头来看,那也是我一生成长非常宝贵的一段时间。这段经历让我懂得什么叫艰难,人如何克服困难,怎么去生活。正是有了在基层的工作经历,温总理才能真正做到:"权为民所用、情为民所系、利为民所谋。"才会在人民群众受苦受难的第一时间赶到现场,与人民群众同甘苦。

1. 基层岗位不等于低级工种

许多学生不愿做基层工作,是对基层工作有认识误区。他们将基层工作与低级工作等同起来,认为在基层干就是丢人现眼,没有出息。有的虽然没有这样贬低基层工作,但是认为基层工作没有含金量、没有技术成分,不读大学照样能做,现在读完大学还得做基层工作,那大学不就白上了?

这些学生只知其一,不知其二。确实,基层与艰苦就像一对双胞胎,形影不离。世界上不存在一个轻松的基层工作。但是基层绝不等于低人一等,不同的工作岗位因为技术含量、资金投入的不同,创造的价值有所区别,但是每个人的劳动在本质上是没有高低贵贱之分的。如果把劳动岗位创造的价值等同于劳动价值,这是错误的观点。

另外,随着高新技术在劳动中的广泛运用,越来越多的企业需要提高员工的文化素养和知识含量,以适应岗位技术的不断升级。三年前不需要读大学就可以胜任的岗位,可能三年后就需要聘用大学生,因为技术需求在变化。所以我们应该用变化的眼光来看待工作岗位对人力资源的要求。

假定你在以前不上大学就能胜任某个超市的收银员岗位,这些年,收银从手工收取现金改为POS机收银、电子卡转账等多种形式,服务行业对收银员的要求也从"四肢健全、相貌周正、会说普通话",改为"熟悉计算机操作、能够识别真假信用卡、具有良好沟通能力、可以独立解决电子转账技术问题"的标准了,如果你不掌握新的岗位技术,就会被淘汰。由此便知,有些岗位过去和现在的入职条件、入职门槛是不一样的,大学毕业做收银员是时代发展的需要,绝不是人才浪费。

2. 基层工作锻炼综合素质

就一个单位个体而言,基层工作是单位的基础性工作,最能锻炼一个人的综合素质,只有经过基层的锻炼,才能为今后的进一步发展打下坚实的基础。古人说:"千里之行,始于足下。""不积跬步,无以至千里;不积小流,无以成江海。"

3. 基层工作增加人生阅历

柯达大中华地区主席叶莺曾经说过,一个人要获得长远发展,必须从一个较低的起点,一步步脚踏实地地做,这样才会有坚实的准备。国内外有许多的成功人士,都是从基层员工做起,这是一种重要的人生经历,是职业发展不可跨越的过程。要成功,必须从最底层做起,只要经过艰难的磨砺,才能成就栋梁之材。

在《从优秀员工做起——职场人士成功的起点和必由之路》一书中,我们看到这样一个结论:许多总裁、CEO 和亿万富翁等成功人士都是从小小的员工、普普通通的员工中来。几乎所有成功人士都是从一名优秀的基层员工做起的。

华人首富李嘉诚做过销售员,挨门逐户推销过塑料花;

台湾塑胶大王王永庆当过米铺杂工,每天给客户送米上门;

香港亿万富翁霍英东做过轮船上的铲煤工;

世界"新闻大王"普利策,年轻时当过骡夫、水手、建筑工、图书馆员工、记者等;

香港演艺界巨星刘德华做过洗碗工,著名影星周星驰给别人拿过道具、提过鞋子。他们做员工都做得十分卖力、十分优秀……

孟子说:"天将降大任于斯人也,必先苦其心志,劳其筋骨,饿其体肤……"一个人只有经历过苦难,才会珍惜来之不易的生活,才会更加注重精神生活的享受,而不在意物质生活的贫乏,才能有比他人更顽强的意志去获得成功。这种生活阅历的积累只能来自基层。

三、基层工作是阶段性就业的基本要求

阶段性就业强调不是通过一次就业就达到理想的工作岗位,而是分阶段由低级向高级工作岗位迈进。高水平的课堂理论教学培养不出实用型技术人才,任何技术的获得必须来自实践的积累,初级到中级技术能力的掌握和技术职称的取得,要通过 3～5 年时间实践锻炼,高级实用型技术人才的要求标准,是职业技术院校无法实现的,大学阶段的学习只能为同学们实现这一目标打下良好的基础。

初级阶段的就业是大学生择业的第一步,是步入社会生存、生活的起点,是为从事理想工作积蓄能量的阶段;高级阶段的就业是大学生知识能力扩展,技术飞跃发展的阶段。就业如同一切事物的发展一样,有一个循序渐进的过程,有一个由低向高的过程,不能急于求成,不可能一蹴而就。要抱着高能低就的心态,高等技术应用性专门人才不是大学生走出校门时的能力定位,而是多年后理论与实践经验积淀的升华。没有基层工作的经历,大学生不可能成为高等应用性专门人才。

大学生尽管有志于基层工作,但是也要做好一些心理准备。当代青年知识分子的优秀代表,原共青团湖南省委书记吴奇修在和有志去农村工作的大学生交流时说得非常中肯。他说:到基层去工作是要付出很多的:

一是学习、工作的条件差得多;

二是经济上的待遇低得多;

三是心理上、社会上、舆论上的压力大得多。

所以大学生到基层去工作要有充分的思想和心理准备。有满腔的热情、抱着非常良

好的愿望,不一定能赢得掌声、赢得喝彩,往往还有可能遭到别人的猜疑和非议,这个时候就是考验人的意志的时候。

我们一定要注意陶冶情操、锤炼品格,以丰富的知识、过硬的本领、务实的作风、顽强的意志,在艰苦的磨炼中让青春绽放出绚丽的光彩;同时也要有一颗平常心,要勤勉敬业、求真务实,从小事做起,从眼前做起,在一点一滴中积累,更多地立足于岗位成才,通过创造性的工作做出卓越成绩,走出属于自己、有价值的人生之路。

第三节　调整角色,适应职场

初涉职场,意气风发的你,有着一种舍我其谁的心态。然而,现实却总不能尽如己愿。在学校里对社会的认识与社会现实是有差距的,在校园里的为人处事规则与工作中的做人做事规则有一定的差异,校园里的学生角色与职业生活中社会人角色也有很大的区别。当一个人进入一个新的环境,其心理、行为、自我形象将随着环境的变化而变化,这种转变通常称为角色转变。

大学毕业生从学校进入社会也面临着学生角色向职业角色的转变。绝大多数毕业生在角色转变中,有个适应过程,如果毕业生能够顺利地度过"职业适应期",他(她)就有可能走向成功的职业生涯。那么如何尽快地适应职业生活,顺利度过"职业适应期"呢? 下面我们一起讨论一下初涉职场常见的心理问题、不适应职业角色的种种表现,以及更快适应职场的成功法则,希望对你能有所帮助。

一、毕业生在角色转变中常见的不良心理

1. 依恋心理

大学生刚刚走上工作岗位,还不能马上脱离学生身份,观察问题、分析问题及思考问题还是以学生时期养成的固定模式进行,对学生身份有种心理依恋,特别是遇到挫折、困难以及面对较为复杂的人际关系时,总是回想美好的学生时代,或利用各种通信手段与同学倾诉自己的郁闷、失望和不满,使得适应新环境、建立新的人际关系出现困难。

2. 自卑心理

有的毕业生面对新的工作环境、陌生的人际关系,感到拘谨、不自在,不知道工作从何入手。特别是同一批聘用人员中有硕士生、博士生的,更感到心理压力大,工作中缺乏自信与热情,影响了个人才能的正常发挥。

3. 依赖心理

目前我国绝大多数高等院校招生趋于本地化。许多大学生从小到大没离开过父母一步,在学校里又是根据教学计划按部就班地完成学习任务,对家长、老师的依赖性比较大。尽管在青年时期有一定的独立意识,但是总体上他们独立能力不强,对自己的工作性质、发展方向、工作内容、工作职责思考不够,习惯于做好别人安排、布置的工作,导致进入状态慢,工作主动性、积极性不够。

毕业于某学院文秘专业的小何上班一个多月了。一天,其主管领导外出开会,让她收发上级部门一个重要的邮件,嘱咐她如果收到后及时打印下发,并告知上级部门的联系电

话。当领导开会回到单位，询问小何工作进展情况时，小何却回答没有收到对方邮件，只好等领导回来后再说。

4. 浮躁心理

有些大学生没有认真分析自己的兴趣、爱好、特长及优势，从众心理强，这山望着那山高，今天想做营销工作，明天又觉得金融理财有发展前途，频繁跳槽，不肯专心干好本职工作，几年下来，总是在起点转圈，没有任何工作经验或人脉积累。长期如此，将严重阻碍个人的成长和事业的发展。

二、毕业生职场不适应的几种表现

根据网上"新人职场适应性"微型调查，职场新人对岗位表示满意的仅占11.6%，有40.7%表示不太满意，表示很不满意的占13.9%。同时有33.8%的职场新人表示不清楚。大学毕业生是职场新人的"主力军"。他们对工作满意度低，主要源自对职场的不适应性。毕业生不适应职场的表现主要有以下几种：

1. 自我感觉与实际能力存在错位

大多数毕业生怀着做出一番事业的心态走上工作岗位。许多同学专业学习成绩很好，自我感觉工作能力、业务能力应该没问题，但实际工作效果却不尽如人意。

2. 不懂企业基本规则

有的毕业生工作热情很高，但是办事效果不令人不满意。

3. 人际关系不适应

网上一项关于大学毕业生"工作压力、不满来自何处"的统计显示，难以融入新环境或压力来自人际关系的比例最高，占34.3%。有的毕业生工作一段时间，发现同事关系很难相处，除了上班问好、下班再见之外，与同事交流非常少；有的大学生看不惯某些同事的行为举止，而将自己封闭起来；有的锋芒毕露，招来其他同事不满。

4. 企业文化不适应

每个公司都有自己的企业文化，不论公司是否宣传这些文化，它都是客观存在的。通俗地讲，企业文化就是企业的做事习惯。不注意这些习惯，就会与其他人格格不入。

大学生进入企业后，往往注意不到这些细微的企业文化表现。有的虽然注意到了，但是不能适应。

三、大学生不适应职场的原因分析

几乎所有的大学毕业生都希望在自己第一份职业岗位上有所作为，立志以满腔的热情换取优异的工作成绩。但是实际工作中总有或多或少的不适应。这里面既有企业本身的原因，也有毕业生自身的原因。

（一）用人要求与自身能力存在偏差

刚走上工作岗位的大学生，都面对着一个把书本知识内化成自身能力的过程。社会和单位上的人往往认为：大学生既然是"高级型人才"，工作后应该"上手快、适应性强"，因此对大学生的期望值往往过高，求全责备。由于我国高等教育体制中存在的某些弊端，高校毕业生普遍存在理论与实践能力脱节的问题。

大学生也不例外,尽管高等教育强调动手能力,注重实操技能的培养,但是还无法形成综合技能,其观察能力、综合分析能力相对较弱,这就与社会所要求的讲竞争、重实效的行为方式产生了矛盾。从而导致大学毕业生对工作的不适应。

(二)理想和现实存在差距

1. 自我期望过高

实践中感到挫败感的毕业生大多是优秀学生,他们对工作怀有较高期望,希望马上从事业务工作,但是当单位让他们先做琐碎的打杂事务时,便感到"英雄无用武之地",自己做的事情与理想差距太大,工作干劲一落千丈;有的单位虽然安排新人从事业务工作,但是书本上的业务知识与实际工作要求有一定差距,毕业生对自己业务能力的判断标准与用人单位的价值判断标准不一致,没有成就感,工作热情慢慢耗尽。

有些学生对一些工作单位的实际情况,诸如生活环境艰苦、人际关系复杂、经济收入微薄、工作程序单调、管理方式落后和生产试验设备陈旧等因素估计不足,面对现实与理想的落差,自我调试能力不够,不少的毕业生由满腔热情变为大失所望,工作的积极性也就踪影皆无。

2. 综合素质有待提高

我国经济步入全球化的战略格局,对高素质综合性人才的需求就更为迫切。因此,毕业生不仅要有扎实的专业知识,较强的实际操作能力,还要具备一定的组织管理能力,更重要的是必须具备勇于开拓、锐意进取的创新精神。

然而,一些大学毕业生对职业必备的综合素质认识不清,对社会竞争的残酷性了解不深,在校期间不注重综合能力的锻炼与培养,一旦踏入社会才意识到自己的综合素质远远不能胜任所从事的工作,现有的知识结构不够充分和合理,书本知识和实际问题相差太远,而且很难有机地结合起来。

3. 思想行为过于简单

大学生活的单纯、校园人际关系的简单、青春年少的任性与偏执,社会阅历的缺乏,使得大学生在对社会、对人生价值的认识上往往表现出理想化倾向;在分析问题、处理问题上表现为简单化。因此,在现实生活中,尤其是面对复杂的人际关系和深奥的企业潜规则,他们看不透,又不会灵活对待,往往造成人际关系紧张。

四、如何适应职业角色

要完成从学生角色到职业角色的转换,就要充分认识和认真对待这些矛盾和冲突。只要大胆面对现实,立足岗位,树立职业意识,调整心态,踏踏实实从身边小事做起,笑对困难,努力学习,不断提高和完善自我,就一定能够顺利地完成角色的转换。

(一)树立职业意识

刚刚毕业的大学生在走上工作岗位之前往往对角色转换认识模糊,对即将从事的职业缺乏全面的了解。因此,毕业生在踏上工作岗位后,要能够根据现实环境快速调整自己,要尽快树立职业意识。

1. 独立意识

走上工作岗位后,大学生就成为社会认可的具有真正"独立资格"的社会人,在生活上要自理,尤其是在工作上要独当一面,承担一定的社会责任。要学会独立思考、独立分析、独立处理问题,摆脱对家长的依赖心理,特别是遇到人际关系矛盾时,要脱离学生角色,不要想当然地认为别人应该照顾自己或谦让自己。在工作中既要虚心,又要敢于大胆发表自己的见解,不要人云亦云。

2. 主人翁意识

大学生走上工作岗位,意味着要对单位和部门承担自己应有的社会责任和义务。这就要求大学生要树立高度的主人翁责任感和积极的奉献精神,不斤斤计较个人得失,不看重蝇头小利,以单位、部门的兴衰荣辱,以国家的兴旺,民族的强盛为己任,主动、积极地承担岗位责任。

主人翁意识最主要体现在工作主动性上。许多单位领导反映,看一个新人是否有潜力,只要看他有没有主动性,那些干事不讲条件、主动找事做、干活不需要催促的毕业生就是单位的后备力量,值得进一步培养。

3. 团队意识

从某种意义上说,学生在校学习是一种单纯的个体劳动。而走上工作岗位之后,面对的是科技高速发展,社会分工越来越细,部门与部门之间、个人和个人之间的团结协作关系日益密切的环境。许多科研项目的完成、工程计划的实施、工作的组织管理等,都要求有团结协作的团队精神;特别是现代企业都非常重视企业文化建设和团队精神的培养。

因此,刚刚走上工作岗位的大学生,一定要树立团队协作意识,要从整体利益出发,顾全大局,在促进所在集体的发展中实现自己的人生价值。现在许多学生集体意识淡漠,有的过多考虑个人利益,有的过分突出个人成绩,这些都会影响自身的长远发展。

(二) 从容面对挫折

新进入用人单位的大学毕业生有远大抱负,希望干出一番事业,这是好事。但是在设计个人职业发展规划时,一定要对自己有客观认识,不要太看重个人成就;不要将工作目标定得过高,将期望值降低些,要正确看待失败与挫折。

新手初上工作岗位,出现差错实属正常。连用人单位都承认,他们从未遇到过刚接手工作就体现出高素质、无须怎样指点而将工作出色完成的毕业生。失败乃成功之母,只要认真分析失败原因,改正错误,成功一定会到来。最后还要明白,新人刚到工作岗位,不受重视非常正常,因为单位常常需要一段时间的考察,决定是否重用新人。

总之,大学毕业生应保持初生牛犊不怕虎的工作激情和干劲,同时对暂时较低的待遇、困难、挫折本着"风物长宜放眼量"的态度,先立足然后再谋发展。

(三) 不断完善自我

古人云:"少而好学,如日出之阳;壮而好学,如日中之光;老而好学,如秉烛之明。"学习是一件贯穿毕生的事情,不善于终生学习的人肯定跟不上时代的变化。职场新人由于经验不足,或是对企业各方面情况不了解,在各方面总存在着或多或少的缺陷。要想快速进步,一定要学会学习。

事实表明,一个人在学校里学到的知识毕竟是有限的,大部分知识和能力还必须在工作实践中获得。尽管大学毕业生在校期间已经学到了一定的知识,具备了一定的能力,但知识结构还不尽完善,解决实际问题的能力及动手能力还不能适应社会发展的要求。

一些在工作岗位上工作多年、具有丰富的专业知识和实践经验的技术人员、领导、师傅、同事都是很好的老师。同学们只有放下架子,虚心学习、勤于思考,才能从他们身上学到许多观察问题、分析问题和解决问题的方法,才能尽量熟悉并掌握有关的业务知识,完善知识结构,更好地适应工作。

1. 学习他人工作经验

初到工作岗位的大学毕业生,自身的知识不一定广博,知识结构不一定合理。研究数据显示,在大学期间所掌握的知识,30%左右是在工作中能用得上的,70%左右属于备用的知识。大学毕业生在工作岗位上所用的知识大部分需要随时学习和充实。

知识经济时代知识更新步伐加快,竞争非常激烈,你的优势在哪里?唯一的优势就是比别人学习得更快!大学毕业生必须不断地更新知识,开阔视野,以适应新的形势。学习的方法很多,主要是多向前辈请教工作方式方法,注意在小事中积累工作经验,在实践中将书本知识消化、掌握,增长业务知识。

特别要强调的是,大学毕业生要成为有心人,处处学、时时学。例如,要注意观察公认业务能力最强的上级或者同事,琢磨他们的工作思路和工作特点。平时不妨主动给他们做助手,潜移默化之中,才能获得过硬的业务知识和能力。

2. 学习规章制度及办事规则

新人进入单位后,一定要认真学习本单位、本部门的规章制度,要充分了解自己所承担工作的职责及要求。除此之外,还要学习企业独特的人际相处常识及潜移默化的办事规则。例如,上面说提到的小张,就是因为不懂办公室的办事规则,而被调离办公室岗位的。后来小张向一位办公室大姐请教,才知道办公室是一个单位的核心部门,办公室人员一定要学会"眼观六路,耳听八方",做到"四勤"——眼勤、口勤、手勤、腿勤。

小张的会议记录并无太大问题,但是她应该提前向部门经理请示工作要领,询问会议记录前的准备事项,这样她就知道应该提前到会议室做好会议的各项准备工作,例如,茶叶是否准备好,是否需要摆放鲜花,会议双方人员的座次安排等,会议休息期间是否要对客人进行引导、照料等。这些办事规则需要毕业生细观察、多请教,才能运用自如。

(四)学会沟通相处

人与人的相处是否和谐很大程度取决于沟通方法和技巧。以下一些沟通、相处方法有助于你尽快地融入集体、有个和谐的工作氛围。

1. 记住沉默是金

在与同事相处的过程中,不要以个人的喜好作为交友标准,因为同事的喜好可能与你相似,也可能与你全然不同。对于与你看法不一致的,你应保持沉默,不要妄加评论,不能以此为界,划分同类与异己,更不应当把观点不同的同事当成阻挡自己发展的绊脚石。同事之间应该是相互合作的关系,而不是相互竞争的"敌人"。互惠互利,才是集体接纳你的基本前提。

2. 保持适当距离

不打听别人的隐私,诸如生活状况、感情纠葛等,除非对方主动向你说起。即使是好朋友都应该保留彼此的空间,更何况同事呢?过分关心别人隐私是一种无聊、没有修养的行为。单位里总有一些人喜欢评论是非,难免出现各类小团体。刚到单位的新人,不可能了解事情的来龙去脉,更没有正确分析判断的能力,因此不要介入。因为你缺乏资历,最容易成为是非旋涡的牺牲品,可能导致走人的结果。

3. 踊跃参加活动

有些单位年轻人多,外地人多,同事们下班后喜欢一起出去吃饭娱乐。刚参加工作的大学生可能因为要参加学历教育、考证复习班而不愿参加。其实,学习的时间是可以挤出来的,到了工作岗位不能过于专注于学习,而要注意积累人脉关系。

在闲暇之余,与同事们一起出去娱乐,比如唱歌、跳舞、郊游、度假等,不仅能彼此增进了解,也能让你获得更多的快乐和放松,更有助于培养一种和谐的人际关系。而且集体活动一般都采取 AA 制,这样大家心里都没有负担,经济上也都承受得起。

4. 说话注意分寸

大学毕业生由于刚刚工作,与同事都不熟悉,在说话的时候必须注意分寸,不能想说什么就说什么,否则可能会带给你想不到的麻烦。当你与同事或领导产生意见分歧,应学会有效沟通,例如,寻找合适的时间,合适的地点进行交流;沟通方式不同,效果可能就会全然不同。

扩展阅读9-3　硕博下沉基层不要总觉得"大材小用"

总之,互相尊重、配合,很快融入集体是你进一步展示个人才华的前提,也是进入任何单位都要面对的功课。

扩展阅读9-4　巨人姚明退役后从商,明星光环难掩创业艰辛

【实践课堂】

请同学们结合自身的兴趣、能力和性格,参考亲人或朋友的建议,编写职业生涯规划书。具体要求:

(1) 根据自身特点增添内容。要求段落清楚,构思清晰,文字表述正确、流畅。

（2）可以自己拟定副标题,全文不低于 800 字。

（3）格式:参照本章案例。

（4）请自己妥善保存,以备今后对自我职业生涯发展进行评估。

【课后练习】

1. 从基层做起的重要意义是什么?

2. 如何适应职业角色?

第十章

创业,实现梦想

【学习目标】

1. 了解创业的概念、形式与条件;
2. 了解创业者应具备的创业能力、心理特征;
3. 理解大学生创业的政策环境;
4. 理解创业项目选择原则、思路及主要方向。

引导案例

某企业家创业语录,句句都是金玉良言,保证让你收获良多!

一、今天很残酷,明天更残酷,后天很美好,但是绝大部分人是死在明天晚上,只有那些真正的英雄才能见到后天的太阳。

二、如果你要靠别人的鼓励才能发光,你最多算个电灯泡。我们必须成为发动机,去影响他人发光,你自然就是核心!

三、永远不要跟别人比幸运,我从来没想过我比别人幸运,我也许比他们更有毅力,在最困难的时候,他们熬不住了,我可以多熬一秒钟、两秒钟。

四、永远要把对手想得非常强大,哪怕非常弱小,你也要把他想得非常强大。

五、在一个聪明人满街乱窜的年代,稀缺的恰恰不是聪明,而是一心一意、孤注一掷,一条心、一根筋。

六、我生平最高兴的,就是我答应帮助人家去做的事,自己不仅是完成了,而且比他们要求的做得更好,当完成这些信诺时,那种兴奋的感觉是难以形容的。

七、创业首先是去做,想多了没用,光想不做那是乌托邦。很多时候创业者因为自己搞不清楚而不去创业,实际上等你搞清楚以后就更不会去创业了。书读的不多没有关系,就怕不在社会上读书。

八、也许今天你是最好的,但未必明天还最好;今天也许你是最差的,但社会给了你很多的机会,只要你把握,只要努力,总会有机会。

九、当你成功的时候,你说的所有话都是真理。

十、当你想要放弃了,一定要想想那些睡得比你晚、起得比你早、跑得比你卖力、天赋比你还高的牛人,他们早已在晨光中,跑向那个你永远只能眺望的远方。

十一、成功人士的两会:开会、培训会。普通人的两会:约会、聚会。穷人的两会:这也不会、那也不会。奋斗的人的两会:必须会、一定得会。

十二、很多人不能明白未来对自己的意义和机会,也很难理解坚持对自己未来的意义,但我们必须明白未来一定会有人因为你的想法而成功。很多人只是想了一想而已,而有的人却是在真正地、坚持地做。

十三、这个世界只要有梦想,只要你不断努力,不断学习、不管你长得如何,不管你是不是有钱,不管是这样还是那样,你都是有机会的。

十四、最大的失败是放弃,最大的敌人是自己,最大的对手是时间。

十五、当你决定创业时,便意味着:1.没有了稳定的收入;2.没有了请假的权利;3.没有了得红包的机会。然而更意味着:1.收入不再受限制;2.时间运用更有效;3.手心向下不求人。想法不同,结果便不同;选择不一样,生活才变样。

十六、用人不疑,疑人不用,是一种无奈;用人要疑,疑人要用,是一种境界。

十七、创业时期千万不要找明星团队,千万不要找已经成功过的人。创业要找最合适的人,不要找最好的人。

十八、我们与竞争对手最大的区别就是我们知道他们要做什么,而他们不知道我们想做什么。我们想做什么,没有必要让所有人都知道。

十九、道家讲究和谐,儒家讲究规矩,佛家讲究包容。我从太极中悟到:事情并没有好与坏,关键是看你怎么看。

二十、一个好的东西往往是说不清楚的,说得清楚的往往不是好东西。

二十一、我们在社会上,比聪明已经没机会了,比勤奋那你更没机会,唯一能比的就是未来。

二十二、不要贪多,做精做透很重要,碰到一个强大的对手或者榜样的时候,你应该做的不是去挑战它,而是去弥补它。

二十三、不想当将军的士兵不是好士兵,但是一个当不好士兵的将军一定不是好将军。

二十四、最大的挑战和突破在于用人,而用人最大的突破在于信任人。

二十五、聪明是智慧者的天敌,傻瓜用嘴讲话,聪明的人用脑袋讲话,智慧的人用心讲话。

二十六、那些私下忠告我们,指出我们错误的人,才是真正的朋友。

资料来源:https://xw.qq.com/partner/vivoscreen/20210504A01RS600. 2021-05-04.

第一节　创业概述

一、创业的概念与形式

(一) 什么是创业

创业是创立基业或创办事业。从广义来说,它是开创国家、集团和群体的大业;从狭义来说,它是个人或若干人联合创办自己的企业并拥有其所有权的生产经营活动,它是创业者对自己拥有的资源或通过努力能够拥有的资源进行优化整合,从而创造出更大经济或社会价值的过程。

本节所讲的创业是指狭义的创业。大学生创办自己的企业,是迈向职业生涯新高峰的标志,是人生道路上的一次飞跃。本节将介绍创业的概念、形式与条件,创业者应具备的创业精神,创业者应具备的创业能力,鼓励大学生创业的优惠政策等内容。

有人形象地把创业概括为:一个发现和捕获机会并由此创造出价值的过程。人们习惯上认为创业就是投资,我们认为创业包含了投资行为,但不等同投资。创业包括更丰富的精神内涵,例如执着、顽强、坚定等意志品质。

(二) 创业的形式

创业的门类五花八门,养几百只鸡是创业,买车跑运输也是创业,把家里的农产品拿出去摆地摊是创业,搞公司办工厂是创业,在家里开个小店也是创业,承包柜台同样也是创业。尽管创业的内容多种多样,我们还是可以从组织结构、经营方式、自主性等三个角度对创业形式作简单的划分。

1. 个体类与合作类

按照创业实体的组织形式来划分,创业的实体包括两大类:个体类、合作类。如果是一人创业,一般可以选择个体工商户、一人有限责任公司、个人独资企业等组织形式。如果是多人共同创业,可以选择的组织形式有:有限责任公司、合伙企业、股份合作制企业。

如果拟创办的企业规模很大,创业者也可以融资创业,那么选择的组织形式有:有限责任公司、有限合伙企业、中外合资企业、中外合作企业。可以根据自己的融资能力、管理水平、经营规模、投资行业等具体情况,选择适合自己创业的组织形式。

2. 店铺经营与无铺创业

传统上的创业都是有真实店铺的经营模式,由于需要租店面、雇店员、装修店面、添置设备等,首期投资较大,创业成本较高。所以近年来无铺创业开始流行起来。无铺创业可使创业者投入相对较低的资金就可开业,降低了创业门槛,缓解了经济压力。

此外,无铺创业的运营成本较低,商品或服务更具价格竞争力,具有更大的利润空间。无铺创业已成为年轻人特别是大学生最推崇的创业形式。无铺创业包括以下几类:

(1) 网上开店

这是最常见的无铺创业形式,目前,网上开店主要有直销和代销两种方式,经营商品以礼品、艺术品、化妆品、电子产品、二手用品为主。

(2) 私人顾问

创业者凭借一技之长,成为顾客的私人顾问,提供上门服务。这种创业方式在欧美国家非常流行。在国内,随着人们生活水平的日益提高,对私人服务的需求正不断看涨。如私人美容顾问、私人健康顾问、私人理财顾问等。

3. 个人工作室

个人工作室对从业者的专业技能和创意思维有较高的要求,如果你是个特别有创意的人,可以尝试一下。

(三) 自主创业与借力创业

所谓自主创业是指白手起家,在某个生产经营业务范围内开辟新的天地,如办个养殖场、开个花店、成立一家个性手工饰品店等。而借力创业则是凭借外力帮助自己实现创业梦想,包括加盟特许经营和内部创业。

特许经营是世界流行的生意模式,它以较低的风险,为缺乏企业知识与经验的人拥有自己的事业提供一个机会,这是一种典型的双赢模式。特许经营总部通常有一个成功的生意,并有标准的经营方式,可以像复印机一样复制,例如麦当劳、佐丹奴。

内部创业可以用一个形象的词来形容:借鸡生蛋。即一个有志创业者先选择一家成功公司,取得老板的信任,通过市场研究把握投资机会,建议老板从公司发展角度投资新项目,这个新项目就是创业的机会。一般而言,作为项目的提出者,通常会负责筹备、落实及执行。从企业内部创业,有很多有利条件:资本雄厚、管理经验丰富、共享业务资源、延用品牌等,更容易成功。

二、创业的条件

很多有抱负的年轻人都希望通过自己创业,获得人生事业的成功,但是创业成功者毕竟是少数,每年新创办企业中,至少有 50% 在半年之内倒闭,倒闭的主要原因是没有把握创业的基本法则。

1. 创业的准备

创业如同打仗,在战略上要藐视它:不要受制于条条框框,因地制宜,最大程度去整合和利用资源是创业的不二法宝。但是,"凡事预则立,不预则废。"要想创业成功,就需要做好充分的准备工作,也就是说要在战术上充分地重视它,做好充分的准备,不打无准备之仗。

(1) 要具备创业精神。

(2) 要有强烈的创业欲望。

(3) 要有入行的基本能力和行业背景。

(4) 要有充分的资源。

2. 创业的资源条件

(1) 业务资源:解决的是企业运营的模式是什么?

(2) 客户资源:谁来购买或消费你提供的产品或服务? 是否拥有一定的客户资源和人际网络?

(3) 技术资源:凭什么赢得客户的信赖?

(4) 财务资源:是否有足够的启动资金?

(5) 行业准入条件:某些行业受到一些政策保护与限制,进入的资格条件是什么?

(6) 人力资源条件:有无可靠的合作者? 是否有合适的专业人才参与技术研发、生产、管理等事务性工作?

三、创业者应有的心理特征

(1) 创业者应具备较强的独立性。

（2）创业者应善于交流合作。

（3）创业者应敢于行动，勇于承担风险和责任。

（4）创业者应善于克制盲目冲动和私利欲望。

（5）创业者应具备坚韧性。

（6）创业者应善于自我调节，有较强的适应性。

四、创业者应具备的创业能力

创业能力是一种高层次的综合职业能力，它包括专业技术能力、经营管理能力和社会活动能力。

1. 专业技术能力

专业技术能力是创业者掌握和运用专业知识进行生产经营的能力。

2. 经营管理能力

经营管理能力是创业者在创业活动中规划、决策、实施、管理、评估、信息反馈与调控的能力。

3. 社会活动能力

社会活动能力是创业者在创立和经营企业中与各类管理者、客户、供货商、公众媒体、内部员工进行沟通、交流和合作中所表现出的能力。

五、创业者应具备的创业观

现在想创业的人越来越多，许多人对创业抱有一夜暴富的严重的赌博心态，有的甚至不顾自身的实际情况，借贷创业，把全家都绑在了"创业战车"上，似乎觉得只要自己创业，就可以发大财。这种思想非常危险。

（1）创业不能贪大弃小。

（2）创业要有高度的责任心。

（3）创业要做好失败的准备。

以上三点，是对即将创业的朋友们的建议和忠告。只要你建立正确的创业观，选好行业，不怕失败，一步一个脚印地勇往直前，成功并不遥远。

扩展阅读 10-1　石东：通过创新创业做强品牌打破垄断

六、我国支持大学生自主创业的优惠政策

大学生创业是一个热门话题，并不仅仅因为金融危机的影响。因为大学生有激情、懂专业，创业不仅能解决自身的生存，还为社会提供了就业岗位，为社会创造了价值，是一件既体现个人价值，又造福社会的好事。为鼓励大学生自主创业，从国家到地方都出台了各

项优惠政策,下面做简要介绍。

(一) 企业注册登记方面的优惠政策

1. 简化程序

凡高校毕业生(毕业后两年内,下同)申请从事个体经营或申办私营企业(以下简称个私企业)的,可通过各级工商部门注册大厅"绿色通道"优先登记注册。其经营范围除国家明令禁止的行业和商品外,一律放开核准经营。对限制性、专项性经营项目,允许其边申请边补办专项审批手续。

对在科技园区、高新技术园区、经济技术开发区等经济特区申请设立个私企业的,特事特办,除了涉及必须前置审批的项目外,试行"承诺登记制"。申请人提交登记申请书、验资报告等主要登记材料,可先予颁发营业执照,让其在 3 个月内按规定补齐相关材料。凡申请设立有限责任公司,以高校毕业生的人力资本、智力成果、工业产权、非专利技术等无形资产作为投资的,允许抵充 40% 的注册资本。

2. 减免各类费用

除国家限制的行业外,工商部门自批准其经营之日起 1 年内免收其个体工商户登记费(包括注册登记、变更登记、补照费)、个体工商户管理费和各种证书费。对参加个私协会的,免收其 1 年会员费。对高校毕业生申办高新技术企业(含有限责任公司)的,其注册资本最低限额为 10 万元,如资金确有困难,允许其分期到位;申请的名称可以"高新技术""新技术""高科技"予以核准。

高校毕业生从事社区服务等活动的,经居委会报所在地工商行政管理机关备案后,1年内免予办理工商注册登记,免收各项工商管理费用。

需要提醒的是,大学毕业生在办理自主创业有关手续时,除带齐规定的材料,提出有关申请外,还要带上大学毕业生就业推荐表、毕业证书等有关资料。

(二) 金融贷款方面的优惠政策

1. 优先贷款支持、适当发放信用贷款

为鼓励大学生创业,国家加大了对高校毕业生自主创业贷款的支持力度,对于能提供有效资产抵(质)押或优质客户担保的,金融机构优先给予信贷支持。对高校毕业生创业贷款,可由高校毕业生为借款主体,担保方可由其家庭或直系亲属家庭成员的稳定收入或有效资产提供相应的联合担保。对于资信良好、还款有保障的,在风险可控的基础上适当发放信用贷款。

2. 简化贷款手续

通过简化贷款手续,合理确定授信贷款额度,一定期限内周转使用。

3. 利率优惠

对创业贷款给予一定的优惠利率扶持,视贷款风险度不同,在法定贷款利率基础上可适当下浮或上浮。

需要提醒的是,大学毕业生自主创业贷款相对其他贷款风险较高。大学生刚毕业,缺少社会工作经验,又没有合适的抵押物或担保,银行在追求资金收益性、流动性的同时,也要考虑其安全性，许多银行尚未完全落实对大学生创业的贷款优惠。目前有部分银行，如北京银行在要求创业者个人提供存单质押或者房产抵押以及担保的情况下，对具有城镇常住户口或有效居留身份，年满18周岁自然人的个人创业，提供贷款。

（三）税收缴纳优惠

凡高校毕业生从事个体经营，自工商部门批准其经营之日起1年内免缴税务登记证工本费。新办的城镇劳动就业服务企业（国家限制的行业除外），当年安置待业人员（含已办理失业登记的高校毕业生，下同）超过企业从业人员总数60%的，经主管税务机关批准，可免纳所得税3年。劳动就业服务企业免税期满后，当年新安置待业人员占企业原从业人员总数30%以上的，经主管税务机关批准，可减半缴纳所得税2年。

（四）企业运营方面优惠政策

1. 员工聘请和培训享受减免费优惠

对大学毕业生自主创办的企业，自工商部门批准其经营之日起1年内，可在政府人事、劳动保障行政部门所属的人才中介服务机构和公共职业介绍机构的网站免费查询人才、劳动力供求信息，免费发布招聘广告等；参加政府人事、劳动保障行政部门所属的人才中介服务机构和公共职业介绍机构举办的人才集市或人才、劳务交流活动给予适当减免缴费；政府人事部门所属的人才中介服务机构为创办企业的毕业生及其所创办企业的员工提供一次免费或优惠的培训、测评服务。

2. 人事档案管理免两年费用

对自主创业的高校毕业生，政府人事行政部门所属的人才中介服务机构免费为其保管人事档案（包括代办社保、职称、档案工资等有关手续）两年。

3. 社会保险参保有单独渠道

高校毕业生从事自主创业的，可在各级社会保险经办机构设立的个人缴费窗口办理社会保险参保手续。

扩展阅读10-2 直播赋能数字经济新业态 结合各行业创造新就业

第二节 创业项目的选择与创业计划的制订

一、创业项目的选择

（一）创业项目选择的一般原则

1. 消费者需求导向的原则

创业项目的构思和选择必须从消费者的需求或潜在需求出发，对于成一定规模的需求或潜在需求要比竞争者更有效地通过项目的产品予以满足,有时还要细分不同年龄或背景的消费者的消费需求,通过项目的一系列的产品予以满足。要善于通过市场调查,发现提供更佳产品或服务的竞争机会或填补市场空白的商业机会。

2. 发挥自身优势的原则

创业项目的构思和选择要注重发挥自身的优势,要利用创业者在学识、能力、经验、人际关系等方面的优势,涉足自己熟悉或真懂的行业创业,就容易成功。

3. 量力而行的原则

创业不仅需要有适销对路的产品或服务,还需要为了生产产品或提供服务的资金、技术、场地、销售渠道等条件。因此,创业项目的构思和选择,创业者必须量力而行。在创业初期,切忌选择高投入、高技术、高风险的项目,而要选择那些大小合适,便于操作和实施,能较快盈利的项目。

4. 富有特色的原则

在竞争激烈的市场中要生存,必须构思和选择富有特色的项目,生产富有特色的产品或提供富有特色的服务。在竞争激烈的市场中求发展,就要密切关注消费者的新需求,善于捕捉他人没有发现的商机,及时发现新产品、新技术、新服务、新方法,果断开发新项目。

(二)大学生选择创业项目的主要思路

虽然在创业市场有无限商机,但对资金、能力、经验都有限的大学生创业者来说,首先要明确选择创业项目的主要思路。

1. 善于利用后发优势选择创业项目

经济发达国家作为经济领域的先行者已经走在世界前列,可以发挥自己的外语优势和信息搜索能力,深入了解经济发达国家已经或正在开展的好项目,从这些项目找灵感、找启发,选择自己的创业项目。

由于这些项目已经被经济发达国家的消费者接受了,被事实证明是可行的了,而我国社会正在迅速发展,同样的消费需求、消费能力也在形成之中,如果大学生创业者善于利用后发优势,能够对经济发达国家的这些项目进行研究,去粗取精,青出于蓝而胜于蓝,就一定能找到很多好项目。

2. 善于利用他人的成功模式选择创业项目

在我国,有千千万万富有创业激情的创业者探索新项目、寻找市场突破口,总有一些聪明绝顶的幸运儿找到了既前所未有,又具现实可行性的绝妙项目,取得了良好的经济效益。在这种情况下,大学生创业者要敏锐地搜集到这一类成功项目,迅速学习跟进,将其他地区的原发项目,拿过来在自己的所在地实施,也容易取得创业的成功。

原因是绝妙项目先行者已经承担了创新的风险,用实践证明这些项目是切实可行的,大学生只要深入分析该类项目所需的市场条件、技术要求、资金需求,结合自己和自己所在地区的实际,创造性地吸收利用绝妙项目,就能大大提高创业成功率。

3. 善于学习成功企业家的经验选择创业项目

大学生创业者整体而言,在人脉资源、行业经验、社会阅历等方面,相对于成功的企业家群体而言,肯定存在很大差距,大学生构想创业项目的视野、思路,往往也有很大局限性,多集中在自己的生活小圈子中。而成功企业家们多年形成的战略高度和经济视野决定了他们看到的好项目要多得多。但人的精力是有限的,不可能四面出击,样样都做。这就出现了一种机会:成熟的企业家看到的好项目,由于没精力做,或者自身条件不充分被搁置,而大学生创业者恰恰需要这种比较有现实可行性的好项目。只要他们能积极拜师学艺,向成功的企业家虚心求教,就容易获得良好的创业项目。

（三）大学生选择创业项目的主要方向

大学生在明确了选择创业项目主要思路的基础上,还要根据自身特点,找准方向,才有可能取得创业的成功。

（1）选择高科技领域为创业方向。

（2）选择智力服务领域为创业方向。

（3）选择连锁加盟领域为创业方向。

（4）选择在高校内部或周边开店为创业方向。

二、创业计划的制订

（一）创业计划制订的意义

创业计划是对选择的创业项目的调查、论证和描述,它通常由市场营销、财务、生产、人力资源等职能计划构成。

通过调查和论证创业项目,有利于创业者有效地把握创业过程和预警市场变化;通过描述与拟创办企业相干的内外部环境条件和要素,可以为拟创企业业务的发展提供指示图和衡量业务进展情况的标准,同时还可成为吸引合伙人入伙和投资人投资的重要文件,一份优秀的创业计划往往会使创业者达到事半功倍的效果。

（二）创业计划应包含的内容

一般来说,创业计划应该包括拟创企业概况、创业的种类、资金规划及基金来源、资金总额的分配比例、阶段目标、财务预估、行销策略、可能风险评估、创业的动机、股东名册、预定员工人数等要素,各要素的内容如下。

（1）拟创公司基本情况。

（2）人员及组织结构。

（3）产品/服务描述。

（4）研究与开发状况。

（5）行业及市场分析。

（6）营销策略。

（7）产品制造。

（8）财务规划。

（9）风险控制。

拓展阅读 10-3 蜜雪冰城的发展史,没有什么是小买卖,只要你肯努力

【实践课堂】

请参照创业计划书指定内容,结合自身的兴趣、专业和市场调研情况,尝试一下创业的流程。

【课后练习】

1. 创业者应具有的心理特征有哪些?
2. 大学生选择创业项目的主要思路?
3. 大学生选择创业项目的主要方向?

参考文献

参考资料

[1] 曹操战.职业能力测试范本.广州:暨南大学出版社,2006.

[2] 王滟.规避创业风险有绝招.北京:中国经济出版社,2009.

[3] 叶红.大学生创业法律实务.北京:清华大学出版社,2009.

[4] 谢良敏.劳动合同全程指南:劳动合同签订、履行、解除、纠纷解决操作实务详解.北京:法律出版社,2011.

[5] 余江舟.以创新创业教育培养学生综合素质.中国高等教育,2012年第3期.

[6] 马欣川.人才测评——基于胜任力的探索.北京:北京邮电大学出版社,2013.

[7] 吕国荣.从优秀员工做起——职场人士成功的起点和必由之路.北京:化学工业出版社,2014.

[8] 郭鹏.大学生就业教育.北京:清华大学出版社,2017.

[9] 马腾文,孙沛.职业发展与就业指导(第二版).北京:化学工业出版社,2018.

[10] 林学军.大学生职业规划与就业指导教程.广州:暨南大学出版社,2018.

[11] 丹尼斯·穆蓝纳.挫折复原力:成功者都具备的隐藏素质.北京:时代华文书局,2019.

[12] 唐德勇.大学生职业生涯规划与就业指导.北京:中国纺织出版社,2019.

[13] 沈沛汝.大学生心理健康教育理论与实践.北京:北京航空航天大学出版社,2020.

[14] 鞠强.情绪管理心理学.上海:复旦大学出版社,2020.

[15] 马丁·塞利格曼.真实的幸福.杭州:浙江教育出版社,2020.

[16] 邓兮.人际交往心理策略.北京:中国纺织出版社,2021.

[17] 姜辉,金晓晖.大学生就业创业指导(第二版).北京:石油工业出版社,2021.

[18] 芭芭拉·弗雷德里克森.积极情绪的力量.北京:中国纺织出版社,2021.

[19] 黄青翔.人际交往心理学.北京:中国华侨出版社,2021.

[20] 张劲松,李莉.大学生职业生涯规划.北京:经济科学出版社,2021.

[21] 盖笑松.积极心理学.上海:上海教育出版社,2021.

[22] 卡耐基.人性的弱点.长春:吉林文史出版社,2021.

[23] 米修·斯托罗尼.零压人生.北京:北京联合出版有限公司,2021.

推荐网站

[1] 北京高校毕业生就业信息网 http://www.bjbys.net.cn/

[2] 创业网 http://www.cye.com.cn/

[3] 国家教育部 http://www.moe.gov.cn/

[4] 中国就业 http://www.lm.gov.cn/index.htm

[5] 青年创业网 http://www.qncye.com/

[6] 国家人力资源与社会保障部 http://www.mohrss.gov.cn/

[7] 大学生创业网 http://www.studentboss.com/

[8] 小本创业网 http://hot.36578.com/items/

[9] 中国大学生创业网 http://www.chinadxscy.com/

[10] 全国大学生创业服务网 http://cy.ncss.org.cn/

教师服务

　　感谢您选用清华大学出版社的教材！为了更好地服务教学，我们为授课教师提供本书的教学辅助资源，以及本学科重点教材信息。请您扫码获取。

▶▶ 教辅获取

本书教辅资源，授课教师扫码获取

▶▶ 样书赠送

创业与创新类重点教材，教师扫码获取样书

清华大学出版社

E-mail: tupfuwu@163.com
电话：010-83470332 / 83470142
地址：北京市海淀区双清路学研大厦 B 座 509

网址：https://www.tup.com.cn/
传真：8610-83470107
邮编：100084